国家社会科学基金项目"世界社会主义与资本主义前途命运暨当代国际形势研究"(项目编号:18@ZH013)阶段性成果之四

世界社会主义的
趋势、问题与现状

王伟光 主编

中国社会科学出版社

图书在版编目(CIP)数据

世界社会主义的趋势、问题与现状/王伟光主编.—北京：中国社会科学出版社，2020.10
ISBN 978-7-5203-6791-2

Ⅰ.①世… Ⅱ.①王… Ⅲ.①社会主义—研究—世界 Ⅳ.①D507

中国版本图书馆CIP数据核字(2020)第120341号

出 版 人	赵剑英
策划编辑	李凯凯
责任编辑	刘凯琳
责任校对	王 龙
责任印制	王 超

出　　版	中国社会科学出版社
社　　址	北京鼓楼西大街甲158号
邮　　编	100720
网　　址	http://www.csspw.cn
发 行 部	010-84083685
门 市 部	010-84029450
经　　销	新华书店及其他书店
印刷装订	北京君升印刷有限公司
版　　次	2020年10月第1版
印　　次	2020年10月第1次印刷
开　　本	710×1000　1/16
印　　张	24.5
字　　数	308千字
定　　价	139.00元

凡购买中国社会科学出版社图书，如有质量问题请与本社营销中心联系调换
电话：010-84083683
版权所有　侵权必究

目　录

一　坚持马克思主义科学社会主义的历史必然方向

始终不渝高举马克思主义伟大旗帜，坚信科学社会主义的
　　真理性 …………………………………………… 王伟光（3）
十月革命开辟了人类历史由资本主义向社会主义转变的
　　新纪元，具有伟大的历史意义与时代价值 ……… 王伟光（24）
不忘初心，牢记使命，为共产主义奋斗终身 ………… 王伟光（40）
唱响马克思主义、共产主义的理论话语 ……………… 王伟光（50）
辨析跨越"卡夫丁峡谷"的三重意蕴
　　——兼评世界社会主义发展问题 ……………… 张意梵（64）

二　马克思主义科学社会主义焕发新的活力

马克思主义和社会主义的历史命运问题 ……………… 王伟光（87）
21世纪初世界社会主义基本状况、主要问题和发展
　　趋势 ……………………………………………… 姜　辉（106）
共产国际的历史价值及其精神的时代价值
　　——写在共产国际成立100周年之际 … 刘新刚　程恩富（120）
怎样看待当今社会主义发展前途 …………………… 吴恩远（152）

2008年金融危机与世界社会主义发展机遇 ………… 贺新元（166）
2018年国际共产主义运动焕发新的生机 …………… 潘金娥（179）

三 中国特色社会主义的成功，彰显了马克思主义科学社会主义的强大生命力

经济文化落后国家如何建设社会主义？ ………… 王伟光（197）
历史的经验告诉我们：必须搞清楚"什么是社会主义，怎样
　建设社会主义"这个首要的基本问题 ………… 王伟光（207）
不断充实21世纪当代中国马克思主义的实践贡献和时代
　价值 …………………………………………… 王伟光（229）
从世界社会主义与资本主义前途命运视角看：中国特色
　社会主义道路联通世界 ……………………… 贺新元（238）
建设社会主义现代化强国对全球社会主义运动的
　影响 …………………………………………… 曾宪奎（245）

四 世界社会主义国家面临着新的问题与挑战，正在发生新的变化

越南社会主义定向革新：理论内涵与实践成效 …… 潘金娥（261）
从新宪法和新选举法看古巴社会主义政治现代化的
　进程 …………………………………………… 徐世澄（305）
劳尔·卡斯特罗主政以来古巴共产党的新变化 …… 杨建民（318）
"模式更新"以来古巴的新变化 ………………………… 杨建民（328）
金正恩执政下的朝鲜劳动党唯一领导体制 ………… 朴键一（338）
老挝：迈步走向社会主义 ……………………………… 潘金娥（360）

一

坚持马克思主义科学社会主义的历史必然方向

始终不渝高举马克思主义伟大旗帜，坚信科学社会主义的真理性[*]

王伟光

马克思诞辰已经200周年了，马克思、恩格斯所创立的马克思主义仍然具有强大而持久的生命力。马克思主义是有史以来人类思想最优秀的成果，最完备、最严整、最科学的理论体系。其内在的理论品格蕴含着强大的自我革命力量，在同世界工人运动和人类解放实践创造性结合的过程中，既发挥了强大的理论指导力量，又彰显了持久的内生创造力量，不断实现自身的与时俱进。习近平新时代中国特色社会主义思想，在新的历史条件下再次攀登马克思主义的高峰，把马克思主义中国化推进到新的境界，让马克思主义在21世纪放射出更加璀璨的真理光芒。

一 马克思主义实现了人类思想史上迄今为止最伟大的革命

19世纪40年代，马克思、恩格斯全面系统地总结人类文明成

---

[*] 该文发表于《世界社会主义研究动态》2018年第53期。

果和工人阶级革命实践经验,深刻揭示自然、社会、人类思维的规律,创立了博大精深、系统完整、逻辑严密的马克思主义科学真理,为无产阶级革命实践和全人类的发展提供了科学的行动指南,实现了人类思想史上的伟大革命。

第一,马克思主义所实现的思想革命是立场上的伟大革命。

立场问题是一个为谁服务的根本问题,决定着思想理论的根本立足点和发展方向。马克思主义从根本上改变了剥削阶级思想家维护统治阶级利益的狭隘立场,坚定不移地维护工人阶级和最广大人民群众的根本利益,确立并坚持了最彻底、最深厚、最广泛、最坚定的人民立场。

1835年中学毕业时,17岁的马克思在思考职业选择时就明确提出要为人类的幸福而工作。他在中学毕业论文中写道:"人们只有为同时代人的完美、为他们的幸福而工作,才能使自己达到完美。"[①] 1844年春,马克思在《黑格尔法哲学批判导言》中旗帜鲜明地强调,新哲学和无产阶级是紧密联系在一起的,"哲学把无产阶级当做自己的物质武器,同样,无产阶级也把哲学当做自己的精神武器",人类解放的"头脑是哲学,它的心脏是无产阶级"[②]。1845年春,在"包含着新世界观的天才萌芽的第一个文献"——《关于费尔巴哈提纲》中,马克思明确提出,"旧唯物主义的立脚点是市民社会,新唯物主义的立脚点则是人类社会或社会的人类"[③]。这就是说,马克思主义是无产阶级及其广大人民的思想体系,同资产阶级思想体系在内的一切剥削阶级思想体系的立场是根本对立的。资产阶级思想体系是站在市民社会即资产阶级的立场

---

① 《马克思恩格斯选集》第1卷,人民出版社1995年版,第602页。
② 《马克思恩格斯文集》第1卷,人民出版社2009年版,第17—18页。
③ 同上书,第502页。

上，而马克思主义，即工人阶级思想体系是站在无产阶级和广大劳动人民的立场上。1848年，在标志着新世界观公开问世的《共产党宣言》中，马克思和恩格斯鲜明地强调，以马克思主义武装起来的共产党，"没有任何同整个无产阶级的利益不同的利益"①。马克思主义的根本目的就是要指导无产阶级战胜资产阶级，实现包括工人阶级在内的全人类的彻底解放。这就是马克思主义的根本立场。

这样的立场决定了马克思主义必然要无情地批判资本主义和一切剥削制度现存的一切，同一切旧的观念、制度进行彻底的决裂，建构崭新的无产阶级思想体系，并用这种思想来引领人们建立新制度和全人类的发展。彻底的人民立场决定了马克思主义的科学性、阶级性、革命性和斗争性，使得它在发展的每一个关节点上都要经过艰苦的斗争，而同一切旧思想旧观念、特别是同资产阶级思想体系的斗争，成为马克思主义发展的根本特点和根本途径，也是它批判超越一切旧思想的内在逻辑依据。正是在这种斗争中，马克思主义对工人阶级和全人类解放的指导作用充分体现出来，马克思主义的真理力量得到了充分彰显。

第二，马克思主义所实现的思想革命是观点上的伟大革命。

马克思主义是人类思想发展的最高结晶，是由哲学、政治经济学和科学社会主义学说共同组成的博大精深的真理体系，全面系统地科学揭示了自然界、人类社会和人类思维的发展规律，它包括一系列科学的理论原理和基本观点。其中，最具有革命性意义的内容就是被恩格斯称之为"两个发现"的唯物史观和剩余价值学说这两个最根本的原理。

1883年3月14日，马克思这位世界上最伟大的思想家停止了

---

① 《马克思恩格斯文集》第2卷，人民出版社2009年版，第44页。

思考。3月17日，恩格斯在马克思墓前讲道："正像达尔文发现有机界的发展规律一样，马克思发现了人类历史的发展规律，即历来为繁芜丛杂的意识形态所掩盖着的一个简单事实：人们首先必须吃、喝、住、穿，然后才能从事政治、科学、艺术、宗教等等；所以，直接的物质的生活资料的生产，从而一个民族或一个时代的一定的经济发展阶段，便构成基础，人们的国家设施、法的观点、艺术以至宗教观念，就是从这个基础上发展起来的，因而，也必须由这个基础来解释，而不是像过去那样做得相反。"恩格斯继续讲道："不仅如此。马克思还发现了现代资本主义生产方式和它所产生的资产阶级社会的特殊的运动规律。由于剩余价值的发现，这里就豁然开朗了，而先前无论资产阶级经济学家或者社会主义批评家所做的一切研究都只是在黑暗中摸索。"① 唯物史观和剩余价值学说是人类思想史上两个最伟大的发现。

唯物史观是人类思想史上全新的历史观，是"关于现实的人及其历史发展的科学"，对人类历史发展的基本规律做了深刻阐释，对人类社会发展的基本矛盾和客观必然趋势做了全面分析，为人们认识社会历史问题提供了根本看法，是正确认识和改造人和人类社会，推进人和社会的自由全面发展的锐利思想武器。剩余价值学说深刻洞察了资本主义剥削的秘密，深刻揭示了资本主义社会的基本矛盾及其发展趋势。这两大原理构成了科学社会主义的理论基石，使社会主义学说从空想上升到科学，明确了无产阶级和全人类解放的根本道路和发展目标，引起了人类思想史上的伟大革命。

马克思主义包含着一系列极端重要的观点，其中最核心的、最具有创造性的，是生产实践的观点、阶级的观点和群众的观点。

---

① 《马克思恩格斯文集》第3卷，人民出版社2009年版，第602页。

生产实践的观点，明确了人类社会历史的第一个前提是现实的个人所从事的物质生产实践，人类社会发展历史就是人的物质生产实践的过程，离开生产实践，人类历史就无从存在，生产实践的观点彻底打破了一切旧历史观的存在基础。阶级的观点，明确了自原始社会解体以来的阶级社会中，阶级、阶级矛盾和阶级斗争是同生产发展的一定历史阶段相联系的客观存在，阶级斗争是阶级社会历史发展的直接动力，阶级斗争必然导致无产阶级专政，无产阶级专政是达到消灭一切阶级和进入无阶级社会的过渡。在阶级社会中，人的社会性首先体现为阶级性，人与人之间的经济的、政治的和文化的关系，无不打上阶级的烙印，每一个历史阶段内占统治地位的思想必然是统治阶级的思想，同时每一个时代的思想领域都存在着不同阶级思想之间的斗争和交锋。群众的观点，揭示了人类历史发展的根本主体在于人民群众，而不是思想理念、帝王将相或英雄人物，人民群众不仅是物质财富的创造者，而且是精神财富的创造者，同时也是社会变革的根本力量，群众的观点彻底打破了唯心史观的理念决定论、英雄决定论。这些重大的基本观点，揭示了历史发展的根本基础是生产实践，阶级社会前进的直接动力是阶段斗争，社会的根本主体是人民群众，在历史观上掀起了一场根本性的彻底革命。

第三，马克思主义所实现的思想革命是方法上的伟大革命。

马克思主义彻底地改造了头脚倒置的唯心辩证法，把唯物主义同辩证法结合起来，完成了辩证法发展史上的伟大革命，创立了最彻底、最完备的辩证法形态——唯物辩证法。唯物辩证法科学地揭示了自然、社会和人类思维运动变化的一般规律，既为人们认识世界和改造世界提供了科学的世界观，又为人们认识世界和改造世界提供了正确的思想方法论，成为指导人们处理一切问题、改造主观世界和客观世界的"最好的工具和最锐利的武器"。① 赋予工人阶级及广大人民群众最管用的思想方法和工作方法。

唯物辩证法在其方法论运用中突出地展开为矛盾分析的方法。唯物辩证法的实质和核心是对立统一规律,它揭示了事物发展的根本原因在于事物的内部矛盾,矛盾发展、矛盾展开和矛盾解决的过程就是从量变到质变、从渐进式变化到突变式飞跃的过程,其实现路径就是否定之否定过程。这个规律要求人们分析任何事物的时候,都要抓住事物内部的根本矛盾,从自我革命、自我否定的角度看问题;但是事物发展不是直线式的,而是螺旋式上升、波浪式前进的过程,为此必须从发展变化的、普遍联系的、曲折上升的角度看问题,从重点论和两点论相结合的角度看问题,要辩证地而不是形而上学地看问题是马克思主义活的灵魂。

唯物辩证法要求人们必须唯物地、辩证地、具体地、历史地认识和改造世界,尤其是推进人类社会发展问题。唯物地、辩证地认识社会,就是一定要从社会存在,从物质经济原因、社会经济基础出发,从广大人民群众的社会实践出发,联系地、发展地、全面地观察、分析、认识社会现象。具体地、历史地分析社会,就是要把任何一种社会现象都放在具体的历史环境中、特殊的历史条件下来分析,把任何社会现象看作发展变化的过程,既要看到它的过去,又要看到它的现状和未来,具体地分析具体的问题,这是马克思主义活的灵魂。

辩证唯物地、具体历史地分析社会历史问题,就要突出地把经济分析、阶级分析和利益分析作为分析社会现象的基本方法。列宁指出:"必须到生产关系中间去探求社会现象的根源,必须把这些现

---

① 《马克思恩格斯文集》第 4 卷,人民出版社 2009 年版,第 298 页。

象归结为一定阶级的利益。"① 这段话阐明了经济分析、阶级分析、利益分析在社会历史分析中的极端重要性。经济分析方法，就是要把物质经济因素看作全部社会生活的基础和推动社会发展的决定性力量，就是要认识到一切社会问题的最深厚的根源在于经济事实当中，必须注意把握社会的经济结构及其变动趋势，牢牢坚持生产力标准，把握生产力是社会历史发展的根本动力，坚持物质关系决定思想关系的原则，从物质的经济关系来说明思想的、政治的和其他各种关系。阶级分析方法，就是要把阶级和阶级斗争的观点运用到阶级社会历史分析当中，明确在阶级社会中人与人之间的关系都会打上阶级的烙印，要从阶级利益、阶级斗争的角度去分析每一个阶级社会时代中不同社会阶级矛盾斗争的过程，而且阶级关系要随着历史发展而发生变化。利益分析方法，就是认为一定的经济关系和阶级关系必然表现为一定的利益关系，分析社会历史发展就要揭示出人们社会活动背后的利益动因，从这些利益动因和利益关系出发来说明各种社会关系和社会历史现象，考察不同利益群体在利益关系中的地位和作用，分析和解决不同利益群体之间的矛盾。

二 马克思主义的生命力在于随着实践的发展而不间断地创新

马克思主义的生命力在于随着实践的发展而不断创新，它永远不会停止在一个水准上。马克思主义的生命力内在地体现在理论性与实践性、真理性与创新性、世界性与民族性的高度统一上，这种高度统一促使它必然要不断走向生动的社会实践以实现自身的理论

---

① 《列宁全集》第 1 卷，人民出版社 1984 年版，第 464 页。

创造性,不断同各民族的历史、文化及时代特征相结合以展现其真理价值并获得当代形态,不断在认识世界的过程中实现其改造世界的目的,这正是马克思主义强大生命力的深刻体现。

第一,马克思主义生命力体现为理论完整性与实践指向性的高度统一。

马克思主义是严密的科学理论体系,具有深刻的学术理论性;同时它又具有强烈的实践指向性,只有在实践中才能实现自身的目的和使命。追求理论的完整性和严密性,同时追求理论向实践的转化,是马克思主义的两个相互联系的发展向度,这两个向度必然使马克思主义始终处于理论和实践的有机结合之中,不断实现理论创新和实践创新的良性互动。致力于理论与实践的高度结合是马克思主义发展的内生动力,也是马克思主义强大生命力的根本所在。

一方面,马克思主义是逻辑严密的理论体系,以完整科学的理论形态而存在。马克思主义的原理观点都是科学研究的结果,具有深刻的学术理论性。马克思说:"我的见解,不管人们对它怎样评论,不管它多么不合乎统治阶级的自私的偏见,却是多年诚实研究的结果。"[1] 作为深邃的科学真理,马克思主义是对社会生产、生活的高度理论抽象,具有特定的逻辑体系、概念系统和理论架构。列宁指出:"马克思的观点极其彻底而严整,这是马克思的对手也承认的。"[2] "马克思学说具有无限力量,就是因为它正确。它完备而严密,它给人们提供了……完整的世界观。"[3] 马克思终其一生都在追求自身理论的科学性和体系性,直到生命的终结都没有放弃对自身理论体系科学性的构建和完善。

---

[1] 《马克思恩格斯文集》第2卷,人民出版社2009年版,第594页。
[2] 《列宁专题文集·论马克思主义》,人民出版社2009年版,第7页。
[3] 《列宁选集》第2卷,人民出版社1995年版,第309页。

另一方面，也是更为重要的，马克思主义具有强烈的实践指向性，只有结合实践指导实践才能发挥其改造世界的功能，实现自身的目的和使命。在创立新世界观之始，马克思就明确指出，"哲学家们只是用不同的方式解释世界，问题在于改变世界"①。马克思是一个深邃的思想家，但首先是一个在实践中顽强战斗的战士，始终处在实践斗争之中。正如恩格斯所说："马克思首先是一个革命家。他毕生的真正使命，就是以这种或那种方式参加推翻资本主义社会及其所建立的国家设施的事业，参加现代无产阶级的解放事业，……斗争是他的生命要素。很少有人像他那样满腔热情、坚韧不拔和卓有成效地进行斗争。"②马克思主义的发展历史，就是不断同工人阶级的具体实践相结合的过程，在指导实践的过程中实现实践与理论、理论与实践的双向飞跃。

理论完整性和实践指向性二者的高度结合，是马克思主义本身的特质。这种特质决定了马克思主义必然要在同各国工人阶级实践的结合过程中，一方面发挥自己的伟大指导力量改造世界，一方面探索解决实践问题的答案，在实践中产生新观点，丰富和发展自身，这是马克思主义理论创新与实践创新互动的基本路径。

第二，马克思主义生命力体现为科学真理性与开放发展性的高度统一。

马克思主义揭示了整个世界发展的客观规律，它的基本原理并不会随着时间的流逝而过时，毫不动摇地坚持马克思主义的立场观点方法是一切马克思主义者的基本要求。但是，马克思主义又是与时俱进的科学真理，随着实践和认识的发展而不断地丰富和创新自己的理论内容，又是马克思主义固有的理论品质。科学真理性是马

---

① 《马克思恩格斯文集》第1卷，人民出版社2009年版，第502页。
② 《马克思恩格斯文集》第3卷，人民出版社2009年版，第602页。

克思主义的本质特征，与时俱进性是马克思主义的理论品质，把二者统一起来是马克思主义发展的内在要求，也是马克思主义强大生命力的关键所在。

一方面，马克思主义站在人类文明发展的制高点上，吸收了自然科学、社会科学和人类实践的最高成果，揭示了自然界、人类社会和人类认识的客观规律，是客观科学的真理。马克思主义哲学把伟大的认识工具给了人类，是指导人们行动的科学世界观和方法论；政治经济学通过对资本主义生产方式的内在矛盾的深刻分析，揭示了资本主义的发展规律和总体趋势；科学社会主义揭示了资本主义向社会主义和共产主义发展的客观规律，阐明了无产阶级解放的历史条件、实现途径。马克思主义的真理性意味着它的基本原理不会过时，作为立场观点方法将长期指导人们的实践。

另一方面，马克思主义并不是封闭的"最终真理"，而是随着人类文明和社会实践发展而发展的开放性真理，在开放发展中不断获得新的生命。恩格斯指出："我们的理论是发展着的理论，而不是必须背得烂熟并机械地加以重复的教条。"[①] 马克思、恩格斯就是与时俱进发展马克思主义理论的典范，他们强调自己的理论"随时随地都要以当时的历史条件为转移"[②]。把理论同现实结合起来，抓住特定时代的主要矛盾和特征，解答时代主题，不断实现马克思主义的时代化，是马克思主义发展的内在必然，也是马克思主义强大生命力的事实所在。

真正的马克思主义者，就是要把真理性和创新性有机统一起来，毫不动摇地坚持马克思主义基本原理，同时又着眼于活生生的社会实践，着眼于客观形势和时代特征的发展变化，及时总结实践

---

① 《马克思恩格斯文集》第 10 卷，人民出版社 2009 年版，第 562 页。
② 《马克思恩格斯选集》第 1 卷，人民出版社 1995 年版，第 258 页。

中的新做法、新经验，创造新理论、新观点，丰富和发展马克思主义理论宝库。

第三，马克思主义生命力体现为世界普遍性与民族特殊性的高度统一。

马克思主义具有而且能够发挥指导各民族具体实践的功能，这是马克思主义的普遍性的要求；马克思主义运用于各个国家各个民族的具体实践时，必须尊重各个国家民族的具体特点，把普遍性的真理转化为指导各国具体实践的具体性的真理，这是马克思主义的特殊性要求。普遍性和特殊性、世界性和民族性的有机结合，是马克思主义理论本身包含的两个不可分割的特征，是马克思主义发展的内在逻辑，也是马克思主义强大生命力的依据所在。

一方面，马克思主义是具有普遍指导意义的科学世界观和方法论，它的普遍原理具有一般性价值和世界历史性意义。毛泽东多次讲到马克思主义是"放之四海而皆准的普遍真理"，是观察和分析事物的世界观和方法论。马克思主义之所以具有这样的世界历史性，能够成为全世界工人阶级和最广大人民的强大思想武器，在于其科学性和革命性的统一。对此，列宁指出，马克思主义"对世界各国社会主义者所具有的不可遏止的吸引力，就在于它把严格的和高度的科学性（它是社会科学的最新成就）同革命性结合了起来……把二者内在地和不可分割地结合在整个理论本身中"①。

另一方面，马克思主义必须同各民族的具体特点相结合，在具体实践中发挥指导作用。离开具体特点而教条主义地套用马克思主义词句，就会最终窒息马克思主义生命力。列宁指出："我们决不把马克思的理论看做某种一成不变的和神圣不可侵犯的东西；恰恰

---

① 《列宁专题文集·论马克思主义》，人民出版社2009年版，第297页。

相反，我们深信：它只是给一种科学奠定了基础，社会党人如果不愿落后于实际生活，就应当在各方面把这门科学推向前进。我们认为，对于俄国社会党人来说，尤其需要独立地探讨马克思的理论，因为它所提供的只是总的指导原理，而这些原理的应用具体地说，在英国不同于法国，在法国不同于德国，在德国又不同于俄国。"①这就是说，马克思主义必须尊重各国具体特点的特殊性，在同各国实际结合的过程中，以民族化的形式存在和发展。毛泽东特别强调："离开中国特点来谈马克思主义，只是抽象的空洞的马克思主义。因此，使马克思主义在中国具体化，使之在其每一表现中带着必须有的中国的特性，即是说，按照中国的特点去应用它，成为全党亟待了解并亟须解决的问题。"②

作为普遍真理的马克思主义具有世界普遍性，能够运用到各个国家和民族当中，成为普遍性的行动指南。但是，因为存在着各个民族之间、各个国家之间的特殊差别，各国的马克思主义者在运用马克思主义的时候，不能自以为是地要求消除多样性、差别性和特殊性，而是要在马克思主义普遍真理同各民族具体特点的结合中发挥其真理性力量。坚持马克思主义普遍性与具体性、一般性与特殊性相统一的原则，就是既要把马克思主义基本原理作为根本指导思想，同时又必须结合本国具体实际来运用和发展马克思主义。

三　马克思主义在指导实践、改造世界的历史进程中显示出了强大的生命活力

马克思主义创立以来，一直都在指导着世界无产阶级和全人类

---

①《列宁专题文集·论马克思主义》，人民出版社2009年版，第96页。
②《毛泽东选集》第2卷，人民出版社1991年版，第534页。

的发展，为人类实践和思想发展提供了强大理论指南，并在实践的基础之上实现自身的丰富发展，获得经久不衰的生命活力。

第一，马克思、恩格斯在领导国际工人运动中丰富和发展马克思主义。

马克思主义从产生之日起就同工人阶级解放和世界共产主义运动紧密关联。1848年革命期间，马克思、恩格斯把新创立的世界观运用到革命实践当中，成为革命实践的重要思想指导。1864年，他们领导创立了第一国际，指导国际工人运动蓬勃展开，并进一步发展和完善无产阶级革命学说、科学社会主义理论。1871年巴黎公社运动期间，他们全力投入到指导巴黎公社的运动中，深刻地总结巴黎公社运动的经验和教训，总结巴黎公社的原则，为工人运动的深入发展提供了宝贵的理论指导和经验参照。19世纪80年代后期，恩格斯领导创立了第二国际，领导从自由资本主义向垄断资本主义转变时期的国际工人运动，掀起了国际工人运动的又一次高潮。马克思主义在为世界社会主义运动提供科学指导的同时，也获得了自身发展的强大动力，不断地吸收实践经验和同时代思想理论的最新成果，在理论形态上更加丰富、更加完善、更加完整。

第二，马克思主义在俄国的运用和发展体现了强大的真理力量。

资本主义从自由资本主义阶段发展到垄断资本主义即帝国主义阶段之时，马克思主义在分析新形势、解决新问题、完成新任务的过程中，产生了重大的新观点、新思想、新理论，形成了帝国主义和无产阶级革命时代的马克思主义，即列宁主义。

列宁在批判主观社会学、"合法马克思主义"、机会主义、修正主义、经验批判主义的过程中，充分吸收和深刻总结了当时自然科学和社会科学发展的最新成果，创作了《唯物主义和经验批判主义》《哲学笔记》等重要哲学著作，创造性地发展了马克思主义的哲学思想。他在批判第二国际的过程中，领导创建了以民主集中制为根本组织制度的新型无产阶级政党，创作了《怎么办？》《进一步，退两步》《社会民主党在民主革命中的两种策略》等重要著作，创造性地发展了马克思主义的党建学说。他创作了《俄国资本主义的发展》《帝国主义是资本主义的最高阶段》等重要著作，深刻揭示了帝国主义即垄断资本主义的根本特征、基本矛盾及其发展趋势，创立了帝国主义理论，创造性发展了马克思主义的政治经济学。他创作了《国家与革命》等重要著作，明确指出国家的实质是阶级统治的工具，政权是革命的首要问题，无产阶级革命必须打碎旧的国家机器，建立新的国家机器，通过无产阶级专政最终走向共产主义，创造性地发展了马克思主义的国家学说和无产阶级专政理论。他结合新的历史特点和俄国革命的具体实际，创立了"一国胜利论"，并领导十月革命取得了伟大胜利，创建了世界上第一个社会主义国家，使科学社会主义从理论上升到制度实践，开辟了人类历史发展的新纪元，创造性地发展了马克思主义的社会革命理论和科学社会主义学说。他在领导社会主义建设的过程中，形成了新经济政策理论、社会主义建设理论、执政党建设理论等一系列重大理论创新成果，极大地丰富和发展了马克思主义关于社会主义革命和建设的理论。

马克思主义在俄国的成功运用、发展和完善，是马克思主义发展史上辉煌的一页。列宁之后的苏联以及东欧的共产党人，在苏联以及东欧的社会主义建设实践中，有经验、有教训，特别是苏联解体、东欧剧变血的教训为共产主义运动和马克思主义发展提供了特别的鉴戒。这些都充分证明，马克思主义的真理性力量会随着时代的发展、实践的发展而释放出耀眼的智慧之光、真理之芒。

第三，马克思主义中国化的成功发展彰显了马克思主义生生不息的活力。

马克思主义诞生以来170年的历史，也是中国由屈辱、落后到逐步实现站起来、富起来到强起来的历史。中国先进分子自从找到并自觉接受马克思主义以后，中国人的精神、中华民族的面貌就焕然一新，在马克思主义的指导下，中国共产党应时而生，中国的历史命运发生了根本性转变。在中国革命、中国社会主义建设和中国改革开放的伟大历史进程中，马克思主义同中国具体实际的创造性结合，即马克思主义中国化的成功创建，是马克思主义发展史上更为辉煌的一页。

中国共产党创立之后，就开始把马克思主义同中国的具体实际相结合，不断推进马克思主义的中国化、大众化和时代化，当然这个过程并不是一开始就一帆风顺的。在马克思主义中国化的早期，经过艰苦曲折探索，中国共产党在关于"什么是马克思主义、怎样坚持马克思主义"这个核心问题上，把马克思主义同中国的革命实践、民族特点、历史文化等第一次创造性地结合起来，实现了马克思主义中国化的第一次伟大历史性飞跃，创立了中国化马克思主义第一个重大理论成果——毛泽东思想，并在毛泽东思想的指导下迅速实现了新民主主义革命和社会主义革命的彻底胜利，创建了社会主义制度，完成了中华民族站起来的历史使命，实现中华民族发展史上最伟大的社会革命。

从20世纪50年代开始，毛泽东同志就提出要实现马克思主义同中国社会主义建设的具体实践的第二次伟大结合，领导党和国家探索具有中国特点的、适合中国国情的社会主义建设道路，拉开了中国特色社会主义探索的序幕。

20世纪70年代后期，在国际国内形势发生重大变化之时，中国社会主义向何处去的重大历史选择历史地摆在了中国共产党人面前。邓小平同志带领党和国家开启了社会主义建设新时期，成功启动了马克思主义中国化第二次历史性结合和伟大飞跃，开创了中国特色社会主义伟大事业。此后，江泽民同志、胡锦涛同志领导全党全国人民不断把中国特色社会主义推向前进。在改革开放和社会主义现代化建设的伟大实践中，中国共产党人创立了邓小平理论、"三个代表"重要思想、科学发展观等重大理论成果，中国化马克思主义的第二个重大理论成果——中国特色社会主义理论体系逐步创立、发展和完善。党的十八大以来，以习近平同志为核心的党中央，在新的历史起点上，把中国特色社会主义推进到一个全面发展的新时代，创立了习近平新时代中国特色社会主义思想，标志着当代中国马克思主义进入新的发展阶段。

马克思主义中国化的历史进程表明，马克思主义是全人类的最先进思想成果，它在与不同民族、不同国家的具体实践相结合的过程中，展示出其内在的生命力和强大的真理力量。当今中国共产党人，离开马克思主义指导，离开中国化马克思主义的创建，就会迷失方向、误入歧途。在当代中国，坚持马克思主义指导，坚持马克思主义中国化、时代化、大众化，就必须全面贯彻落实习近平新时代中国特色社会主义思想。

四　马克思主义在21世纪中国释放出更加璀璨的真理光芒

经过长期不懈的努力，中国特色社会主义进入了新时代，这是当代中国发展新的历史方位。新时代中国特色社会主义的伟大实践，为马克思主义的新发展开辟了新境界，使马克思主义在21世纪释放出更加璀璨的真理光芒。

在中国特色社会主义进入新时代之际，习近平同志以非凡的政治智慧、顽强的意志品质、强烈的责任担当、巨大的创新勇气，团结带领全党全军全国各族人民，进行具有许多新的历史特点的伟大斗争，推进党的建设新的伟大工程，发展中国特色社会主义伟大事业，实现中华民族复兴的伟大梦想。

伟大时代产生伟大理论，伟大实践创造伟大思想。习近平同志坚持解放思想、实事求是、与时俱进、求真务实，紧密结合新的时代条件和实践要求，牢牢地抓住且科学回答了"新时代坚持和发展什么样的中国特色社会主义、怎样坚持和发展中国特色社会主义"这个重大时代问题，以全新的视野深化了对共产党执政规律、社会主义建设规律、人类社会发展规律的认识，对新时代坚持和发展中国特色社会主义的总目标、总任务、总体布局、战略布局和发展方向、发展方式、发展动力、战略步骤、外部条件、政治保障等一系列基本问题作出了科学回答，系统阐述了"八个明确"的思想要义和"十四条坚持"的基本方略，创立了习近平新时代中国特色社会主义思想，为全党全国人民实现中华民族伟大复兴提供了科学的行动指南，形成了马克思主义中国化的最新理论成果，极大地推进了马克思主义中国化的历史进程，把21世纪马克思主义发展到了新的境界。

习近平新时代中国特色社会主义思想是坚持和发展马克思主义的光辉典范。它坚持了马克思主义的立场、观点、方法，蕴含着辩证唯物主义和历史唯物主义的哲学精华，在新的历史条件下攀登了马克思主义的新高峰。

第一，习近平新时代中国特色社会主义思想，在立场、观点、方法层面上提出了新论断，把马克思主义世界观方法论的坚持和运

用提升到了一个新高度。

习近平同志系统阐发了以人民为中心的基本立场，在坚持马克思主义立场方面有了新认识。习近平新时代中国特色社会主义思想的突出特色，就是坚持以人民为中心的核心立场，坚持人民主体地位的根本原则，坚持以人民为中心的发展思想，始终把满足人民日益增长的美好生活需要当作判断执政党执政能力的根本标准，突出地强调人民群众是历史的创造者，是决定党和国家前途命运的根本力量，必须牢牢坚持立党为公、执政为民，依靠人民创造中国特色社会主义的历史伟业。

习近平同志系统阐发了生产的观点、阶级的观点和群众的观点，在发展马克思主义观点方面有了新认识。他特别重视生产观点，坚持以经济建设为中心，大力解放和发展生产力，推动党和国家事业实现重大跃升。他运用阶级观点分析国际形势、现阶段国内阶级关系和人民内部矛盾，强调要把坚持党的领导、人民当家作主、依法治国三者统一起来，发展社会主义民主政治，坚持人民民主专政的社会主义国体。他坚决贯彻党的群众路线，突出地强调必须多谋民生之利、多解民生之忧，保证人民群众共享发展成果，提高人民群众生活的幸福红线。

习近平同志系统阐发了马克思主义的基本方法，在运用马克思主义方法论方面有了新认识。他善于运用矛盾分析法来分析当代国际局势、国内问题、时代特征、历史方位，创造性地继承和发展了马克思主义的矛盾学说，提出了我国主要矛盾发生新变化的重大政治判断，阐述了进行具有许多新的历史特点的伟大斗争的重大思想。他创造性地将阶级分析方法运用于现实社会生活，强调坚持阶级分析方法就是坚持马克思主义的政治立场，大力推进全面从严治党，着力开展反腐败斗争，抵制西方反动势力对我西化分化、和平演变、"颜色革命"，牢牢把握意识形态工作的领导权、管理权、话语权。

第二，习近平新时代中国特色社会主义思想，在思想路线、社会历史发展规律理论、辩证思维和认识改造世界功能等方面提出了新思想，把辩证唯物主义和历史唯物主义重要原理及其应用提升到了一个新高度。

习近平同志科学把握马克思主义要领，从变化发展的实际中提炼出事关全局的根本问题，结合新时代的特点和要求，实现了新时代马克思主义的创新发展。他丰富了实事求是思想路线这一马克思主义的精髓，在阐述实践创新与理论创新的互动方面形成了新见解，明确提出要切实做到求真务实、敢于担当，必须高度重视理论的作用，增强理论自信和战略定力，勇于推进实践基础上的理论创新，不断拓展新视野、作出新概括，实现实践创新和理论创新的互动。

习近平同志深刻论述了中国特色社会主义共同理想与共产主义远大理想的辩证关系，在丰富马克思主义历史发展规律理论方面形成了新见解。他反复强调，共产主义是人类历史不可逆转的大趋势，要坚持共产主义理想信念这个安身立命的根本，我们的事业是中国特色社会主义的事业，这个事业的本源和依据就是共产主义远大理想；中国特色社会主义是党的最高纲领和基本纲领的统一，既是从我国正处于并将长期处于社会主义初级阶段的基本国情出发的，也没有脱离党的最高理想；既要坚定走中国特色社会主义道路的信念，集中精力办好自己的事情，不断壮大综合国力，也要胸怀共产主义的崇高理想，不断改善人民生活，扎扎实实地为共产主义远大理想而努力。

习近平同志系统阐述了富有时代特点和哲学意蕴的辩证思维方

式,在发展马克思主义唯物辩证法方面形成了新见解。他出色地运用和发展马克思主义唯物辩证法思维方式,创造性地提出和阐述了战略思维、系统思维、辩证思维、创新思维、法治思维、历史思维、底线思维、精准思维等科学思想方式方法,形成了习近平新时代中国特色社会主义思想的唯物辩证法体系。

第三,习近平新时代中国特色社会主义思想,在系统完整性、逻辑严谨性和实际操作性方面提出了新认识,把马克思主义认识和改造世界的作用提升到了一个新高度。

习近平新时代中国特色社会主义思想"八个明确"的核心内容,涉及生产力与生产关系、经济基础与上层建筑的辩证关系,涵盖了经济建设、政治建设、文化建设、社会建设、生态文明建设以及国防、外交、党的建设各个领域,体现了马克思主义认识世界的系统性、严谨性和科学性。

新时代中国特色社会主义"十四个坚持"的基本方略,从领导力量、发展思想、根本路径、发展理念、政治制度、治国理政、思想文化、社会民生、绿色发展、国家安全、军队建设、祖国统一、国际关系、党的建设等方面作出理论分析和政策指导,深刻回答了新时代怎样坚持和发展中国特色社会主义的一系列重大问题,对习近平新时代中国特色社会主义思想的理论精髓和思想要义展开具体阐述,形成了可付诸实践的战略策略和对策举措,体现了马克思主义改造世界的实践功能。

习近平新时代中国特色社会主义思想,以广阔的历史视野、邃远的理论思维、科学的哲学创造、博大的天下情怀,从时代与哲学的关系上深刻回答了当代中国向何处去、共产党向何处去、社会主义向何处去、人类社会向何处去等一系列当今时代最本质、最根本、最深层的理论问题,为解决当代人类问题提供了中国智慧、中国思想,"从世界的原理中为世界阐发新原理"①,将当代中国马克思主义推进到了一个新的理论境地和理论高度,展示出马克思主义在21世纪世界的真理性光芒。

历史已经证明并将继续证明,马克思主义是发展的、科学的真理体系,对全世界工人阶级和全人类的解放具有不可替代的指导意义。时代在发展,实践在进步,马克思主义也会随着历史的发展而不断地得到丰富、发展和完善。随着以中国特色社会主义为集中代表的科学社会主义在21世纪当代中国的辉煌发展,马克思主义一定能够展现出更璀璨的真理光辉。

---

① 《马克思恩格斯全集》第47卷,人民出版社2004年版,第66页。

十月革命开辟了人类历史由资本主义向社会主义转变的新纪元，具有伟大的历史意义与时代价值[*]

王伟光

1917年列宁领导布尔什维克党进行十月革命，取得了伟大胜利，建立了人类历史上第一个社会主义国家，开辟了人类历史的新纪元。十月革命一声炮响，给中国送来了马克思列宁主义，促成了中国无产阶级政党——中国共产党的建立，从此中华民族的历史发生了根本性的转变。从纷然杂陈的各种观点和路径中，经过反复比较和鉴别，中国共产党选择了马克思列宁主义，选择了社会主义道路，选择了为实现共产主义而奋斗的崇高理想。一百年以来，十月革命的胜利鼓舞了世界各地无数马克思主义政党和人民群众的革命斗争，十月革命的方向引导中国人民取得革命、建设和改革的伟大成功，开创了中国特色社会主义道路，推动了国际共产主义运动的纵深发展，影响了国际政治经济大格局，具有伟大的历史意义和时代价值。

---

[*] 该文发表于《马克思主义哲学论丛》2017年第4辑。

一 十月革命开辟了人类历史由资本主义向社会主义转变的新纪元，为国际共产主义运动和世界社会主义革命提供了宝贵经验，具有伟大的世界历史意义

十月革命的胜利，开创了在帝国主义阵营薄弱环节进行社会主义革命的伟大道路，实现了科学社会主义从理想和运动到现实的巨大飞跃，推动了马克思主义在世界的传播和国际共产主义运动的发展，促进了无产阶级和社会主义革命的前进，产生了人类历史上崭新的社会主义制度，对国际共产主义运动、世界社会主义革命和人类社会历史的进步产生了重大影响。

自从进入阶级社会以来，在十月革命以前，人类社会的变迁始终是由一种剥削制度代替另外一种剥削制度，始终是少数人对多数人的统治和压迫。十月革命的胜利，创立了世界上第一个工人阶级领导的人民当家作主的新政权，建立了一种没有压迫和剥削的社会制度，人类社会出现了一个崭新的社会形态，开辟了人类历史从资本主义历史时代向社会主义历史时代转变的新阶段。从此以后，社会主义作为一种崭新的社会制度出现在世界历史舞台，引领着人类社会的发展方向。

十月革命成功地把马克思主义普遍原理与俄国具体实际相结合，把科学社会主义的理论变成了现实。十月革命是人类历史上第一次成功的无产阶级革命，使社会主义从一种崇高的理想信仰和革命运动变成现实的社会制度，验证了科学社会主义是最终解放全人类，从而解放无产阶级自己的科学理论。在十月革命胜利的影响下，芬兰、德国、匈牙利等国相继爆发了无产阶级革命运动，英

国、法国、意大利等国的工人运动也不断高涨，打破了资本主义一统天下的局面，形成了世界上社会主义和资本主义两种社会制度竞争共存的新格局。

十月革命开辟了在帝国主义阵营薄弱环节进行社会主义革命的伟大道路，把被压迫民族争取国家独立、民族解放和人民民主的斗争纳入世界无产阶级社会主义革命的世界历史范畴，激励了殖民地和半殖民地人民的民族民主革命，开启了被压迫民族解放斗争的新阶段。在十月革命的影响下，殖民地和半殖民国家的民族民主解放运动蓬勃地开展起来。1919年，朝鲜爆发了反对日本殖民统治的"三一运动"，埃及人民展开了反英武装起义，中国爆发了"五四运动"。1920年，印度人民展开了"非暴力不合作"运动。这些运动沉重打击了帝国主义的殖民统治，动摇了帝国主义的殖民体系，有力地支持了世界无产阶级社会主义革命运动，也给被压迫民族争取解放的民族独立、人民民主运动注入了新的社会历史因素。

十月革命促进了马克思列宁主义的传播，推动了世界上一大批无产阶级政党的建立，谱写了马克思主义发展的新篇章。十月革命不仅使俄国走上了社会主义道路，也鼓舞了全世界无产阶级积极投身革命、建立无产阶级专政社会主义国家的信心。十月革命胜利后，马克思主义在世界各国广泛传播，共产国际应运而生，一大批无产阶级政党开始屹立于世界政治舞台。各国共产党建立后，积极宣传马克思主义，开展革命活动，有力地推动了国际共产主义运动和社会主义革命的发展。

十月革命开辟了把马克思主义普遍原理与各国具体实际相结合的社会主义革命道路，强调和坚持马克思列宁主义的指导地位，强调和坚持无产阶级政党的领导地位，强调和坚持实现无产阶级专政，强调和坚持社会主义道路，强调和坚持世界无产阶级和一切被压迫民族的国际合作，这些经验体现了人类历史发展的普遍规律，具有重要的世界历史意义。

第一，十月革命开创了在帝国主义阵营薄弱环节进行社会主义革命，把马克思主义普遍原理与俄国具体实际相结合的正确道路，形成了坚持马克思主义，必须把马克思主义基本原理与各国具体实际相结合的历史经验。

马克思、恩格斯在《共产党宣言》中根据历史发展的规律做出预言：资本主义必然灭亡，社会主义必然胜利。马克思也曾预言，社会主义革命应该首先在欧洲比较发达的几个资本主义国家内同时发生。第一次世界大战时期，资本主义发展到垄断阶段，资本主义各国之间的利益争夺和资产阶级与本国无产阶级的阶级矛盾日益尖锐，触发了帝国主义之间的战争，战争引起革命。战争使各国的统治阶级力量削弱，也加剧了人民的苦难、激起人民的反抗，使帝国主义链条上出现了有利于革命的薄弱环节，为革命的成功创造了外部条件。列宁在坚信"两个必然"这一马克思主义基本原理的情况下，对经济文化相对落后的俄国这一帝国主义链条的薄弱环节进行了实事求是的分析，认为帝国主义政治经济发展的不平衡，使得社会主义革命可能在资本主义统治比较薄弱的一个或几个国家开始并取得胜利。在这个科学理论的指导下，十月社会主义革命取得了胜利，为社会主义革命创造了成功的范例。十月革命的经验充分证明，革命是历史的火车头。把马克思主义基本原理与各国实际相结合的历史经验启发了世界上包括中国共产党在内的许多无产阶级政党，有力地推动国际共产主义运动和世界社会主义革命的发展，推动新的社会形态的萌生。

第二，十月革命的胜利取决于布尔什维克党的坚强领导，形成了新的社会历史条件下的反帝反封建的民族民主革命和社会主义革命要取得胜利，必须始终坚持无产阶级政党领导的历史经验。

1917年2月俄国沙皇尼古拉二世退位，俄国面临民主革命的任务。列宁尖锐地指出，资产阶级临时政府无法完成民主革命的任务，并在《四月提纲》中论证了民主革命向社会主义革命过渡的必然性，提出了"全部政权归苏维埃"的口号，必须由无产阶级领导完成资产阶级民主革命的任务。二月革命后，俄国同时存在着临时政府和苏维埃政权，苏维埃内部对临时政府的态度和对俄国革命的前途认识不一，其中苏维埃中的孟什维克党和代表农民中小资产阶级的社会革命党支持资产阶级性质的临时政府。代表无产阶级利益的布尔什维克党在列宁的领导下，大力开展争取、教育和组织群众的工作，让群众认识到了临时政府和苏维埃中的妥协派的本质，群众的政治觉悟不断提高，无产阶级革命力量不断壮大。终于，俄国无产阶级在列宁和布尔什维克党中央的领导下于俄历1917年10月25日发动起义，推翻了临时政府，成立了世界上第一个社会主义国家。这一经验表明，离开了无产阶级政党的领导，新的历史条件下的民族民主革命和社会主义革命不可能彻底成功。

第三，十月革命以实行无产阶级专政为目标，以武装斗争夺取政权为主要形式，彻底打碎资产阶级的国家机器，建立了世界上第一个无产阶级专政的社会主义国家，形成了社会主义革命必须以夺取国家政权、实行无产阶级专政为革命目标，打碎资产阶级国家机器，建立无产阶级新的国家机器的历史经验。

革命的根本问题是国家政权问题。无产阶级在国家问题上抱什么样的态度，对于革命的前途和命运至关重要。列宁在《国家与革命》中指出:"国家是阶级矛盾不可调和的产物和表现""国家是阶级统治的机关,是一个阶级压迫另一个阶级的机关"。① 被压迫的无产阶级面对武装到牙齿的反动派,需要通过暴力革命建立无产阶级的崭新国家政权。当然如果有可能的话,也不会轻易放弃通过和平等其他方式取得国家政权。十月革命后,列宁清醒地看到:"君主派和立宪民主党人以及他们的应声虫和走卒孟什维克和右派社会革命党人,仍然试图联合起来推翻苏维埃政权。"② 用枪杆子保卫政权,坚持无产阶级专政,彻底打碎资产阶级国家机器,巩固十月革命的胜利果实,就成为当时俄国布尔什维克人的必然选择。可以说,离开了党的领导和无产阶级武装,离开了无产阶级专政,离开了打碎资产阶级的国家机器,建设社会主义国家就是一句空话,社会主义革命的胜利成果就很难得到巩固。

第四,十月革命的胜利和巩固离不开国际上一切革命进步力量的支持与帮助,形成了社会主义国家与争取民族民主解放的一切民族必须团结起来的历史经验。

共同的利益和共同的理想把无产阶级革命力量、一切被压迫民族和社会主义国家紧紧地联结在一起。马克思、恩格斯在《共产党宣言》中指出,无产阶级的"联合的行动,至少是各文明国家的联合行动,是无产阶级获得解放的首要条件之一"。③ 毛泽东在《论人民民主专政》中指出:"在帝国主义存在的时代,任何国家的真正的人民革命,如果没有国际革命力量在各种不同方式上的援助,要取得自己的胜利是不可能的……伟大的十月革命的胜利和巩固,

---

① 列宁:《国家与革命》,《列宁选集》第3卷,人民出版社1995年版,第114页。
② 列宁:《苏维埃政权的当前任务》,《列宁专题文集·论社会主义》,人民出版社2009年版,第82页。
③ 马克思、恩格斯:《共产党宣言》,《马克思恩格斯选集》第1卷,人民出版社1995年版,第291页。

就是这样的。"① 毛泽东还强调:"中国共产党所领导的人民革命,从来就是十月革命所开始的世界无产阶级社会主义革命的一个组成部分。"② 列宁领导并建立了共产国际,提出了"全世界无产者和被压迫民族联合起来"的伟大号召。各资本主义国家爆发了一系列无产阶级革命,各殖民地半殖民地掀起了民族民主解放运动的高潮,全世界无产阶级和被压迫民族团结起来,一切国际进步力量有力集结,成功地保卫和发展了十月革命的胜利果实。

二 十月革命极大促进了中国的历史进程,使中国发生了翻天覆地的社会巨变,对中国历史产生了深远影响

在十月革命的影响下,在马克思列宁主义同中国工人运动相结合的进程中,中国共产党诞生。这一开天辟地的大事变,深刻改变了近代以后中华民族发展的方向和进程。在中国共产党的领导下,中国革命、建设和改革从一个胜利走向另一个胜利,中国人民和中华民族实现了由积贫积弱到根本扭转命运,进而实现由站起来、富起来到强起来的伟大飞跃。

第一,十月革命的胜利开辟了世界无产阶级革命的新时代,将殖民地半殖民地民族民主解放运动纳入社会主义革命的世界历史范畴,为中国革命拉开了由旧民主主义革命向新民主主义革命转变的大幕。

十月革命影响了中国革命性质的转变。毛泽东指出:"在这种

---

① 毛泽东:《论人民民主专政》,《毛泽东选集》第4卷,人民出版社1991年版,第1473—1474页。
② 毛泽东:《在苏联最高苏维埃庆祝十月革命四十周年会上的讲话》,《建国以来毛泽东文稿》(第六册),中央文献出版社1992年版,第617页。

时代，任何殖民地半殖民地国家，如果发生了反对帝国主义，即反对国际资产阶级、反对国际资本主义的革命，它就不再是属于旧的世界资产阶级民主主义革命的范畴，而属于新的范畴了；它就不再是旧的资产阶级和资本主义的世界革命的一部分，而是新的世界革命的一部分，即无产阶级社会主义世界革命的一部分了。"① 十月革命以后，苏俄政府曾经两次发表对华宣言，宣布废除帝俄时代与中国签订的一切不平等条约，放弃在华的一切特权，主张援助中国人民的民族解放运动。十月革命取得的辉煌胜利与中国革命历次失败的悲惨局面形成了鲜明对比，苏俄政府释放的善意也与西方列强对华的侵略压榨形成了鲜明对比，这无疑启示和鼓舞了中国人民学习十月革命的热情。十月革命促使中国革命开始了由旧民主主义革命向新民主主义革命的历史转变。

第二，十月革命使中国先进知识分子和无产阶级找到了最锐利的思想武器，找到了马克思主义，以马克思主义为指导成为中国共产党人必须坚持的首要原则。

虽然马克思主义在十月革命之前就已经零星传入中国，但其真正在中国深入人心，却是在十月革命之后。毛泽东指出："十月革命一声炮响，给我们送来了马克思列宁主义。十月革命帮助了全世界的也帮助了中国的先进分子，用无产阶级的宇宙观作为观察国家命运的工具，重新考虑自己的问题。走俄国人的路——这就是结论。"② 十月革命震撼了中国的先进知识分子，促使他们开始用无产阶级的世界观观察中华民族的历史命运，激发了他们研究和学习马克思主义的强烈愿望，促使他们由革命的民主主义者转向马克思主义者，推动了马克思主义在中国的系统传播，为中国人民所接受，

---

① 毛泽东：《新民主主义论》，《毛泽东选集》第 2 卷，人民出版社 1991 年版，第 668 页。
② 毛泽东：《论人民民主专政》，《毛泽东选集》第 4 卷，人民出版社 1991 年版，第 1471 页。

与中国的实际相结合。十月革命胜利以后，以陈独秀、李大钊为代表的中国先进知识分子，相继发表系统介绍马克思主义的文章。陈独秀组织力量，在其主持的《新青年》上集中版面积极宣传马克思主义，相继刊发《我的马克思主义观》《马克思学说》《马克思学说批评》《马克思研究》《马克思传略》等文章，全面、深入、系统地介绍了马克思主义的基本理论和主要观点，影响了一大批中国进步知识分子由革命民主主义者向马克思主义者转变，从此中国的思想界出现了一支马克思列宁主义的生力军。他们积极组建各种社团，筹建各类报刊，并以此为平台宣传马克思主义，推动马克思主义在中国生根发芽。

十月革命的胜利，为中国的先进知识分子指明了革命的方向，马克思主义的传播则帮助他们找到了革命的思想武器和理论指导。通过传播和学习马克思主义，先进知识分子高度重视唯物史观，特别是阶级斗争等学说，把马克思的阶级斗争学说看作联系马克思主义其他原理的一条"金线"。他们积极投身到实际的革命斗争中去，努力用马克思主义立场、观点和方法观察和分析中国社会的诸多问题。他们深入工厂、农村进行社会调查，了解民众的疾苦，并用通俗易懂的语言向工人宣传马克思主义，推动了马克思主义与中国实际相结合，找到了一条建立农村革命根据地、以农村包围城市、武装夺取政权的中国特色的革命道路。

第三，十月革命震醒了在黑暗中苦苦探索救亡图存道路的中华民族，孕育并加速了中国共产党的成立，中国人民从此有了主心骨和坚强的领导核心，始终坚持中国共产党的领导地位是党和人民事业成功的根本保证。

中国人民通过血的教训深刻认识到，要在半殖民地半封建的东方大国进行革命斗争，必须进行无产阶级及其政党领导的新型的新民主主义革命，必须有一个像俄国布尔什维克党那样坚强的无产阶级政党作为领导核心。中国旧民主主义革命斗争的接连失败与十月革命的辉煌成功形成鲜明对照，成立中国共产党提上了中国革命的历史日程。

十月革命之后，列宁亲自领导并成立了共产国际。共产国际相继向中国派出维经斯基、尼科尔斯基、马林等驻华代表，帮助中国先进知识分子组建起通讯社、出版社、报刊等系统的宣传平台，引进翻译了大量的马克思主义文献，推动了马克思主义在中国的传播，为中国共产党的成立奠定了坚实的思想基础。以陈独秀、李大钊为代表的中国先进知识分子，在借鉴俄国布尔什维克党建党经验的基础上，陆续在全国各地组建中国共产党的早期革命组织，为中国共产党的成立奠定了组织基础。在共产国际的指导下，1921年7月23日，中国共产党第一次全国代表大会在上海召开，后在浙江嘉兴南湖的红船上闭幕，中国共产党正式成立。从此，在古老的中国出现了以马克思列宁主义为行动指南、以实现社会主义和共产主义为奋斗目标的统一的无产阶级政党。毛泽东同志指出："灾难深重的中华民族，一百年来，其优秀人物奋斗牺牲，前仆后继，摸索救国救民的真理，是可歌可泣的。但是直到第一次世界大战和俄国十月革命之后，才找到马克思列宁主义这个最好的真理，作为解放我们民族的最好的武器，而中国共产党则是拿起这个武器的倡导者、宣传者和组织者。"[①] 中国共产党的诞生，适应了近代以来中国社会进步和革命发展的客观要求，成为中国人民的必然选择，是中国历史上开天辟地的大事变，中国共产党的诞生使中国革命的面貌发生了根本转变。

---

① 毛泽东：《改造我们的学习》，《毛泽东选集》第3卷，人民出版社1991年版，第796页。

第四，十月革命的成功经验告诉我们，一切革命的根本问题是国家政权问题，社会主义革命的目标就是建立无产阶级专政的社会主义国家。

十月革命的伟大胜利，在人类历史上将马克思主义关于无产阶级专政的理论变成了现实，并且为发展和巩固无产阶级专政的社会主义国家制度积累了丰富的经验。毛泽东同志在苏联最高苏维埃庆祝十月革命四十周年的会议上指出："在十月革命以后，各国无产阶级的革命家如果忽视或者不认真研究俄国革命的经验，不认真研究苏联无产阶级专政和社会主义建设的经验，并且按照本国的具体条件，有分析地、创造性地利用这些经验，那末，他就不能通晓作为马克思主义发展新阶段的列宁主义，就不能正确地解决本国的革命和建设问题。"①

中国共产党从诞生之日起，就把推翻反动政权、建立人民民主的新政权，作为自己直接的奋斗目标。毛泽东把马克思主义关于国家和无产阶级专政的一般原理同中国具体实际相结合，发展了无产阶级专政的学说，推出了人民民主专政的思想。中国革命胜利后，毛泽东同志领导中国共产党带领人民不间断地把新民主主义革命转变为社会主义革命，建立了人民民主专政的社会主义国家制度。坚持人民民主专政是中国共产党的政治路线的一个重要原则，也是党章宪法明文规定的。邓小平同志明确指出，运用人民民主专政的力量，巩固人民的政权，是正义的事情，没有什么输理的地方。② 人民民主专政的社会主义制度是我国不可动摇的国体，是社会主义中国立国的根本所在，是中国人民在我们党的领导下流血牺牲、艰苦

---

① 毛泽东：《在苏联最高苏维埃庆祝十月革命四十周年会议上的讲话》，《建国以来毛泽东文稿》（第六册），中央文献出版社1992年版，第618页。

② 邓小平：《在武昌、深圳、珠海、上海等地的谈话要点》，《邓小平文选》第3卷，人民出版社1993年版，第379页。

奋斗所收获的伟大的治国成果，也是被实践证明的符合中国国情、具有中国特色、充满生机活力的制度安排。

第五，十月革命闪耀着历史辩证法光辉，布尔什维克党人的斗争精神和首创精神深刻感染了中国共产党人，激励中国共产党人坚持历史辩证法，以大无畏的斗争精神和革命的首创精神不断地展开伟大斗争。

十月革命前后，列宁领导的布尔什维克党将马克思主义基本原理与俄国实际相结合，探索俄国社会主义革命和建设的新道路，相继取得了十月革命的伟大胜利和新经济政策的巨大成功，闪耀着辩证唯物主义和历史唯物主义的光辉。列宁坚持社会历史发展统一性与多样性的辩证法，明确提出社会道路的多样性、民族性，提出不同的国家和民族如何以独特的形式表现人类历史发展的普遍规律，提出了相对落后的国家建设社会主义的一系列战略设想和策略政策。

对于中国革命、建设和改革来说，"走俄国人的路"绝不是脱离中国的国情、照抄照搬"俄国人的路"，而是以历史辩证法的态度，走十月革命所昭示的、将马克思主义基本原理与本国实际相结合的道路。以毛泽东同志为代表的中国共产党人正因为坚持马克思主义的指导，坚持了正确的思想路线，善于向实践和群众学习，善于总结群众斗争的实践经验，才能够在中国革命的转折关头，凭借勇敢的斗争精神，强烈的首创精神和巨大的理论创新勇气，敢于创新，善于斗争，破除首先攻打中心城市的教条，提出农村包围城市、武装夺取政权的思想，从而为中国革命的胜利指明正确道路。中华人民共和国成立后，毛泽东同志创造性地领导党和人民完成了社会主义"三大改造"，建立了社会主义制度，卓有成效地领导了社会主义建设，为中国特色社会主义奠定了制度、物质和思想基础。以中国共产党的十一届三中全会为标志，我们党把马克思主义基本原理同中国国情相结合，深刻总结正反两方面的历史经验，准确把握时代主题和人民意愿，毅然把党和国家的工作中心转移到社会主义现代化建设上来，义无反顾地做出实行改革开放的伟大决策，创造性地发展社会主义市场经济，吹响了建设中国特色社会主义的时代号角。党的十八大以来，以习近平同志为核心的党中央高举中国特色社会主义伟大旗帜，取得了中国特色社会主义新的伟大胜利。改革开放近四十年来，中国特色社会主义事业取得的伟大成功显示了社会主义的巨大优越性和强大生命力，为世界社会主义运动的发展注入了新生机、增添了新活力，开辟了科学社会主义发展的新境界。

三 深刻总结十月革命的经验和苏联解体、东欧剧变的教训，对推进中国特色社会主义伟大事业，对于赢得具有许多新的历史特点的伟大斗争，具有重要的时代价值

十月革命开辟了把马克思主义普遍原理与各国具体实际相结合的社会主义道路，建立了现实的社会主义制度，丰富和发展了科学社会主义理论，继承和发展这些宝贵的历史财富，对于我们在新的历史条件下，更加坚定中国特色社会主义的道路自信、理论自信、制度自信、文化自信，推进中国特色社会主义伟大事业，赢得具有许多新的历史特点的伟大斗争具有重要的时代价值。

第一，深入研究十月革命所开辟的社会主义道路在苏联的历史发展轨迹，科学地总结其经验教训，对于我们更加坚定中国特色社会主义的道路自信，进一步明确举什么旗，走什么路，具有重要的

时代价值。

在列宁的领导下，俄国布尔什维克党人以马克思主义为指导，把马克思主义基本原理与俄国实际相结合，夺取了十月革命的伟大胜利，开辟了社会主义革命道路。在十月革命的影响下，中国共产党人以马克思列宁主义为指导，将十月革命的成功经验与中国革命实践结合起来，沿着"十月革命"开辟的社会主义革命方向，经过长期艰苦奋斗建立了社会主义新中国。在社会主义建设和改革的伟大进程中，结合中国实际和时代特征，借鉴十月革命道路的成功经验，吸取苏联解体的失败教训，既不走封闭僵化的老路，也不走改旗易帜的邪路，坚定不移地走中国特色社会主义道路，中国特色社会主义不断取得重大成就，中国特色社会主义进入了新的发展阶段，使社会主义在中国焕发出强大生机活力并不断开辟发展新境界。

第二，深入研究十月革命对科学社会主义理论的丰富和发展，坚持和创新中国特色社会主义理论体系，对于我们更加坚定中国特色社会主义的理论自信，在新的历史条件下坚持和发展科学社会主义理论，具有重要的时代价值。

十月革命坚持科学社会主义的基本原则，成功地把科学社会主义的理论变成了现实，充分证明科学社会主义基本原则所规定的社会主义的本质、立场和方向代表了历史发展的趋势，科学社会主义理论是实现无产阶级和全体解放的科学理论。正因为如此，习近平总书记反复强调，中国特色社会主义是社会主义而不是其他什么主义，科学社会主义基本原则不能丢，丢了就不是社会主义。中国特色社会主义理论体系与十月革命所丰富和发展的科学社会主义理论内在一致，中国特色社会主义既坚持科学社会主义的基本原则，又根植于中国大地、反映中国人民意愿，根据时代条件赋予其鲜明的中国特色，在理论上不断拓展新视野、作出新概括。可以说，在当代中国，坚持和发展中国特色社会主义，就是真正坚持科学社会主义。

第三，深入研究十月革命后创立的社会主义制度的得与失，深刻反思苏联解体、东欧剧变的历史教训，对于我们更加坚定中国特色社会主义的制度自信，推进国家治理体系和治理能力现代化，具有重要的时代价值。

十月革命建立了世界上第一个社会主义国家，创立了社会主义制度，开辟了社会主义建设道路，打败了德国法西斯，在数十年内将苏联发展成为世界一流工业强国。一方面，中国特色社会主义借鉴十月革命开辟的社会主义现代化道路，拓展了发展中国家走向现代化的途径，为解决人类问题贡献了中国智慧、提供了中国方案；另一方面，中国特色社会主义吸取以往的世界社会主义没有解决好社会主义社会治理的问题，不断推进国家治理体系和治理能力现代化。习近平总书记指出：列宁在俄国十月革命后不久就过世了，没来得及深入探索这个问题；苏联在这个问题上进行了探索，取得了一些实践经验，但也犯下了严重错误，没有解决这个问题。我们党在全国执政以后，不断探索这个问题，虽然也发生了严重曲折，但在国家治理体系和治理能力上积累了丰富经验、取得了重大成果，改革开放以来的进展尤为显著。我国政治稳定、经济发展、社会和谐、民族团结，同世界上一些地区和国家不断出现乱局形成了鲜明对照。这说明，我们的国家治理体系和治理能力总体上是好的，是适应我国国情和发展要求的，我们必须进一步推进国家治理体系和治理能力现代化。

第四，深入研究十月革命洋溢的坚定的共产主义理想信念，坚持共产主义远大理想和中国特色社会主义共同理想，对于我们坚定中国特色社会主义的文化自信，赢得具有许多新的历史特点的伟大斗争，具有重要的时代价值。

在帝国主义的重重包围下，以列宁为代表的俄国布尔什维克党人始终对共产主义热情向往，充满信心，从帝国主义统治链条的薄弱环节入手，突破重重险阻，实现了人类历史上无产阶级革命的第一次胜利。在近百年的奋斗历程中，中国共产党接过十月革命高扬的理想信念的精神旗帜，从诞生之日起就把马克思主义写在自己的旗帜上，把实现共产主义确立为最高理想。中国共产党人在共产主义理想信念的支撑和激励下，抛头颅，洒热血，不怕牺牲、英勇斗争，夺取革命胜利，建立社会主义新中国，开展社会主义建设，进行了社会主义改革开放，开创了中国特色社会主义新局面。这一切都说明"革命理想高于天"。理想信念是共产党人精神上的"钙"。习近平总书记反复强调，"理想信念坚定，骨头就硬，没有理想信念，或理想信念不坚定，精神上就会'缺钙'，就会得'软骨病'"，"就可能导致政治上变质、经济上贪婪、道德上堕落、生活上腐化"。坚定理想信念，坚守共产党人精神追求，始终是共产党人安身立命的根本。习近平总书记强调："对马克思主义的信仰，对社会主义和共产主义的信念，是共产党人的政治灵魂，是共产党人经受住任何考验的精神支柱。"发展中国特色社会主义是一项长期而艰巨的历史任务，必须准备进行具有许多新的历史特点的伟大斗争。要在新的伟大斗争中赢得胜利，必须继承和发扬十月革命的精神旗帜，更加坚定共产主义的理想信念，更加坚定中国特色社会主义的文化自信。

不忘初心，牢记使命，为共产主义奋斗终身[*]

王伟光

2018年1月5日，习近平总书记在新进中央委员会的委员、候补委员和省部级主要领导干部学习贯彻习近平新时代中国特色社会主义思想和党的十九大精神研讨班上，发表了重要讲话。讲话深刻阐述了坚持和发展中国特色社会主义要一以贯之、推进党的建设新的伟大工程要一以贯之、增强忧患意识防范风险挑战要一以贯之等重大问题，具有重要指导意义。今年是《共产党宣言》发表170周年。结合学习习近平总书记"1·5"重要讲话，重温《共产党宣言》，我谈几点体会。

一 《共产党宣言》阐述的一般原理是科学正确的，具有强大的生命力和重大的现实意义

1848年2月，马克思、恩格斯为"共产主义者同盟"起草的

---

[*] 该文是作者2018年2月2日学习习近平总书记2018年"1·5"重要讲话精神及纪念《共产党宣言》发表170周年理论座谈会上的发言。发表于《世界社会主义研究动态》2018年第19期。

党纲《共产党宣言》，是马克思、恩格斯系统阐述自己理论并正式公开问世的第一部马克思主义经典著作，是科学社会主义诞生的重要标志，在马克思主义发展史上，在国际共产主义运动史上，具有里程碑意义。列宁指出："马克思主义学说中的主要一点，就是阐明了无产阶级作为社会主义社会创造者的世界历史的作用。……马克思最初提出这个学说是在 1844 年。马克思、恩格斯合著的于 1848 年问世的《共产党宣言》，已对这个学说作了完整的、系统的、至今仍然是最好的阐述。"①《共产党宣言》作为第一个关于共产主义的全面而系统的文件，具有广泛的内容和深刻的思想，阐述的一般原理，经过了历史、实践的检验，是科学的因而也是正确的，仍然具有强大的生命力和重大的现实意义。诚如马克思、恩格斯在 1872 年德文版序言中指出的："不管最近 25 年来的情况发生了多大的变化，这个《共产党宣言》中所阐述的一般原理整个说来直到现在还是完全正确的。"② 170 年来，《共产党宣言》成为全世界工人阶级的"圣经"，推动了世界社会主义运动的发展，影响了人类发展方向，改变了世界进程。正如列宁所说："这本书篇幅不多，价值却相当于多部巨著。它的精神至今还鼓舞着、推动着文明世界全体有组织的正在进行斗争的无产阶级。"③《共产党宣言》阐述的下述原理，今天更彰显出巨大的时代价值。

1. **关于阶级斗争思想**

《共产党宣言》开宗明义就指出："至今一切社会的历史（恩格斯在 1888 年英文版上加了一个注：'这是指由文字记载的全部历史'）都是阶级斗争的历史。"④ 生产力决定生产关系，生产关系反

---

① 《列宁选集》第 2 卷，人民出版社 1995 年版，第 305 页。
② 《马克思恩格斯选集》第 1 卷，人民出版社 2012 年版，第 376 页。
③ 《列宁选集》第 2 卷，人民出版社 1995 年版，第 93 页。
④ 《马克思恩格斯选集》第 1 卷，人民出版社 2012 年版，第 400 页。

作用于生产力，经济基础决定上层建筑，上层建筑反作用于经济基础，构成社会基本矛盾，社会基本矛盾的运动是人类社会发展的动力。生产力和生产关系，经济基础和上层建筑的矛盾在阶级社会中就表现为阶级斗争，阶级斗争是阶级社会发展的动力。马克思主义最基本的观点是，在阶级社会中要用阶级的观点，用阶级分析的方法看问题。坚持阶级、阶级斗争的观点和阶级分析的方法不等于认为在我国社会主义初级阶段阶级斗争还是主要矛盾，主张以阶级斗争为纲。在复杂的国际国内因素作用下，我国社会主义初级阶段还存在着阶级差别和阶级矛盾，存在一定范围内的、甚至有时还很激烈的阶级斗争，这就决定了我们共产党人既不能搞以阶级斗争为纲，同时也要反对阶级斗争熄灭论。

2. 关于"两个必然"原理

《共产党宣言》明确指出："资产阶级的灭亡和无产阶级的胜利同样是不可避免的。"① 170 年人类历史发展，证明了"两个必然"是科学的真理，经受住了历史的检验。虽然世界发生变化了，马克思主义经典作家所判定的"大的历史时代"出现了阶段性变化，但人类社会发展的必然趋势没有变，资本主义社会的固有弊端与内在矛盾没有变，共产主义的必然历史趋势没有变。不管资本主义国家如何变，"现代的国家政权不过是管理整个资产阶级的共同事务的委员会罢了"②。"不管生产方式本身由于劳动从属于资本而产生了怎样的变化，生产剩余价值或榨取剩余劳动，是资本主义生产的特定的内容和目的。"③ 2008 年金融危机再次证明了资本主义的基本矛盾没有变，共产主义的必然历史趋势没有变。《共产党宣言》对

---

① 《马克思恩格斯选集》第 1 卷，人民出版社 2012 年版，第 413 页。
② 同上书，第 402 页。
③ 《马克思恩格斯全集》第 44 卷，人民出版社 2001 年版，第 344 页。

资本主义社会做出深刻透彻批判的基本事实没有变,我们依然处在马克思、恩格斯所判断的大的历史时代,在该时代始终贯穿着社会主义和资本主义两种前途、两种命运、两种力量的博弈,共产主义是历史的必然,从而是每一个共产党人的崇高理想与坚定信念。

3. 关于"两个决裂"思想

《共产党宣言》指出:"共产主义革命就是同传统的所有制关系实行最彻底的决裂;毫不奇怪,它在自己的发展进程中要同传统的观念实行最彻底的决裂。"① "在所有这些运动中,他们都强调所有制问题是运动的基本问题,不管这个问题的发展程度怎样。"② 最终消灭私有制是社会主义的应有之义,正如《共产党宣言》所说的:"共产党人可以把自己的理论概括一句话:消灭私有制"③,虽然这是一个漫长的历史过程,但也决定了在我国社会主义现阶段,必须坚持以公有制为主体的多种所有制并存的基本经济制度,必须始终坚持习近平总书记所提出的"必须毫不动摇巩固和发展公有制经济,毫不动摇鼓励、支持、引导非公有制经济发展"的"两个毫不动摇"的观点。这是由今天我们所处的历史条件所决定的。在所有制问题上,既不能搞超越现阶段的政策,也不能放弃公有制的社会主义基本原则。我们共产党人不屑于隐瞒自己的观点,虽然现阶段要保护和发展私营经济,但按照历史发展的逻辑,私营经济将来一定要走向灭亡,公有制一定代替私有制,共产主义一定代替资本主义,对于这个历史的必然逻辑与结果,对于这个信念我们必须坚定不移。有人鼓吹"经济人假设",宣称人性是自私的,集中攻击公有制,攻击国有经济,大喊"私有制万岁",从反面证明了坚持

---

① 《马克思恩格斯选集》第 1 卷,人民出版社 2012 年版,第 421 页。
② 同上书,第 435 页。
③ 同上书,第 414 页。

"两个决裂"思想,对我们共产党人坚持公有制的社会主义基本原则的极端重要性。

4. 关于共产党是工人阶级先锋队思想

《共产党宣言》透彻地论述了共产党是工人阶级先锋队思想,指出:"共产党人不是同其他工人政党相对立的特殊政党","他们没有任何同整个无产阶级的利益不同的利益"。[1] 这一思想是中国共产党人始终能够保持先进性的根本原因,是中国共产党与其他剥削阶级政党的根本区别,是中国共产党执政能够跳出历史周期律的内在基因,也是习近平同志关于全面从严治党思想的目的所在。

5. 关于无产阶级专政思想

《共产党宣言》指出:"共产党人的最近目的是和其他一切无产阶级政党的最近目的一样:使无产阶级形成为阶级,推翻资产阶级的统治,由无产阶级夺取政权。"[2]《共产党宣言》虽然没有提出无产阶级专政这个概念,但提出了无产阶级政治统治的思想,后来马克思用无产阶级专政这个"简单、严格、准确、明显的公式"[3]进行了科学概括。在马克思和恩格斯的著作里,无产阶级专政和无产阶级的政治统治这两个概念常常交替使用。无产阶级专政表明国家的阶级性质,指明社会主义的国家政权,是无产阶级在其中必须居于统治地位的国家政权。

民主与专政是不可分的。任何剥削阶级国家,包括资本主义国家,都不会放弃实行专政的职能。有的人从庸俗的资产阶级观点看问题,把民主和专政这两个概念看成是互相排斥、互相对立的,攻击无产阶级专政是"暴政""专制""独裁"等。殊不知,无产阶

---

[1] 《马克思恩格斯选集》第1卷,人民出版社2012年版,第413页。
[2] 同上。
[3] 《列宁选集》第3卷,人民出版社1972年版,第517页。

级公开宣布自己政权的阶级性质，恰恰表明无产阶级专政代表了广大人民群众的利益和愿望，表明绝大多数人享有真正的民主权利。"资产阶级国家虽然形式极其复杂，但本质是一个：所有这些国家，不管怎样，归根到底一定是资产阶级专政。从资本主义过渡到共产主义，当然就不能不产生非常丰富和繁杂的政治形式，但本质必然是一个：就是无产阶级专政。"① 在我国的具体国情下，人民民主专政就是无产阶级专政的中国形式，是带有中国特色的无产阶级专政，是马克思主义关于无产阶级专政基本原理在中国的实践化。

二 《共产党宣言》阐述的一般原理的运用，"随时随地都要以当时的历史条件为转移"

《共产党宣言》的一般原理是正确的，但是，"这些原理的实际运用，正如《共产党宣言》中所说的，随时随地都要以当时的历史条件为转移"②。《共产党宣言》发表以来170年的实践历史说明，《共产党宣言》的一般原理必须与各国具体实际相结合，才能有效发挥指导作用。

我们党把《共产党宣言》所阐述的阶级斗争学说与中国具体实际相结合，探索出了一条在当时的中国这样落后的农民国家通过新民主主义革命走上社会主义的独特革命道路。我们党把《共产党宣言》所阐述的无产阶级专政理论和中国具体实际相结合，建立了人民民主专政的社会主义国家政体。坚持人民民主专政，是我们党始终坚持的四项基本原则之一。党的十九大报告强调"我国是工人阶级领导的、以工农联盟为基础的人民民主专政的社会主义国家，国

---

① 《列宁选集》第3卷，人民出版社1972年版，第200页。
② 《马克思恩格斯选集》第1卷，人民出版社2012年版，第376页。

家一切权力属于人民"。坚持无产阶级专政观点，就必须始终坚持人民民主专政的社会主义国体不动摇。

我们党把《共产党宣言》建立公有制和发展生产力思想与社会主义初级阶段基本国情相结合，提出两个"毫不动摇"的重要主张，是符合《共产党宣言》基本精神的。发展非公经济，是由我国今天的国情所决定的。我国正处于社会主义初级阶段，生产力还不发达，要动员一切社会力量、一切社会资本发展社会生产力，这就需要发展私营经济等一切非公经济。正是坚持公有制为主体、多种所有制经济共同发展的社会主义初级阶段基本经济制度，我们党领导人民创造了中国特色社会主义，创造了人类历史上的中国奇迹，成为21世纪科学社会主义发展的旗帜，成为振兴21世纪世界社会主义的中流砥柱。

三 学习习近平总书记"1·5"重要讲话，落实"三个一以贯之"，做共产主义远大理想和中国特色社会主义共同理想的坚定信仰者和忠实实践者

习近平总书记"1·5"重要讲话，高屋建瓴，视野宏大，思想深邃，内涵丰富，是新时代的中国共产党宣言。今天纪念《共产党宣言》的最好方式，就是学习习近平总书记"1·5"重要讲话，落实"三个一以贯之"，夺取新时代中国特色社会主义伟大胜利。

第一，坚定共产主义远大理想，一以贯之坚持和发展中国特色社会主义。

实现共产主义，是中国共产党人的初心和最高使命。习近平总书记指出，"社会主义是共产主义初级阶段，共产主义是我们

的最高理想。我们现在做的是社会主义初级阶段的事情，但不能忘记初衷，不能忘了我们的最高奋斗目标。在这个问题上，不要含糊其辞、语焉不详。含糊其辞、语焉不详是理想信念模糊甚至动摇的一种表现，好像这个东西太遥远，我们也拿不准，所以就不愿提及了。眼前的事情，我们看得到，所以敢提，社会主义初级阶段敢提，'两个一百年'敢提，全面建成小康社会2020年就能实现了，看得挺准，更敢提。我觉得，作为党章明确规定的内容，作为我们党一贯明确坚持的理想，我们要坚定信念，坚信它是具有科学性的。如果觉得心里不踏实，就去钻研经典著作，《共产党宣言》多看几遍"。① 习近平总书记在党的十九大报告中再次强调，中国共产党一成立，就把实现共产主义作为党的最高理想和最终目标。② 坚持中国特色社会主义的科学社会主义方向，就要毫不动摇地坚持和发展壮大公有制经济，在鼓励、支持非公经济发展的同时，引导非公经济沿着社会主义方向发展。坚持公有制为主体，对中国特色社会主义发展来讲，是根本性的问题。恩格斯早就指出：社会主义制度"同现存制度具有决定意义的差别当然在于，在实行全部生产资料公有制（先是单个国家实行）的基础上组织生产"③。公有制是社会主义最主要、最重要、最根本的经济基础。丢了作为主体的公有制，就不是社会主义了，我们国家就会失去正确的发展方向，就会走到误党误国的道路上去。非公经济发展必须有利于和服务于社会主义方向，要引导非公经济沿着社会主义方向健康发展。

---

① 中共中央文献研究室编：《习近平总书记重要讲话文章选编》，中央文献出版社、党建读物出版社2016年版，第338页。
② 习近平：《决胜全面建成小康社会 夺取新时代中国特色社会主义伟大胜利——在中国共产党第十九次全国代表大会上的报告》（2017年10月18日），人民出版社2017年版，第13页。
③ 《马克思恩格斯全集》第37卷，人民出版社1971年版，第443页。

第二，永葆马克思主义政党的革命本色，一以贯之推进党的建设新的伟大工程，以党的自我革命推动党领导的伟大社会革命。

我们党一以贯之地推进党的建设新的伟大工程，其根本目的就是不忘初心，牢记使命，不要忘记我们是共产党人，我们是革命者，不要丧失了革命精神。

习近平总书记在"1·5"重要讲话中，纠正了那种认为我们党现在已经从"革命党"转变成了"执政党"的错误观点，提出了"两个革命"的重要思想，即我们共产党必须坚定不移地推进社会革命，同时必须坚定不移地推进自我革命。"两个革命"相辅相成、互相促进、缺一不可。他明确指出，我们党是马克思主义执政党，但同时是马克思主义革命党，要保持过去革命战争时期的那么一股劲、那么一股革命热情、那么一种革命精神，把革命工作进行到底。他还强调，越是和平环境、太平盛世，越不能忘记革命，远离革命。他要求，全党同志必须保持革命精神、革命斗志，发扬彻底的自我革命精神，以党的自我革命来推动党所领导人民进行的伟大社会革命，勇于把我们党领导人民进行了97年的伟大社会革命继续推进下去，决不能因为成就而懈怠，决不能因为困难而退缩，努力使中国特色社会主义展现更加强大、更有说服力的真理力量。

第三，开展意识形态伟大斗争，一以贯之增强忧患意识防范风险挑战，打赢社会主义意识形态保卫战。

意识形态领域的斗争是一定条件下阶级斗争的表现。近来，围绕关于《共产党宣言》"消灭私有制"的观点，网上网下展开了争论。很多人发表了坚持和发展马克思主义的观点，也有人发起了对坚持公有制这一重要社会主义原则的攻击。这是一场重要的意识形态较量。对直接否定社会主义制度的错误思潮决不能视而不见、不为所动、任其泛滥,必须旗帜鲜明地予以斗争。要充分认识到意识形态斗争的长期性、复杂性、艰巨性,发扬斗争精神,提高斗争本领,不断夺取意识形态斗争新胜利。

唱响马克思主义、共产主义的理论话语[*]

王伟光

中共中央总书记习近平反复强调共产党员和党的各级领导干部必须坚定共产主义理想信念。他强调指出："理想信念就是共产党人精神上的'钙'，没有理想信念，理想信念不坚定，精神上就会'缺钙'，就会得'软骨病'。""共产主义决不是'土豆烧牛肉'那么简单，不可能唾手可得、一蹴而就，但我们不能因为实现共产主义理想是一个漫长的过程，就认为那是虚无缥缈的海市蜃楼，就不去做一个忠诚的共产党员。革命理想高于天。实现共产主义是我们共产党人的最高理想，而这个最高理想是需要一代又一代人接力奋斗的。"纵观国际共产主义运动的历史与现状，习近平总书记的讲话具有强烈的现实针对性。今天与会的同志是来自世界各地的知名学者和各国共产党的理论家，怀有对马克思主义、共产主义的理想信念和同情支持，热烈欢迎大家的到来，共同研讨世界社会主义运动的有关话题。下面我围绕本届论坛的主题"话语权与领导权——'颜色革命'与文化霸权"谈几点看法，与大家一起交流。

---

[*] 该文是作者2015年在第六届世界社会主义论坛：话语权与领导权——"颜色革命"与文化霸权国际学术研讨会上的发言，发表于王伟光《马克思主义学习文稿》，中国社会科学出版社2017年版。

一　科学把握马克思主义诞生以来的世界历史运动趋势和时代性质特征，坚定共产主义理想信念

迄今为止，马克思主义经典作家所揭示的总的时代性质和历史趋势并没有改变，已经历了两个发展阶段，正处于第三个发展阶段。这三个发展阶段都属于马克思主义经典作家所揭示的总的时代，具有共同的时代性质，同时每个阶段又都具有各自的阶段性特征，每个阶段性特征都服从于总的时代性质，同时又具有特殊的表现形式。

第一个阶段，是马克思、恩格斯所处的自由竞争资本主义和工人运动、社会主义运动兴起阶段。第二个阶段，是列宁所处的垄断资本主义阶段，即帝国主义战争与无产阶级革命阶段。列宁认为该阶段的特征即时代主题是战争与革命。第一次世界大战，引发十月革命；第二次世界大战，引发一系列社会主义革命，这些历史事实证明了列宁的判断是正确的。第三个阶段，就是20世纪七八十年代以来的阶段。1989年"柏林墙"倒塌，1991年苏联解体，"冷战"结束。邓小平同志敏锐地认识到总的时代没有变，仍然是马克思主义经典作家所判断的时代，但已经发生了阶段性变化。他认为和平与发展是当代世界两大问题，但这两大问题至今一个都没有解决，仍然受总的时代根本性质的决定和影响。他指出："我希望冷战结束，但我现在感到失望。可能是一个冷战结束了，另外两个冷战又已经开始。一个是针对整个南方、第三世界的，另一个是针对社会主义的。西方国家正在打一场没有硝烟的战争。所谓没有硝烟，就是要社会主义国家和平演变。"[①] 邓小平同志关于时代根本性

---

① 《邓小平文选》第3卷，人民出版社1993年版，第344页。

质和时代的阶段性变化及其特征的判断是符合马克思主义时代观的，既不能认为马克思主义经典作家所判断的总的时代已经过去了，又不能无视时代的阶段性变化及其新的特征、新的问题。

马克思主义所判定的总的时代及其三个发展阶段的变化伴随着世界历史进程的四次重大转折和两个巨大变化，中国近现代历史的主题主线与此息息相关。第一次转折是1917年爆发的俄国十月社会主义革命，开创了人类历史的新纪元，标志着社会主义新生事物的诞生。1921年中国共产党成立，中国资产阶级领导的旧民主主义革命转变为工人阶级领导的新民主主义革命。第二次转折是1945年"二战"之后一系列国家社会主义革命的成功，形成了一个社会主义阵营。1949年，在中国新民主主义革命取得胜利，成功进行了社会主义革命，建立了社会主义新中国。在这两次转折中，社会主义运动上升，资本主义下降，这是世界近现代以来的第一个巨大变化。

20世纪八九十年代至今的20余年中，又接连发生了两次重大的世界性历史转折。第三次转折是20世纪80年代末90年代初的苏联解体、东欧剧变、社会主义阵营解体。世界社会主义运动陷入低潮，资本主义的新自由主义一浪高过一浪，风行全球。中国共产党人面对严重困难，坚守共产主义理想、坚信马克思主义，冷静观察、从容应对国际国内政治风波，坚持中国特色社会主义道路。第四次转折是2008年爆发的国际金融危机和中国特色社会主义的成功实践。这对世界发展格局和中国特色社会主义事业的发展产生的影响，不可估量。由美国次贷危机所引发的世界经济危机是一场资本主义经济危机，进而引发了资本主义全面的政治危机、社会危机、意识形态危机，说到底是一场制度危机。中国特色社会主义的伟大实践雄辩证明了马克思主义的真理性和社会主义的历史必然性。在20世纪八九十年代以来的两次重大转折历史进程中，社会主义进入低潮，又始出低谷，资本主义再呈下降趋势。这就形成了世界近现代以来第二个巨大变化。

2008年爆发的资本主义世界危机致使资产阶级意识形态的反动性和欺骗性愈加凸显，更加大了社会主义与资本主义两种前途命运博弈的激烈性。这场危机说明资本主义内在矛盾依然存在、依然起作用、依然不可克服，只不过表现形式不同，资本主义必然在阵发性的经济危机中逐步走向衰落。这场危机说明总的历史时代并没有改变，马克思主义没有过时。时代发生了阶段性变化，马克思主义要随着阶段性变化回答新问题、形成新理论，不断发展创新。

四次历史转折、两个巨大变化反映了社会主义作为新生事物不是直线性发展，而是曲折地、波浪式地、螺旋式地前进。资本主义不是一下子就衰败了，而是衰落、复苏、再衰落、再复苏，在阵发性的经济社会危机中一步一步地衰落下去，最终要走向灭亡。整个历史进程充满了社会主义和资本主义两条道路、两种命运前途的斗争，充满了社会主义和资本主义两种不同意识形态的斗争。历史事实雄辩地证明了社会主义新生事物的先进性和必然性，资本主义作为旧事物的落后性和必亡性，证明了社会主义意识形态的科学性和生命力，也证明了资本主义意识形态的欺骗性、顽固性和不甘心退出历史舞台的反能量，证明了社会主义战胜并取代资本主义的长期性、曲折性和艰巨性，证明了社会主义意识形态战胜资本主义意识形态过程的长期性、曲折性和复杂性。

社会存在决定社会意识，所谓多元多样、形形色色的社会思潮和舆论动态只是现象，从本质来说，当今时代主要就是资本主义和社会主义这"二元"的对峙。两种力量、两条道路、两种前途的较量必然反映在意识形态领域。朝鲜战争结束以后，以美国为首的西方敌对势力判断，从军事上战胜社会主义新中国已无可能，只能走"和平演变"的道路，打一场没有硝烟的战争。从那时到现在，以美国为首的西方敌对势力从来没有放弃过对包括中国在内的社会主义国家实行意识形态西化分化的战略选择。

邓小平同志的判断是对今天资本主义与社会主义两大力量对比发生阶段性变化的科学分析，并不影响对总的时代性质的判断。我们主张尊重世界文明的多样性、发展道路的多样性，尊重和维护各国人民自主选择社会制度和发展道路的权利，相互借鉴，取长补短，推动人类文明进步，但并不代表两种社会形态的矛盾较量就消失了。邓小平同志提出和平与发展是当代世界两大问题的判断，决定了中国特色社会主义的改革开放与和平发展的战略机遇期和总的战略选择，为中国共产党正确认识我国所处的发展阶段和根本任务提供了理论前提。

总之，当今时代依然存在着资产阶级与无产阶级、资本主义与社会主义两种力量、两种制度、两种道路、两种意识形态、两种前途命运的反复较量和博弈。今天，尽管发生了新的阶段性的特征变化，社会主义作为新生事物尽管遇到挫折甚至出现暂时的倒退，然而，资本主义必然灭亡，社会主义必然胜利仍然是不可改变的时代总趋势，共产主义依然是每一个共产党人的崇高理想与信念，我们今天仍然处在资本主义向社会主义过渡的总的时代。这就是马克思主义的理论话语。如果视暂时性的曲折和倒退为社会主义"历史的终结"，认为人类进入了资本主义的千年王国，那就是资本主义的一套话语体系。这恰恰说明当今世界两种截然不同的话语体系的对立是公然的事实，实质反映了社会主义与资本主义两种历史趋势的截然不同，反映了社会主义与资本主义两种意识形态的根本对立。

二 颜色革命与文化霸权成为西方资本主义强国推行新型霸权主义、颠覆社会主义国家的基本手段

物质决定精神，利益决定话语。西方文化霸权、话语霸权的背后有着西方的资本扩张、经济霸权和强权政治，有着资本主义的经济基础的物质原因和上层建筑的政治制度原因。在现代世界格局中，西方社会科学和文化产业仍然处在话语霸权地位，这与世界经济格局、政治格局密切相关，与资本主义经济霸权、政治霸权密切相关，与资本主义仍处于强势、社会主义处于弱势的力量对比密切相关。唱响马克思主义、社会主义，直至共产主义，是一项长期的任务，它与资本主义和社会主义两种力量、两条道路、两种前途的强弱对比、此消彼长和反复较量息息相连。

需要认清的是，不同于马克思、恩格斯所处的自由竞争资本主义和工人运动、社会主义运动兴起阶段，也不同于列宁所处的垄断资本主义阶段，即帝国主义战争与无产阶级革命阶段，20世纪七八十年代以来，随着"冷战"结束，资本主义的发展和世界社会主义的进程都进入了一个新的阶段。一方面，随着第三世界人民觉醒和相继赢得民族解放和国家独立，西方强国再也不可能赤裸裸地推行殖民主义和种族主义，进行明火执仗的血腥掠夺与暴力攫取；和平与发展成为当代世界两大主要问题，广大发展中国家在政治独立的基础上纷纷要求和平寻求发展；两极格局解体后，经济全球化、世界多极化、文化多元化成为三大时代潮流。另一方面，和平与发展两大问题至今一个都没有解决，依然是两大主要问题，以美国为首的西方国家资本，特别是国际金融垄断资本，在新的形势下转而采用比较间接和隐蔽的形式来推行新型的霸权主义，以保持西方资本

的国际垄断地位。

所谓新霸权主义,就是在经济上,兜售"新自由主义"的市场化、自由化、私有化;在政治上,对发展中国家、转型国家和社会主义国家输出"颜色革命";在思想文化领域,将其价值观作为一种普世价值加以推行,实行"文化霸权";在基本社会制度上,则针对社会主义国家加紧进行和平演变,着力于打一场"没有硝烟的战争"。颜色革命和文化霸权,已经成为资本主义强国推行新霸权主义的基本手段。

西方国家推行颜色革命与文化霸权,必然充分利用自身强大的政治、经济、军事、文化力量作为后盾;反过来,颜色革命与文化霸权的背后,也充分体现着西方国家谋求进一步资本扩张、经济掠夺和金融霸权的意图。西方国家推行颜色革命与文化霸权,就相当于瞄准别国政权发动的攻击和侵略,相当于围绕思想文化实施的渗透和奴役,可以说是世界资本主义经济掠夺体系的"上层建筑"图谋。这两者一向是形影相随、相互勾连,文化霸权为颜色革命鸣锣开道,颜色革命又为进一步实施文化霸权清除障碍。以美国为首的一些西方国家,首先利用媒体为发动"颜色革命"制造舆论氛围,同时,借助文化霸权向民众灌输西方价值观,培植非政府组织、反对派领导人,通过各种街头政治活动,达到推翻现政权的目标。

"颜色革命"的一个重要目标指向,既是以美国为首的某些西方国家的资本垄断利益所在的国家与地区,同时又是反对西方资本强权政治的国家与地区。"颜色革命"套着"文化霸权",打着"合法"的旗号,对这些国家进行违法颠覆活动,旨在改变现政权,但并不改变其原有的经济基础和上层建筑,只不过是"城头变幻大王旗",企图培植一个亲西方、亲美国的政府,谈不上真正意义上的革命。事实一再表明,当"颜色革命"走近,残酷的政治斗争便会上演，和平安宁便会走远，发展繁荣便会遁去，而最终深受其害的还是广大人民。

"颜色革命"的另一个重要目标指向，就是搞垮社会主义国家。当今，和平演变与"颜色革命"是资本主义搞垮社会主义国家的两把刀。和平演变是社会性质的转变，"颜色革命"是执政权力的更替。西方资本主义国家对社会主义国家则往往是"双管齐下"，苏联解体、东欧剧变就是明显例证。

中国共产党坚持把马克思主义基本原理同中国国情和时代特征相结合，走出了一条中国特色社会主义道路。随着苏联解体，中国特色社会主义已经成为世界社会主义的希望所在。当前，中国正处于由大向强发展的关键时期，一些西方国家基于资本垄断利益的考量，同时基于社会制度和意识形态的争夺，不愿看到意识形态和社会制度与其完全不同的社会主义中国赶上和超过他们，不断加大对我国实施西化、分化的力度，加紧实施和平演变、策划"颜色革命"，千方百计进行战略遏制和围堵。

我们一贯主张尊重世界文明的多样性、发展道路的多样性，尊重和维护各国人民自主选择社会制度和发展道路的权利，促进和而不同、兼收并蓄的文明交流，但这不意味着改变两种社会形态之间矛盾较量的事实。联合国教科文组织在《世界文化报告》中指出："在当今的文化态势中，文化领域已经成为国际政治斗争和意识形态较量的主战场。"在西方西化、分化中国的重要战场的意识形态领域，争夺文化话语权、领导权，是和平演变、颜色革命的一个关键环节和斗争焦点。葛兰西早在20世纪30年代就提出了文化霸权问题，他认为，资产阶级凭借强大的政治经济优势，借助意识形态的国家传媒机器对无产阶级进行文化剥削和占有，依据强势对处于弱势的无产阶级构成文化霸权。文化霸权的概念后来虽然经过一些丰富发展，但问题的实质至今仍然没有改变。

西方国家总想在中国实现改旗易帜，通过文化霸权进行渗透，用和平演变和"颜色革命""扳倒中国"。某些境内外势力进行以西方价值观念为核心的意识形态渗透，大肆宣扬"宪政民主"、"普世价值"、西方新闻观、新自由主义、历史虚无主义。近年来，它们以理论探讨和学术研究的名义，运用西方话语体系推销其世界观、价值观的手法日益娴熟。

为了"西化"和"分化"中国，西方国家不断在制造和变换手段。近年来，在对付中国的文化手段上，又提出"四化"新政策，即淡化、丑化、腐化、溶化。"淡化"是让中国共产党的领导干部放弃马克思主义、共产主义的信仰；"丑化"是要全力抹黑中国共产党、抹黑社会主义制度；"腐化"是让中国共产党领导干部在市场经济中腐败变质；"溶化"是让马列主义在多元文化冲击下丧失其指导思想地位。

三 唱响马克思主义、社会主义的理论话语，防范"颜色革命"、抵制文化霸权、反对和平演变

意识形态之争的实质，说到底，就是哪个阶级的政治主张，哪个阶级的世界观、价值观，哪个阶级的思想观点处于上风头、占统治地位、起引领作用。意识形态之争，从某种意义上来说，就是话语权之争。所谓话语权，则是使用鲜明准确的，有说服力、感染力、影响力和战斗力的理论范畴和语言文字，表达出本阶级的政治主张、世界观、价值观和理论观点，占领思想文化领域，起着统治的、主流的、引领的、导向的作用。马克思、恩格斯在《共产党宣言》中指出："共产党人可以把自己的理论概括为一句话：消灭私

有制";邓小平同志指出:"马克思主义的另一个名词就是共产主义。我们多年奋斗就是为了共产主义,我们的信念理想就是要搞共产主义。在我们最困难的时期,共产主义的理想是我们的精神支柱,多少人牺牲就是为了实现这个理想。"① 共产主义既是工人阶级谋求自身解放的历史运动和理想信念,也是工人阶级的根本话语和奋斗目标,是工人阶级政党组织群众、领导群众的理论根基和行动指南。《国际歌》及其"英特纳雄耐尔一定要实现"即成为全世界工人阶级的共同话语。

内容决定形式,形式服从并服务内容。思想理论观点、政治主张是内容,而话语则是形式。内容好,形式表述不准确、不鲜明,缺乏感染力、战斗力,也起不到宣传内容的作用。思想观点、政治主张是正确的,但表达不出来或表达出来不为人们所接受,就无法真正赢得群众、战胜对手、付诸实践。中国封建社会,虽几经改朝换代,但封建制度不变,绵延两千多年,从意识形态的反作用来说,其所形成的一整套表达封建统治阶级意识形态的话语体系,比如孔孟之道及其一系列话语,起到了稳定和巩固封建社会制度的意识形态作用。当代资本主义,经过几百年的发展,则形成了一整套有助于巩固和强化资本主义制度的意识形态话语体系。

中国共产党领导的中国特色社会主义的巩固和发展,不仅需要建立强大的物质基础,而且需要建立巩固的精神和意识形态支撑。正确的东西不去占领,错误的东西就会占领,要建立马克思主义的强大的意识形态体系,必须构建优势的马克思主义、社会主义的话语体系。资本主义意识形态话语体系,具有鲜明的维护统治阶级利益的意识形态属性,具有极大的欺骗性和影响力,它的一个成功之

---

① 《邓小平文选》第 3 卷,人民出版社 1993 年版,第 137 页。

处在于披着超阶级性、全民性、普适性的外衣，有一套迷糊人的话语表达体系。马克思主义和科学社会主义作为工人阶级的话语体系一登上意识形态舞台，就表现出鲜明的阶级性和政治性，从而抓住了工人阶级及其广大人民群众。"共产党人不屑于隐瞒自己的观点和意图。"① 马克思主义话语体系从不掩盖工人阶级意识形态的阶级性，直接表达了工人阶级的阶级诉求和政治要求，直接表明了鲜明的政治立场和政治主张。因为工人阶级的利益是代表全体劳动人民群众的利益，没有必要再披上普适的、超阶级的外衣。经过一百多年的努力，马克思主义用语、概念、范畴作为工人阶级意识形态的话语体系，经过几代马克思主义者的传播，逐步为世界工人阶级及其广大人民所接受。从马克思、恩格斯的科学创造，到成为工人阶级的思想武器、为工人阶级及其政党所运用，团结人民、教育人民、赢得俄国十月革命和一系列东方社会主义革命的成功，马克思主义话语体系表现出马克思主义强大的生命力。在我国，中国共产党人把马克思主义话语体系与中国实际相结合，形成具有中国特色、中国风格、中国气派的中国化马克思主义的话语体系，如毛泽东思想、中国特色社会主义理论体系话语，成功地传播了马克思主义真理，指导了中国革命、建设和改革开放。其特点是体现鲜明的工人阶级意识形态性，体现马克思主义的真理性，体现社会主义的本质属性；与中国实践相结合，为中国人民所掌握，成功地指导中国革命和中国建设实践；具有中国特色、中国风格、中国气派的特点，为中国人民所喜闻乐见。

为了防范颜色革命、抵制文化霸权、防止和平演变，我们一定要居安思危，牢固树立忧患意识。

---

① 《马克思恩格斯选集》第 1 卷，人民出版社 1995 年版，第 307 页。

第一，唱响马克思主义、共产主义的理论话语，坚持科学社会主义的基本原则和共产主义理想信念，牢牢把握马克思主义在意识形态领域的话语权，这是防止和平演变、"颜色革命"和"文化霸权"最根本最有效最可靠的武器。回顾总结"颜色革命"的案例，世界上的"颜色革命"毫无例外地都发生在社会极度两极分化，经济政治处于困境的一些国家和地区。发生在所谓社会主义国家的"颜色革命"，实际上其执政党早就背离社会主义原则，"颜色革命"正是这些国家和地区社会矛盾激化而被西方势力利用的结果。凡是真正人民当家作主、走共同富裕道路、让群众能够共享发展利益的社会主义国家，不可能具备策动"颜色革命"的社会条件。反之，如果在经济私有化、政治腐败化的进程中背叛社会主义原则，滋生积聚起大量社会矛盾和隐患，就很容易酿就"颜色革命"。

第二，从战略上增强维护国家文化安全的高度警觉和清醒认识，锻造一支忠于党和人民的文化军队。毛泽东同志曾一针见血地指出，列强从来没有放弃过文化上的侵略，他们的所谓"传教、办医院、办学校、办报纸和吸引留学生等，就是这个侵略政策的实施，其目的在于造就服从他们的知识干部和愚弄广大的中国人"[①]。毛泽东同志还指出过："我们要战胜敌人，首先要依靠手里拿枪的军队。但是仅仅有这种军队是不够的，我们还要有文化的军队，这是团结自己、战胜敌人必不可少的一支军队。"[②] 毛泽东同志的话今天照样管用。必须从意识形态、民族文化和大众文化层面高度防范任何轻视国家文化安全的行为，尤其要密切关注文化帝国主义以及文化分裂主义对广大发展中国家文化安全构成的严峻挑战。因为，

[①] 《毛泽东选集》第2卷，人民出版社1991年版，第630页。
[②] 毛泽东：《在延安文艺座谈会上的讲话》（1942年5月），《毛泽东选集》第3卷，人民出版社1991年版，第847页。

国家文化安全是确保一个民族、一个国家独立和尊严的重要精神支撑，捍卫国家和民族的文化安全始终是一项与经济发展、军事斗争准备同等重要的政治任务。

第三，要以高度的马克思主义理论自信和理论自觉来推进话语体系建设。"话不投机半句多。"不要期望马克思主义的话语体系能为资产阶级政客和资本主义制度的辩护士和理论家们所接受。不要期望以他们的喝彩来衡量我们的成绩和成效。这里的关键是我们自己要以高度的马克思主义理论自信和理论自觉来推进话语体系建设。我们要有自己的政治定力和理论定力。在中国革命、建设和改革的伟大历程中，中国共产党带领人民创造了惊天动地的业绩，也创造了毛泽东思想和中国特色社会主义理论体系这一崭新的人类思想体系和话语体系，创造了反映中国人民内心最深处的愿望和情感、表达中国人民最切实利益和未来目标的话语，比如，半殖民地半封建社会、新民主主义革命、"三座大山"、为人民服务、实事求是、坚持四项基本原则、改革开放、共同富裕、小康社会、"中国梦"，等等。历史和现实反复证明，任何照抄照搬，任何妄自菲薄都不能解决自己的问题，都只会削弱和丧失自己的话语权，败坏自己的事业。我们还要看到，2008年爆发的国际金融危机，使西方国家的社会制度、发展模式、价值观念乃至话语体系遭到包括西方进步学者在内的世界各国人民前所未有的质疑和挑战；中国30多年改革开放取得举世瞩目的成就，引起国际社会对中国道路、中国经验甚至中国理论、中国制度越来越大的关注；中国特色社会主义实践的成功经验，为建设中国理论学术创新体系，构建中国理论学术话语体系，提供了极为丰富的素材；党的十八大以来新一届中央领导集体特别是习近平总书记提出的一系列新理论、新思想、新观点、新论断、新文风，为建立和创新中国特色的话语体系奠定了深厚的理论基础。我们并不拒绝优秀的中华传统文化，也不拒绝优秀的外国文化包括西方文明，要以马克思主义为指导，以社会主义先进文化为主要内容，兼收并蓄古今中外优秀文化，构建我们自己的话语体系。

我坚信，只要我们坚持党的基本理论、基本路线、基本纲领、基本经验，朝着实现"两个一百年"的中国梦不断努力奋斗，一种新的发展方式，一种新的文明样式必将屹立在世界东方，一种以马克思主义、共产主义为灵魂的中国特色的理论学术话语体系必将形成并在世界产生广泛的影响。

辨析跨越"卡夫丁峡谷"的三重意蕴
——兼评世界社会主义发展问题*

张意梵

对"卡夫丁峡谷"理论的讨论，是唯物史观的一个重要话题。说其重要，是因为它不仅是一个理论话题，更是一个现实话题，尤其为我国学者所重视。20世纪80年代初，以陈启能教授发表的《关于产生资本主义的历史必然性问题——对马克思给查苏利奇的信的理解》（《历史研究》1982年第1期）为标志，我国开启了对"卡夫丁峡谷"理论的探讨。到20世纪90年代，伴随着苏联解体、东欧剧变，我国对这一理论的讨论进入了热烈期，其中具有代表性的作品有：陈文通《"跨越"卡夫丁峡谷还是"不通过"卡夫丁峡谷？》（《当代世界与社会主义》1996年第4期），段忠桥《对我国跨越"卡夫丁峡谷"问题的再思考》（《马克思主义研究》1996年第1期），赵家祥《对"跨越资本主义卡夫丁峡谷"问题的商榷意见》（《北京大学学报》1998年第1期）；进入21世纪，对"卡夫丁峡谷"理论的探讨一直没有间断，截至2019年复旦大学邹诗鹏教授发表的《马克思"卡夫丁峡谷"问题探索再研究》（《河北学

---

* 本文系国家级科研项目"世界社会主义与资本主义前途命运暨当代国际形势研究"（2018@ZH013）的阶段性成果。

刊》2019年第5期），我国对"卡夫丁峡谷"理论的关注已有40年左右。从整个过程来看，对"卡夫丁峡谷"理论的研究虽有所降温，但从未间断。有所降温，是因为对这一问题的讨论已经较多，似乎没有太多的讨论空间；而未曾间断，是因为对"卡夫丁峡谷"理论的认识并未达成一致意见，可谓见仁见智，还应该在原有的基础上有所推进。

由此看来，"卡夫丁峡谷"问题似乎是唯物史观中的一个难题。正本清源，才能理清思路，看清问题。因此，若想准确地理解"卡夫丁峡谷"理论，必须从马克思对"卡夫丁峡谷"理论的直接论述谈起。

一 "卡夫丁峡谷"理论的提出及其基本含义

19世纪后半叶，马克思主义除了影响欧洲的社会思潮，还影响了其他国家的社会运动理论，比如俄国。19世纪末俄国沙皇的统治，给俄国人民带来了深重的苦难，当时的查苏利奇就思考，马克思主义理论能否在俄国生根发芽。针对这一问题，查苏利奇于1881年专门写信，请教马克思关于俄国社会未来走向的问题。马克思在《给维·伊·查苏利奇的复信》中，提出了著名的"卡夫丁峡谷"问题。马克思说道，在一定条件下，俄国可以跨越资本主义"卡夫丁峡谷"。[①]

（一）"卡夫丁峡谷"理论的提出

早在1877年查苏利奇还没有明确向马克思请教俄国的发展是否可以跨越资本主义的时候，马克思就关注了这一问题。1877年

---

① 《马克思恩格斯文集》第3卷，人民出版社2009年版，第575页。

《祖国纪事》杂志刊登一篇俄国民粹派思想家的文章，该文章在理解马克思关于俄国社会发展和世界历史发展时产生了误读，马克思为了消除这种误解，就给《祖国纪事》编辑部写了一封纠正俄国民粹派思想的信。在信中马克思明确地给出了这样的解答："俄国可以在发展它所特有的历史条件的同时取得资本主义制度的全部成果，而又可以不经受资本主义制度的苦难。"以及，"我得出了这样一个结论：如果俄国继续走它在 1861 年所开始走的道路，那它将会失去当时历史所能提供给一个民族的最好的机会，而遭受资本主义制度所带来的一切灾难性的波折"。①

1881 年，马克思在《给维·伊·查苏利奇的复信》中，明确说道，俄国由于"它的历史环境，即它和资本主义生产同时存在，则为它提供了大规模地进行共同劳动的现成的物质条件。因此，它能够不通过资本主义制度的卡夫丁峡谷，而占有资本主义制度所创造的一切积极的成果。……它能够成为现代社会所趋向的那种经济制度的直接出发点，不必自杀就可以获得新的生命"②。这就是马克思对于社会的发展能够跨越资本主义的直接论述。换言之，马克思认为在当时的条件下，应该选择社会主义制度而不是资本主义制度。

由此可以看出，不管是在《给〈祖国纪事〉杂志编辑部的信》还是《给维·伊·查苏利奇的复信》中，马克思对俄国要不要选择资本主义制度，都给出了否定性的回答。问题的关键在于，马克思否定的只是对资本主义制度的选择，并没有对资本主义的发展成果给予否定，不仅没有否定资本主义的发展成果，而且还要让俄国占有资本主义制度所创造的一切成果。同时，值得注意的是，马克思之所以不让俄国选择资本主义制度，并不是因为资本主义制度不能

---

① 《马克思恩格斯文集》第 3 卷，人民出版社 2009 年版，第 464 页。
② 同上书，第 579—580 页。

在俄国社会之中运行，而是在于资本主义制度会给俄国社会带来灾难性的波折，会使俄国社会和人民经受不必要的磨难。这是马克思对"卡夫丁峡谷"理论的主要观点。

（二）"卡夫丁峡谷"理论的基本含义——跨越资本主义"卡夫丁峡谷"的意愿和可能

"卡夫丁峡谷"代表了耻辱，大部分学者却忽视了这一点。因为，针对"卡夫丁峡谷"的讨论，以往的学者仅仅停留在能不能跨越"卡夫丁峡谷"这一点上，其实这是对马克思关于"卡夫丁峡谷"的狭隘理解，没有抓住马克思的核心意思。马克思在这里讨论的不仅是能不能跨越"卡夫丁峡谷"的问题，还有要不要"跨越'卡夫丁峡谷'"的问题。甚至可以直截了当地说，马克思认为，俄国社会的发展，只有走跨越资本主义"卡夫丁峡谷"的道路才是可取的。

首先，为什么说马克思认为俄国的发展需要避开资本主义"卡夫丁峡谷"？那就不得不考虑，如果俄国真要走上资本主义的话，会产生怎么样的影响呢？马克思认为"一旦倒进资本主义制度的怀抱，它就会和尘世间的其他民族一样地受那些铁面无情的规律的支配。事情就是这样"[1]。也就是说，如果俄国走资本主义道路，对于俄国来说就是一个坏的选择，就会遭受到资本主义制度所必然带来的在西欧社会已经存在的苦难。由此可以看出，马克思明确肯定俄国在社会改革中，只有跨越资本主义"卡夫丁峡谷"才是明智的。如果谁要是执意走资本主义道路，那么他不是没有正常的理智，就是阴谋通过资本主义制度压榨和奴役人民。

其次，为什么说俄国的发展必然能够跨越资本主义"卡夫丁峡谷"？这里最重要的一个原因就在于，俄国社会"和资本主义生产

---

[1] 《马克思恩格斯文集》第3卷，人民出版社2009年版，第466页。

同时存在",这样他就可以为俄国的发展"提供现成的物质条件"。① 换言之,一个现代社会的发展是不可能不建立在资本主义社会发展基础之上的,区别就在于:是直接地从资本主义社会进入社会主义社会,还是间接地从资本主义社会中吸收有益成果,来发展社会主义。只有世界历史经历了资本主义社会这一阶段,下一阶段的社会主义社会的发展才是可能的,也是必然的。换言之,俄国虽然没有经历资本主义社会,但是在经济、政治和科学文化技术方面都受到了资本主义社会的影响,在这一条件下,俄国完全可以吸收资本主义社会发展的成果,越过资本主义社会进入社会主义的发展阶段。马克思在驳斥不能跨越资本主义发展阶段的观点时,说道:"如果资本主义制度的俄国崇拜者要否认这种进化的理论上的可能性,那我要向他们提出这样的问题:俄国为了采用机器、轮船、铁路等等,是不是一定要像西方那样先经过一段很长的机器工业的孕育期呢?同时也请他们给我说明:他们怎么能够把西方需要几个世纪才建立起来的一整套交换机构(银行、信用公司等等)一下子就引进到自己这里来呢?"② 所以说非资本主义国家完全不可能重新以西欧资本主义的方式,来去获得资本主义的发展成果,而是可以直接吸收资本主义社会的发展成果。

有的学者认为,马克思并不认为俄国的社会主义革命会先于欧洲发生,其原因在于"东方落后国家自身缺乏对社会进行社会主义改造的物质技术基础,这种物质技术基础只能来自西方工业发达的资本主义国家。由于社会主义是与资本主义根本对立的社会制度,西欧占统治地位的资产阶级决不会把资本主义大工业创造的物质技术基础拱手让给东方落后国家去搞社会主义,这样做就意味着自取

---

① 《马克思恩格斯文集》第 3 卷,人民出版社 2009 年版,第 587 页。
② 同上书,第 571 页。

灭亡。所以在西欧通过无产阶级革命推翻资产阶级的统治以后,东方落后国家才能利用西欧资本主义制度创造的一切积极成果,对社会进行社会主义改造"①。这是对马克思的误读。因为,此处可以清楚地看到,马克思在分析"卡夫丁峡谷"理论的过程中,已经明确地从世界历史的角度来把握俄国发展社会注意可能性的问题。同时,马克思在谈论"卡夫丁峡谷"问题的时候,并没有预先假设,社会主义革命是先在欧洲发生,还是在俄国发生。他只是说俄国社会应该避开资本主义制度,而并没有涉及社会主义革命到底会先在哪儿发生(恩格斯在其他地方对此问题有所论述,但这并不能代表马克思对此有过明确的表示)。

综上所言,马克思对"卡夫丁峡谷"理论的直接论述,关键有两点,第一,要不要跨越资本主义"卡夫丁峡谷"的问题,这是主观意愿方面的问题,第二,可不可以跨越资本主义"卡夫丁峡谷",这是可能性的问题。关于第一点,答案必然是肯定的,因为对于任何一个马克思主义者来说,都希望摆脱资本主义制度的束缚,而进入社会主义社会。更为重要的在于第二点,即前资本主义社会,或后发展国家能不能不通过资本主义制度而直接选择社会主义制度,来发展本国。马克思认为,后发国家可以避开资本主义制度而选择社会主义制度,因为世界的发展已经为这种选择提供了社会基础。

二 跨越"卡夫丁峡谷"何以可能
——资本主义发展的世界性影响

马克思明确说道,俄国之所以具有跨越资本主义"卡夫丁峡谷"

---

① 赵家祥:《对"跨越资本主义卡夫丁峡谷"问题的商榷意见》,《北京大学学报》(哲学社会科学版)1998年第1期。

的可能性，是因为俄国的公社和资本主义社会是共存的，是有一定条件的。工业革命之后，英国的资本主义得到了快速的发展，资产阶级也在这一发展过程中壮大了力量。资产阶级追逐商业利益的本性，必然使资本家生产更多的商品，以获取更多的剩余价值和资本利润。本国的市场完全占据之后，资本主义国家必然要开拓世界性市场。正如马克思和恩格斯所判断的："美洲的发现、绕过非洲的航行，给新兴的资产阶级开辟了新天地。东印度和中国的市场、美洲的殖民化、对殖民地的贸易、交换手段和一般商品的增加，使商业、航海业和工业空前高涨。"① 正是在这种发展趋势之下，以英国为代表的欧洲资本主义的"大工业建立了由美洲的发现所准备好的世界市场"②。世界市场的建立使得资本主义的影响具有了世界性，这是马克思和恩格斯在《共产党宣言》中已明确指出的。正如王伟光教授总结道："马克思通过对人类历史发展，特别是资本主义历史发展的科学研究，提出了著名的'世界历史'理论。他认为，世界进入资本主义历史时代，把世界连成一片，人类历史由此进入了'世界历史'。"③ 对于资本主义制度的分析必然要以资本主义的世界性影响为前提，资本主义的世界性，首先表现为资本贸易的世界性。

（一）资本主义商品贸易的世界性影响

把商品销往世界各地，占据世界市场是资本主义国家获取更多利益的必然手段。比如以英国和美国为代表的资本主义国家，为了获得更多商业利润和解决本国的生产过剩问题，甚至以强制贸易的方式开拓世界市场，使资本主义贸易渗透到了世界各国。这是资本主义影响非资本主义国家的一个重要方面。

---

① 《马克思恩格斯文集》第 2 卷，人民出版社 2009 年版，第 32 页。
② 同上。
③ 王伟光：《唯物史观大的"历史时代"与习近平新时代中国特色社会主义思想》，《马克思主义研究》2019 年第 1 期。

例如，中国就是它们开拓世界贸易市场的主要国家之一。"中国过去几乎不输入英国棉织品，英国毛织品的输入也微不足道，但从1833年对华贸易垄断权由东印度公司手中转到私人商业手中之后，这两种商品的输入便迅速地增加了。从1840年其他国家特别是我国（这里指美国）也开始参加和中国的通商之后，这两项输入增加得更多了……中国的纺织业者在外国的这种竞争之下受到很大的损害，结果社会生活也受到了相应程度的破坏。"① 从总的情况来看，"在1833年取消东印度公司的贸易垄断权以前，联合王国对中国的年输出总值只有60万英镑，而1836年达到了1326388英镑，1845年增加到2394827英镑，到1852年便达到了300万英镑左右。从中国输入的茶叶数量在1793年还不超过16067331磅，然而在1845年便达到了50714657磅，1846年是57584561磅，现在已超过6000万磅"②。这导致了"在1830年以前，中国人在对外贸易上经常是出超，白银不断地从印度、英国和美国向中国输出。可是从1833年，特别是1840年以来，由中国向印度输出的白银，几乎使天朝帝国的银源有枯竭的危险"③。这些都是西方资本主义国家对华贸易和强制开拓中国市场的结果，对中国经济产生了巨大影响。

对印度的经济贸易，也使印度本国的经济受到了重创。"英国起先是把印度的棉织品挤出了欧洲市场，然后是向印度斯坦输入棉纱，最后就使英国棉织品泛滥于这个棉织品的故乡。从1818年到1836年，大不列颠向印度输出的棉纱增长的比例是1∶5200。在1824年，输入印度的不列颠细棉布不过100万码，而到1837年就超过了6400万码。"④ 这是对印度产生的经济影响。可以说在资本

---

① 《马克思恩格斯文集》第2卷，人民出版社2009年版，第608—609页。
② 同上书，第610页。
③ 同上书，第608页。
④ 同上书，第680—681页。

主义发展过程中,"资产阶级,由于开拓了世界市场,使一切国家的生产和消费都成为世界性的了"①。所以,这种世界性的贸易必然具有世界性的影响。除了经济方面的影响之外,另一个重要的影响就是政治方面的影响。

(二)资本主义政治力量的世界性影响

资产阶级在开拓市场掠夺财富的过程中,不仅对非资本主义国家的经济造成了重创,还顺带影响了世界各国的政治秩序。这样资本主义国家在走向世界的过程中,打破了被侵略国的政治秩序,颠覆了被侵略国的原有政权,这为非资本主义国家建立新的政治制度奠定了基础。

例如,为开拓中国这块贸易市场,英国不惜发动鸦片战争,"满族王朝的声威一遇到英国的枪炮就扫地以尽,天朝帝国万世长存的迷信破了产,野蛮的、闭关自守的、与文明世界隔绝的状态被打破,开始同外界发生联系。……这个帝国的银币——它的血液——也开始流向英属东印度。因此皇帝(道光)下诏严禁鸦片贸易,结果引起了比他的诏书更有力的反抗。除了这些直接的经济后果之外,和私贩鸦片有关的行贿受贿完全腐蚀了中国南方各省的国家官吏。……那些靠纵容私贩鸦片发了大财的官吏的贪污行为,却逐渐破坏着这一家长制权威。……所以几乎不言而喻,随着鸦片日益成为中国人的统治者,皇帝及其周围墨守成规的大官们也就日益丧失自己的统治权"②。随着鸦片战争的爆发,中国就开始沦为了半殖民地和半封建社会,封建王朝逐渐走向衰落。帝国主义瓜分中国的历史便逐渐开始了,中国的政治状况便开始发生急剧变化。不仅中国如此,印度的情况也是一样,"不列颠人是第一批文明程度高

---

① 《马克思恩格斯文集》第2卷,人民出版社2009年版,第35页。
② 同上书,第608页。

于印度因而不受印度文明影响的征服者。他们破坏了本地的公社，摧毁了本地的工业，夷平了本地社会中伟大和崇高的一切，从而毁灭了印度的文明"[1]。

同时，资本主义各国为了争夺世界市场、争夺世界霸主地位，以及转移国内经济危机的注意力，他们之间还不惜发动战争，对世界的政治局势产生了决定性的作用。由此可以看出，资本主义社会的发展，不但让他们的商品贸易覆盖了全球，而且还把他们的坚船利炮开到了世界各地；他们不仅是商品的主要输出国，还是战争的主要输出国；在经济上进行掠夺，在战争上进行打击，这是资本主义国家走向世界所一贯使用的伎俩。由此可知，资本主义的全球性扩张，不仅会影响他国的经济，还必然影响全球的政治环境。在此过程中，资本主义的生产力和生产方式也以各种各样的方式，输入到了其他国家。

（三）资本主义生产方式的世界性影响

资本主义国家在对外掠夺和殖民的过程中，必然也会把资本主义的生产技术、生产方式、科学文化知识有意或无意地传播到其他国家。这种传播方式有时候是侵略者迫不得已带到被侵略国的，有时候是被侵略国向侵略国主动学习的。而大多数情况下，侵略国并不会把先进的科学技术传授给被侵略国，而是对侵略国保持一种技术保护主义的态度。但是技术的使用，比如公司的管理，飞机等具体技术的使用，会让技术落后的国家意识到这种管理方式和技术的存在，他们就会通过各种方式学习这些先进技术。这就为非资本主义国家借鉴资本主义国家的成果提供了现实可能性。

比如，英国在向印度输出资本主义商品、政治力量的过程中，

---

[1] 《马克思恩格斯文集》第2卷，人民出版社2009年版，第686页。

也不得不输出了资本主义先进的生产力、生产技术。大多数情况下，资本家们是不愿意把这些技术传播到国外的，而"英国的工业巨头们之所以愿意在印度修筑铁路，完全是为了要降低他们的工厂所需要的棉花和其他原料的价格。但是，你一旦把机器应用于一个有铁有煤的国家的交通运输，你就无法阻止这个国家自己去制造这些机器了。如果你想要在一个幅员广大的国家里维持一个铁路网，那你就不能不把铁路交通日常急需的各种必要的生产过程都建立起来，而这样一来，也必然要在那些与铁路没有直接关系的工业部门应用机器"①。这样，技术落后的非资本主义国家自然也就可以接触到，并可以学到资本主义国家的先进技术和先进生产方式。除了资本主义国家向非资本主义国家直接输出这些先进技术以外，落后国家也会通过一定方式主动学习。比如中国在遭到鸦片战争的侵略之后，就通过学习西方的科学技术来增强自己的国家力量，提出了"师夷长技以制夷"的方案。中国通过派出留学生、引进西方的技术和管理人才等方式，学习他们的生产和管理知识，开办西方式的生产工厂，这些都是西方科学技术和生产方式在世界各国产生影响的具体体现。

资本主义经济、政治、科学技术和生产文化在传向世界的过程中，资本主义制度也就影响了世界上的各个国家。原有社会基础的消失，以往政治结构的瓦解，因争夺霸权而可能引起世界格局的变化，都是资本主义发展具有世界影响力的具体体现。可以说，20世纪早期的世界就是资本主义的世界，换言之，在世界上的各个国家到处都可以看到资本主义国家的身影。虽然，非资本主义国家没能完整经历资本主义的发展道路，但已为资本主义社会的发展所洗

---

① 《马克思恩格斯文集》第2卷，人民出版社2009年版，第688—689页。

礼，这为非资本主义国家跨越资本主义"卡夫丁峡谷"提供了外在的现实基础。

以上论证表明，跨越资本主义"卡夫丁峡谷"的设想是可以成立的，只不过这只是可能性的问题，是理论问题。然而从实践的角度来看，这一思想是否成立呢？这是一个实践性问题，即现实性（是否能够实现）问题，这当然有待实践去检验。正如马克思所说，"人的思维是否具有客观的真理性，这不是一个理论的问题，而是一个实践的问题。人应该在实践中证明自己思维的真理性"①。跨越"卡夫丁峡谷"理论能否成为现实，就需要实践来证明了。

三　跨越"卡夫丁峡谷"何以实现
——世界社会主义发展的具体实践

科学的理论不仅能够解释世界，而且还要能够指引世界的发展。马克思主义的科学性，就在于能够在实践中检验它的真理性，俄国和中国的革命就是"卡夫丁峡谷"理论的具体实践。需要注意的是，前面讨论的是理论问题，是能不能的问题，是"可能性"问题；这里讨论的是有没有的问题，是"现实性"问题。所以，只有从现实性的角度出发——只有实现了"卡夫丁峡谷"的跨越，马克思主义哲学"高卢雄鸡的高鸣"② 才会真正唱响。③

（一）十月革命和苏联解体

20 世纪初，俄国沙皇的统治，深深地压迫着俄国的劳动人民，

---

① 《马克思恩格斯文集》第 1 卷，人民出版社 2009 年版，第 500 页。
② 同上书，第 18 页。
③ 黑格尔认为，哲学只能像密涅瓦的猫头鹰一样，只有等到事后才能对世界过去给出解释，对未来并无指引作用；而马克思恰恰认为，哲学应该像报晓的雄鸡一样，不仅这可以解释过去，而且可以指引未来。

这时马克思主义已经传到俄国。作为先进的社会思想，马克思主义吸引了一大批有志青年，列宁就是其中一员。列宁等无产阶级革命家在系统学习和研究了无产阶级理论之后，于1903年成立了无产阶级政党布尔什维克党。1905年俄国爆发革命，在这次革命中，列宁提出了无产阶级政党在民主革命中的基本策略，尽管这次革命没能取得成功，但是无产阶级政党在这次革命中得到了锻炼。

1914年第一次世界大战爆发，俄国沙皇参与发动了这场战争。本来就比较落后的俄国经济遭到了极大的破坏，战争的苦难引起了人民的强烈不满。这为俄国旧制度的快速瓦解创造了条件。1917年俄国出现了大规模的罢工运动，同年俄历二月俄国爆发了二月革命，推翻沙皇统治，出现了临时政府和苏维埃政权并存的局面。资产阶级临时政府并不能代表俄国先进生产力的发展方向，无法得到广大人民的拥护，在人民力量的对比上完全弱于苏维埃政权，所以建设新国家的任务必然落到了苏维埃政权的身上。同年俄历十月，列宁领导布尔什维克发动了十月社会主义革命，推翻了资产阶级临时政府，正式建立了苏维埃政权。十月革命的胜利，是人类史上第一次获得胜利的社会主义革命，世界上第一个社会主义国家由此诞生。苏维埃政府成立后，首先摧毁了旧的国家机器，取消旧政府部门、旧法院、旧警察，复员了旧军队，建立人民委员会各部、人民法院、工农检查院、工人警察，并组建新的工农红军。同时废除帝俄时期等级制度，宣布国内各民族平等，男女平等，废除教会特权；苏维埃政权接管了银行、铁路和工厂等。后来，将大工业国有化，实行对外贸易的垄断，实行8小时工作制，由工人监督生产。这样，苏维埃政权就带领俄国人民成功跨越了资本主义"卡夫丁峡谷"，在后来几十年当中取得了长足发展。

第二次世界大战结束之后，欧洲东部和亚洲东部又成立了十几个社会主义国家，可以说20世纪四五十年代是社会主义国家发展的繁荣期。然而到了20世纪80年代末，东欧剧变使世界社会主义的发展跌入了低谷。苏联解体之时，以中国为代表的社会主义国家，能够在乱局当中保持定力，明确发展道路，仍然坚持和发展社会主义，直至今日中国已经走出了一条适合中国发展的社会主义道路，并且在这一道路上取得了比资本主义国家更为突出的成就。由此，可以看出世界社会主义的发展既取得了成功，也经历了挫折，而当前的成果也预示着未来的光明前景。

苏联成立之后，斯大林实施计划经济政策，引导国家大规模发展重工业，使苏联一度成为欧洲工业生产值最高的国家。在斯大林的领导下，苏联共产党对苏联的经济生产方式进行了大改造，并把苏联改造成了一个重工业强国，经过一段时间的发展，成了欧洲第一、世界第二的经济强国。苏联不仅在经济上取得了重大成就，而且在军事上也成绩斐然。"二战"时期，苏联红军以坚强的组织力和战斗力击败了德国法西斯军队，为"二战"反法西斯战争作出了巨大的贡献。1949年苏联成功试爆了原子弹，成为继美国之后第二个拥有核武器的国家，这些都是苏联早中期获得的较为主要的军事成就。

然而，苏联的农业由于在大规模工业化中未受到足够重视。农业虽然实行了机械化，但集体农庄政策的失误使得苏联农业产值严重下降。同时，因为太过注重重工业的发展，致使苏联的轻工业没能发展起来，工业体系的不均衡性，导致了苏联人们的基本日常生活不能得到充分保障。再加上，苏联一味实施计划经济，而没能吸收西方国家可供借鉴的经济发展方式，导致经济发展的活力没能充分发挥出来。这些都是苏联经济方面的隐患。在发展社会主义制度时，马克思明确说跨越"卡夫丁峡谷"的可以成立的条件是"占有资本主义制度所创造的一切积极的成果"[1]。而成功发展社会主义的基础，也必须建立在"占有资本主义制度所创造的一切积极的成果"[2]的基础之上。所以，社会主义的发展一定要参考和吸收资本主义的发展成就，吸取资本主义发展优势，克服资本主义的发展弊端，才能更好地建设社会主义。

苏联的后半期，在发展理念、政治管理模式和思想指导等方面也出现了一些失误和问题。在社会发展理念的选择中，政府领导人左右摇摆，没能有效处理好改革和发展的关系，致使苏联的发展没能有序进展。政治管理方面也出现了违背社会主义政治发展理念的问题。比如，由于勃列日涅夫上台后大量提拔亲信，在他当政时期，苏联政坛形成了以勃列日涅夫为核心的特权阶层。贪污、行贿、侵占国家财产等现象普遍成风，不仅给国家带来了巨大经济损失，还对苏共党风以及社会风气产生了很大的消极影响。这同时导致了，苏联在指导思想方面受到了冲击。1988年起，戈尔巴乔夫上台之后，把改革的重点放在了政治领域，实行政治"多元化"和多党制，削弱和放弃了苏联共产党的领导地位，反对派趁势崛起，致使社会动荡日益加剧。针对苏联的解体，可以说"1. 失败的不是马克思主义，是最终背叛马克思主义的惟西方马首是瞻的另一种教条主义。2. 失败的不是社会主义或'斯大林模式'的社会主义，失败的是自赫鲁晓夫始逐渐脱离、背离乃至戈尔巴乔夫最终背叛社会主义的另一种形式的资本主义，亦可说失败的是社会民主主义。3. 失败的不是真正和原来意义上的无产阶级的先锋队——苏联共产党，而是自赫鲁晓夫始逐渐脱离背离乃至戈尔巴乔夫最终背叛马克思主义、社会主义和人民群众的、从本质说已经完全蜕化变质为资

---

[1] 《马克思恩格斯文集》第3卷，人民出版社2009年版，第580页。
[2] 同上。

产阶级的政党"①。

苏联的解体，致使 20 世纪的社会主义发展走向低谷，然而世界社会主义的发展并没有中断，以中国为代表的亚洲社会主义则开拓着自身的发展道路，不断走向繁荣。中国的发展确实为世界社会主义的发展带来了真实信心。尽管"苏联解体、东欧剧变以后，唱衰中国的舆论在国际上不绝于耳，各式各样的'中国崩溃论'从来没有中断过。但是，中国非但没有崩溃，反而综合国力与日俱增，人民生活水平不断提高，'风景这边独好'"②。

（二）中华人民共和国的成立和改革开放

中国能够跨越资本主义"卡夫丁峡谷"选择社会主义制度，可以说是一种历史的必然。鸦片战争及其后来帝国主义对中国的侵略，加速了中国旧政权的瓦解。第二次世界大战的爆发，日本对华开启了新一轮的侵略，这一时期中国局势极度动荡，激起了全国人民的共同反抗。共产党和国民党共同领导全国人民抗击日本的侵略，并于 1945 年取得全面胜利，这为中国建立新的政权，以及思考建立什么样的政权铺平了道路。因为自近代以来，中国就开始沦为半殖民地半封建社会，帝国主义列强瓜分中国的历史，让中国人民深刻地认识到了资本主义的侵略性和邪恶性，也更加明白了谁最能代表最广大人民的利益。封建社会的瓦解，让中国人民彻底地摆脱了旧制度的压迫，而国民党代表的是地主和资产阶级的利益，不是先进生产力的代表，不可能得到广大人民的支持，而在抗日战争中，人民认识到共产党才能真正代表人民的利益。所以，能够带领中国人民走向统一、独立自主的只有中国共产党，正是从这个意义

---

① 李慎明：《苏共的蜕化变质是苏联解体的根本原因》，《科学社会主义》2011 年第 4 期。
② 习近平：《关于坚持和发展中国特色社会主义的几个问题》，《十八大以来重要文献选编》（上），中央文献出版社 2014 年版，第 109—110 页。

上讲，中国走向社会主义道路是人民的共同期待和一种历史的必然。经过解放战争，中国共产党最终带领全国人民建立了中华人民共和国，世界上第二大社会主义国家由此诞生了。1949—1956年，中国共产党以马克思主义思想为指导，带领了中国人民完成了社会主义改造，成功跨越资本主义"卡夫丁峡谷"，建成了社会主义社会，直至今日，中国特色社会主义正在稳步健康地向前发展。

1949年，中国共产党带领中国人民推翻帝国主义、封建主义和官僚资本主义"三座大山"，建立了中华人民共和国，自此中国便以社会主义国家的姿态登上了历史舞台。1956年中国共产党带领中国人民完成了社会主义改造，跨越了资本主义"卡夫丁峡谷"，中国的社会主义道路就在摸索中不断前进和发展，取得了一系列成就。这无不证明了，中国特色社会主义的发展"使具有500年历史的社会主义在世界上人口最多的国家成功开辟出具有高度现实性和可行性的正确道路，让科学社会主义在21世纪焕发出新的蓬勃生机"[①]。

农业方面，改革开放之前，中国走的是农业合作化道路，改革开放之后，实施了家庭联产承包制度。在宏观经济发展方面，由计划经济向社会主义市场经济转变，实施以公有制为主体，多种所有制共同发展的理念，倡导发挥市场在资源配置中的决定性作用。如今，中国在经济上取得长足的发展，国家经济总量稳居世界第二。在政治方面，始终坚持中国共产党的领导，坚持人民民主专政，实行民主集中制，坚持政治协商制度。党和国家始终坚持以人民为中心的立场，坚持为人民服务，代表最广大人民的根本利益。在科学文化领域方面，不断引进西方先进的科学技术，同时提高本国科学技术水平；也不断学习西方的文化，和西方文明互学互鉴，在文化

---

① 习近平：《在庆祝中国共产党成立95周年大会上的讲话》，人民出版社2016年版，第4页。

领域不断与国际接轨，增强了中国特色社会主义的文化活力。特别是对外经济政策方面，中国从"引进来"，慢慢到"走出去"，一改以往封闭僵化的对外政策，不断和世界融为一体，不断推进世界经济一体化。时至今日，中国在经济实力、人民生活水平、国际地位、政治实力、军事实力等方面都取得了举世瞩目的成绩。民生方面的成就最为突出，比如，中国的贫困人口每年都以大幅度的趋势持续减少，在近几年里将消除贫困，这在资本主义国家是很难完成的。中国在几十年之中取得了西方几百年才取得的成就，其原因一方面是中国跨越资本主义"卡夫丁峡谷"，有效发挥了社会主义制度的优越性；另一方面，在走上社会主义道路之后，中国并没有僵化自封，保守排外，而是不断吸收资本主义国家取得的各种有益成果，来发展社会主义。正是由于这两个方面原因，中国才能走出一条适合中国发展的中国特色社会主义道路。

中国道路之所以成功，首先是因为避开了资本主义"卡夫丁峡谷"，选择了社会主义制度；再结合苏联的解体，可以说，中国社会主义制度的成功，是因为中国充分吸收一切人类社会发展所取得的优秀成果。由此可知，正是由于不断解放和发展生产力，中国才走出一条能够为其他国家的发展提供借鉴意义的社会主义道路。当前，中国的发展可以说代表和引领了世界社会主义的发展趋势，我们有必要把中国特色社会主义建设得更好，为世界社会主义的发展做出表率。

（三）世界社会主义发展评析和展望

苏联解体、东欧剧变，说明了世界社会主义发展的曲折；中国特色社会主义道路的成功，雄辩地证明了社会主义前景的光明；当今资本主义社会的发展困境以及面临的诸多问题，有力地"告诉我们，马克思、恩格斯关于资本主义社会基本矛盾的分析没有过时，关于资本主义必然消亡、社会主义必然胜利的历史唯物主义观点也没有过时。这是社会历史发展不可逆转的总趋势，但道路是曲折的。资本主义最终消亡、社会主义最终胜利，必然是一个很长的历史过程"①。衬托了社会主义制度的优越性，这些都为世界社会主义的发展指明了方向。成功跨越资本主义"卡夫丁峡谷"，是发展社会主义的第一步，也是基本条件。然而，如何能够成功地走出一条社会主义道路，各国的社会主义还应该充分吸收资本主义发展的一切优秀成果，只有这样社会主义的发展才有出路。社会主义国家在发展过程中，应该保持开放的姿态，和世界各国建立联系，注重解放思想，实事求是，寻求一条适合本国发展的社会主义道路。

当今世界已经走向全球一体化，这种趋势已不可逆转，从这角度看，只有着眼于人类共同利益的社会主义才能代表未来世界的发展方向，只有社会主义制度才能解决当今世界面临的困境。当前以美国为代表的资本主义逆全球化的发展趋势，表明了资本主义制度与人类共同繁荣和发展这一美好愿景的背离。全球一体化，让世界各国的发展紧密地联系在了一起，各国人民之间的关系也越来越紧密。"世界格局正处在一个加快演变的历史性进程之中。和平、发展、进步的阳光足以穿透战争、贫穷、落后的阴霾。世界多极化进一步发展，新兴市场国家和发展中国家崛起已经成为不可阻挡的历史潮流。经济全球化、社会信息化极大解放和发展了社会生产力，既创造了前所未有的发展机遇，也带来了需要认真对待的新威胁新挑战。"② 正是在这种背景之下，才能更加清楚地看到社会主义制度才是人类社会应该发展的方向。正如当前的世界贸易中，资本主义

---

① 习近平：《关于坚持和发展中国特色社会主义的几个问题》，《十八大以来重要文献选编》（上），中央文献出版社 2014 年版，第 117 页。
② 《习近平谈治国理政》第 2 卷，外文出版社 2017 年版，第 538 页。

国家美国和社会主义国家中国展现了不同的姿态，中国世界贸易的目的在于实现人类的共同繁荣。而资本主义国家的世界贸易的目的在于实现本国的利益，为本国的利益而置其他国家和人民的利益于不顾，这是资本主义国家的一贯作风。在资本主义早期，它们通过开拓世界市场，进行全球化贸易侵犯他国利益，以发展本国利益；如今，在全球化公平竞争无法获取更多利益的时候，以美国和英国为代表的资本主义国家，置他国发展利益于不顾，只讲求本国的经济利益，而退出全球化贸易。特朗普在就职演说中就明确提出美国利益至上的观念，而陷入了狭隘的民族主义困境当中。英国的脱欧行为也同样说明了资本主义国家的狭隘性和自私性。中国发起"一带一路"倡议，提出构建人类命运共同体的美好愿景，目的在于世界各国在发展中能够共商共建共享，实现各国的共同繁荣。中国在发展的过程中，也欢迎其他国家搭乘中国发展的快车，和中国共同发展，这就是社会主义国家和社会主义制度价值观念的基本体现。

社会主义国家，以增进全人类的福祉为目标，以共创人类命运共同体为出发点。立足于人类的解放，而不是少数人的自由；力图实现全世界的共同繁荣，而不是哪一个国家的单独壮大。这是共产党人的理念，也是社会主义国家的追求，更是马克思主义的旨归。只有世界社会主义的发展，才能够促进世界各国的繁荣，才能实现人类共同过上美好生活的愿望。

四　结语

资本主义社会的发展给无产阶级带来了灾难，这迫使无产阶级想要避开资本主义"卡夫丁峡谷"，通过社会主义道路来谋求发展；同时，资本主义社会发展所带来的积极成果以及世界性影响，为非资本主义国家跨越资本主义制度提供了可能；在具有可能性的条件下，跨越资本主义"卡夫丁峡谷"如果没有无产阶级的努力实践和积极探索，"卡夫丁峡谷"的跨越是不可能实现的。

历史的实践证明，对于世界上的一些非资本主义国家而言，跨越资本主义"卡夫丁峡谷"不仅是一种合理的选择，更是一种实践的努力。跨越资本主义"卡夫丁峡谷"的社会主义国家，必然要在充分吸收资本主义发展成果的基础上才能发展好社会主义。最终，就会如马克思所说的："历史是认真的，经过许多阶段才把陈旧的形态送进坟墓。世界历史形态的最后一个阶段是它的喜剧。"[①] 站在新的历史起点上，"中国以雄辩的力量与地位当之无愧地成为世界社会主义发展振兴的中流砥柱和引领旗帜"[②]。世界历史的发展趋势证明了社会主义的发展理念符合世界各国的共同发展理念，因此我们有理由相信，世界社会主义的发展必然引领世界的发展，人类社会的繁荣必然伴随着世界社会主义的繁荣。

---

① 《马克思恩格斯选集》第1卷，人民出版社2012年版，第6页。
② 姜辉：《21世纪的世界社会主义：新格局、新特征、新趋势》，《世界社会主义研究》2016年第1期。

二

马克思主义科学社会主义焕发新的活力

马克思主义和社会主义的
历史命运问题[*]

王伟光

2007年由美国次贷危机所引发的世界金融危机，进而诱使资本主义世界发生的全面危机，已经持续四年多了，尽管人们采取了种种救市措施，但它仍在顽强地发挥着负面影响，引发了欧洲主权债务危机、日本经济持续低迷、震撼美国连带整个西方世界的"占领华尔街"运动及多国罢工、游行、骚乱等一系列经济、政治、社会事变，强烈地冲击整个世界经济并改变着世界格局。以此为时间节点，以世界性危机现象为反光镜，向前追溯到19世纪中叶，马克思、恩格斯创立科学社会主义至今一个半世纪以来，社会主义与资本主义两大力量、两种历史趋势生死博弈的风风雨雨，充分印证了马克思主义经典作家关于资本主义必然灭亡、社会主义必然胜利的历史发展大趋势的科学论断是颠扑不灭的真理，雄辩地证明了社会主义、马克思主义的旺盛生命力，昭示了社会主义与马克思主义的历史命运。

---

[*] 该文是作者在社会科学文献出版社2013年出版的《马克思主义与世界社会主义的历史命运》一书的部分内容。

一 纵观一个半世纪世界历史进程，雄辩证明社会主义的必然性

辩证法告诉我们：任何事物的发展都不是直线上升式发展，而是波浪式地前进、螺旋式地上升、曲折式地发展，社会历史发展也是如此。世界历史进程就是这一历史辩证法的铁定案例。社会主义运动正是遵循这一历史辩证法的逻辑在曲折中前进，虽有挫折与失败，但总体上是循时前行的，这一历史进程恰恰从实践角度检验了马克思主义颠扑不破的真理性。

对社会历史规律的观察，历时越久、跨度越大，也就越看得明白，其判断也就越经得起实践检验。世界历史进入资本主义社会形态的发展阶段，即伴随着工人阶级与资产阶级、社会主义与资本主义两个阶级、两种社会制度、两大历史前途的博弈，其历史较量的线索、特点、规律与趋势，随着历史的发展、空间的变换、时间的推移，越发清晰，人们也看得越发清楚，其历史必然性越发显现，越发显示马克思主义的科学性。

回眸一观，可以清楚看到，从科学社会主义诞生以来，世界历史进程已经发生了四次重大转折，社会主义呈由低到高、再到低、再从低起步之势，标志着社会主义在斗争中、在逆境中顽强地生长。这一历史进程尽管曲折，有高潮，也有低潮；有前进，也有倒退；有成功，也有失败，但在总体上印证了马克思主义关于社会主义必然胜利的历史发展总趋势的判断是完全正确的，同时也说明社会主义战胜资本主义的历史进程不会是一帆风顺的，也绝不可能在短时间内实现，必须经过一个相当长的历史跨度、经过几十代甚至上百代人千辛万苦、甚至抛头颅洒热血的献身奋斗才能到来。既要

看到历史发展的总趋势，坚信社会主义是必然要取代资本主义的，这是一个不可抗拒的、也不可改变的历史趋势；同时又要看到，社会主义代替资本主义是一个漫长的历史进程，充满曲折，充满斗争，甚至有可能出现暂时的倒退与挫折。既要反对社会主义"渺茫论"，又要反对社会主义"速胜论"。不能因为挫折和失败，就对实现社会主义丧失信念和信心，也不能因为顺利和成功，就对实现社会主义心存侥幸和性急。

四次世界性历史转折可以分前两次和后两次。前两次转折是发生在20世纪初叶和中叶，即"二战"结束前后。社会主义运动从兴起到发展；资本主义则由资本主义革命兴起的上升期，经过19世纪矛盾四起的自由竞争资本主义时期和垄断资本主义时期，经过一系列经济危机和两次世界大战的折腾，逐步走向下降期。

第一次世界性历史转折发生在20世纪初叶，其标志是1917年爆发的十月社会主义革命。19世纪中叶，马克思主义经典作家创建科学社会主义，替代了空想社会主义，工人运动从此有了正确的指南，纳入了科学社会主义轨道，开创了世界工人运动和社会主义运动的新篇章。进入20世纪初叶，科学社会主义理论指导的社会主义运动由轰轰烈烈的工人运动实践变成了社会主义制度实践。列宁成功地领导了十月社会主义革命，建立了第一个社会主义制度国家，这是20世纪初叶最重大的世界性事件，从此开启了人类历史的新纪元，社会主义运动开始走向阶段性高潮。

第二次世界性历史转折发生在20世纪中叶，其标志是1945年"二战"之后一系列国家社会主义革命成功，形成了一个社会主义阵营。矛盾激化引发危机，危机造成革命机遇。20世纪初叶爆发的第一次世界大战、20世纪中叶爆发的第二次世界大战，都是资本主义不可克服的内在矛盾激化的结果。竞争资本主义由于其不可克服的内在矛盾而导致垄断，垄断资本主义代替自由竞争资本主义，不仅没有克服自由资本主义愈演愈烈的固有矛盾，反而进一步加剧了矛盾。早在自由竞争资本主义阶段，其固有矛盾不断激化，导致从1825年开始，每隔10年爆发一次经济危机，危机的累加加紧演变成1873年的资本主义空前激烈的世界性危机，这次总危机及之后不断叠加的危机，最终导致第一次世界大战的爆发。战争只能恶化危机、加重危机，"一战"之后旋即爆发了1929—1933年资本主义世界性大危机，资本主义步入严重的衰退。面对这场空前的资本主义世界大危机，世人惊呼"末日来临""资本主义已经走到尽头"。危机的结果又要依靠战争来解决问题。战争是缓解资本主义内在矛盾、转嫁危机的外部冲突解决方式，但不能从根本上克服资本主义内在矛盾。垄断资本主义内在矛盾的进一步激化导致第二次世界大战爆发。第二次世界大战仍然是在帝国主义国家之间的争斗中始发的，西方资本主义制度是无法遏制战争的。当时只有社会主义苏联靠社会主义制度的优越性动员全体人民、联合世界上一切反法西斯的力量，战胜德国法西斯，赢得了战争。两次大战，标志着资本主义逐步走向衰落，资本主义败象显见。危机与战争给革命带来前所未有的机遇，"一战"期间，俄国率先从资本主义统治的薄弱环节突破，建立了社会主义制度。"二战"前后，正是苏联及一系列社会主义国家崛起之时。中国等一系列落后国家革命成功，从东方站立起来了，建立了一系列社会主义国家，形成了社会主义阵营，社会主义国家占全球总人口的15%，1958年，毛泽东同志有一句话："敌人一天天烂下去，我们一天天好起来。""不是西风压倒东风，而是东风压倒西风。"对形势总的估计虽过于乐观，但不乏反映社会主义高潮的一面。相反，战后，资本主义社会矛盾和总危机进一步加深，连续爆发危机，并波及北美、日本和西欧主要国家，演变为世界性危机。资本主义整体实力下降，遭受重大打击。当然，在西欧资本主义国家衰落时期，优越的国际环境和国内条件，致使美国这一新兴的资本主义国家抓住了战争机遇迅速兴起，代替了老牌资本主义国家。"二战"后的一段时间，资本主义发展处于低迷状态，而社会主义发展却处于上升状态，社会主义运动出现阶段性高潮。

从国际走势来看，20世纪八九十年代至今的20余年中，又接连发生了后两次重大的世界性历史转折。社会主义运动由高潮到低谷，然而以中国特色社会主义为重要标志的世界社会主义却开始走出低谷。资本主义由低迷困境进入高速发展时期，美国金融危机却诱使现代资本主义濒入险境，呈衰退之势。

第三次世界性历史转折发生在20世纪末叶，其标志是20世纪80年代末90年代初的苏联解体、东欧剧变、社会主义阵营解体。社会主义进入低谷，这使世界形势发生了自"二战"以来最为重大的变化与转折。"二战"之后，20世纪上半叶，社会主义走上坡，资本主义走下坡。但世界进入20世纪下半叶，社会主义诸国却放慢了发展速度，甚至出现了停滞和负增长，导致社会主义诸国经济社会发展受挫，特别是苏联、东欧蜕变，我国经济发展走了20年弯路，直到"文化大革命"爆发，濒临崩溃的边缘，社会主义面临举步维艰的境遇。现代资本主义吸取资本主义发展进程中的经验教训，同时也吸取社会主义国家发展的经验教训，展开资本主义改良，现代资本主义进入相对和缓发展时期。当然在资本主义相对和缓发展时期，危机也并没有中断，20世纪八九十年代美国就多次爆发波及世界的危机。这次转折表明，社会主义处于发展的低潮，现代资本主义处于相对缓和稳定的发展期。伴随着这个历史性转折，我国及国际上出现了一系列新情况、新问题，这对中国20世纪末叶以来至21世纪以来很长一段时间的社会主义发展进程产生着深远影响。中国艰难起步，坚定不移地推进1978年启动的改革开放，成功地开辟了中国特色社会主义发展道路。

第四次世界性历史转折发生在21世纪初叶，其标志是2008年爆发的世界金融危机。这对世界发展格局和中国特色社会主义建设将产生的影响仍无法估量。有句俗话"三十年河东，三十年河西"，短短二三十年时间，中国特色社会主义的成功使世界社会主义运动呈低潮中起步之势。从2006年到2011年，这5年我国国内生产总值（GDP）年均实际增长11.2%，比"十五"时期平均增速9.8%加快1.4个百分点，比世界同期水平快8个百分点。2009年我国GDP居世界的位次由2005年的第四位上升到第三位，占世界经济总量的比重达到8.5%，比2005年上升3.6个百分点。2010年我国GDP总量已达39万亿元，人均GDP达4000美元，经济总量居世界第二位。与此同时，2011年，我国外汇储备和财政收入分别达到3.181万亿美元和10.37万亿元，位居世界前列。钢、煤、水泥等主要工业产品产量稳居世界第一位。联合国发表的2009年世界经济报告指出，如果中国能够在2009年实现8%的经济增长，对世界经济增长的贡献将达到惊人的50%。这意味着中国经济当之无愧地成为2009年带动全球经济复苏的最强引擎。2011年，我国外贸进出口总额为36421亿美元，是2005年的2.56倍，世界排位从2005年的第三位上升到第二位，其中出口额从第三位上升到第二位。从2006年到2011年，城镇居民人均可支配收入从11760元增长到23979元，年均实际增长9.7%，比"十五"时期的平均增速加快了0.1个百分点。从2006年到2011年，农村居民人均纯收入从3587元增长到6977元，年均实际增长8.9%，比"十五"时期的平均增速加快了3.6个百分点。

而美国金融危机却使美国以及其他西方发达资本主义国家陷入危险困境，美国独霸势态逆转下滑，资本主义整体实力呈下降态势。美国在20世纪50年代，发动了朝鲜战争，失败了，60年代发动了越南战争，也失败了；21世纪又发动了两场战争，一场是伊拉克战争，一场是阿富汗战争，两场战争花了7万亿美元，死了几千人，伤了上万人，伤兵要养一辈子，长远战争开支不小。2003年3月20日发动的伊拉克战争拖了7年，阿富汗战争是2001年10月7日开战，现在还看不到尽头。战争使美国实力下降，国库空虚。美国正在做战略调整与修补。二三十年前的世界性历史事件爆发是此消彼长，社会主义力量暂时下降，资本主义力量暂时上升；二三十年后的今天，又是此长彼消，社会主义力量始升，资本主义力量始降。30年改革开放使中国经济大发展，1978年至1991年进入中国的外资才二三百亿美元，2011年超过1160.11亿美元。金融危机的爆发使世界力量对比发生戏剧性变化。

当然，这场危机并没有把西方资本主义摧垮，它还有实力，有一定生命力。比如这么严重的危机并没有导致出现革命的迹象。原因固然很多，其一在于资本主义建立了比较完整的社会保障体制，比如，法国GDP的46%用于二次分配，搞社会保障，法国GDP两万多亿美元，人口六千万，有一个庞大的社会保障体系。普通老百姓吃不上饭才闹革命，而闹革命是要死人的，只要能活下去，就不会革命。西方资本主义还是有一定实力的，对于这次金融危机对西方的冲击也不能估计过头。应当说，建立社会保障体系是资本主义在失败和痛苦中总结出来的，在自由竞争和垄断资本主义阶段，残酷剥削造成严重的两极分化，工人阶级和劳动人民活不下去了，自然要闹事、要革命。"二战"后，从资本主义整体利益出发，为了使资本主义制度不至于灭亡，得到保全，资产阶级利益集团从资本利润中拿出相当部分，建立了完备的社会保障体系，保障工人阶级和劳动人民的基本生活，不去闹事。当然这个办法也不是资本主义自己发明的，而是从社会主义思想中得到启示。然而，西方的福利制度也愈发显示其弊端，例如瑞典是典型的"从摇篮到坟墓都有保障"的福利国家，几十年下来，一是政府债台高筑，陷入债务危机，二是工人缺乏劳动积极性，政府一提出紧缩政策，工人就要罢工闹事，陷入循环往复性危机之圈。

二 中国特色社会主义道路的成功开创，中国改革开放对国际金融风险的有效抵御，彰显了社会主义顽强的生命力

马克思主义经典作家创立了科学社会主义，开创了工人运动和社会主义运动的新格局。当时，他们把注意力和着眼点主要放在西方发达资本主义国家，根据当时的实际，曾设想社会主义革命将首先在生产力比较发达、工人阶级占多数的资本主义国家发生，至少是几个主要发达资本主义国家同时发生才能胜利。而后的实践发展却超出了他们的具体判断，新的实践促使科学社会主义创始人开始注意并研究东方国家走社会主义道路的不同情况。十九世纪末期，当东方落后国家出现了社会主义革命的主客观条件时，马克思、恩格斯及时研究了东方社会主义革命的可能性问题，提出非资本主义国家走社会主义道路的可能性问题。马克思、恩格斯认为，东方非资本主义国家走向社会主义，在特定条件下，可以不通过资本主义制度的"卡夫丁峡谷"，而吸收资本主义制度所创造的一切积极成果，实现社会主义的跨越式发展。他们认为，社会主义力量有可能抓住这一历史性的机遇，走出一条"非资本主义"的发展道路。他

们的设想为非资本主义国家进行社会主义革命、走上社会主义道路提供了理论依据。

"卡夫丁峡谷"典故出自古罗马。公元前321年，萨姆尼特人在古罗马卡夫丁城附近的卡夫丁峡谷击败了罗马军队，并迫使罗马战俘从峡谷中用长矛架起的形似城门的"牛轭"下通过，借以羞辱战败军队。后来，人们就以"卡夫丁峡谷"来比喻灾难性的历史经历。"可以不通过资本主义制度的'卡夫丁峡谷'，而吸收资本主义制度所创造的一切积极成果，实现社会主义的跨越式发展"有两层含义：一是落后国家可以不经过资本主义的苦难，走出一条非资本主义的现代化成功之路；二是一切社会形态所历经的自然的、物质的、经济的历史过程是不可逾越的，但在一定条件下，社会制度、体制却是可以跨越的。

马克思、恩格斯最初关于社会主义革命在西方诸国同时胜利的结论，是建立在对社会历史一般发展规律的判断上。就一般发展规律来说，社会主义革命应当在资本主义生产力高度成熟，而资本主义生产关系再也不能容纳其生产力发展的条件下爆发，也就是说，走社会主义道路的国家，先要经过资本主义的成熟发展，然后经过社会主义革命，再进入社会主义。而现实是，社会主义革命的成功、社会主义制度的建立不是在西方发达资本主义国家，而是在资本主义尚不成熟，但具备一定历史条件的东方落后国家。马克思、恩格斯经过科学研究，分析了社会历史发展的特殊性，提出社会主义发展的非资本主义道路问题。列宁分析了帝国主义历史阶段经济政治发展不平衡的规律，提出社会主义革命可以率先在资本主义统治的薄弱环节突破的科学论断，成功地发动了俄国社会主义十月革命。俄国革命的成功也从实践上证明了马克思主义经典作家关于非资本主义道路的设想是科学的。然而，继列宁之后，斯大林建立的社会主义制度的苏联模式，所走的社会主义建设的苏联道路，尽管取得了伟大的成就，却忽略了苏联相对于西方诸发达资本主义国家落后的生产力，忽略了市场经济的必经性，超越国情，逐渐形成了高度僵化、高度集中的经济政治体制，束缚了生产力的发展，束缚了人民积极性的发挥，束缚了社会主义制度优越性的发挥。一系列革命成功的社会主义国家在社会主义建设实践中，在某种程度上忽略了更为落后的本国生产力实际，犯了照抄照搬别国模式的错误。在几十年的发展中，社会主义制度的优越性逐渐地被僵化的、不适当的经济政治体制所消耗，再加之客观原因和主观错误，致使社会主义诸国陷入了发展困局，中国的"文化大革命"和东欧剧变就是这一历史演变结果。20世纪90年代苏联解体、东欧剧变，既有资本主义西化、分化社会主义国家的外因，同时又有社会主义模式僵化、脱离本国实际、主观上犯错误致使生产力发展上不去的内因。

社会主义革命成功之后，落后的国家到底怎样建设社会主义，必须从实践和理论上给予回答，中国特色社会主义道路的成功开创，破解了这一重大课题，走出了一条社会主义建设的成功道路。

按照马克思主义经典作家的"非资本主义"道路的理论设想，落后国家可以不经过资本主义充分发展而跳跃式地推进社会主义革命，建立社会主义制度。但是资本主义已历经的市场经济发展、生产力高度成熟的自然历史过程却是不可逾越的。中国共产党人总结了社会主义诸国家建设的成功经验和失败的教训，将社会主义制度与市场经济相结合，改革开放，建立与中国社会主义现阶段生产力状况相适应的、与发展市场经济相协调的经济—政治体制，回答了"在落后的国家，什么是社会主义，怎样建设社会主义"问题，一切从实际出发，不照抄照搬别国模式，走自己的道路，成功地开创了中国特色社会主义建设道路。在国际金融风暴的冲击下，西方资本主义一片混乱，前景黯淡，至今尚未走出困境，而中国特色社会主义在中国共产党的领导下，同仇敌忾，顶住了金融风险，再次显示了社会主义制度的强大动员力和战斗力。历史发展的现实辩证法再次证明了社会主义的必然趋势，可以有曲折、有低潮、有失败、有逆转，但总的历史趋势是不可以为人的主观意志所改变的。从金融危机爆发到今天，已经两年多了，中国人民在中国共产党的正确领导下，成功地顶住了金融风暴的冲击，不仅实现了预定的发展目标，而且取得了显著成绩，这既要归功于党的正确的领导和果断决策，更根本的是彰显了社会主义制度的政治优势，越发证明了社会主义的生命力、中国特色社会主义的生命力、马克思主义的生命力。

三　中国特色社会主义理论体系的创新，给马克思主义注入了新鲜的内容，显示了马克思主义的强劲创造力

中国共产党人在中国特色社会主义伟大实践中创新了马克思主义，赋予马克思主义以新的生命，创造性地推进了马克思主义的创造性发展。

当今世界正在发生全面而深刻的变化，当代中国也在发生广泛而深远的变革。国际上，美国"次贷危机"引发的国际性经济危机，已经并正在给全世界发展带来严重和持续的影响。一方面，使当代资本主义面临重大挫折，给当代社会主义、马克思主义的发展提供了难得机遇，国际力量对比继续朝着有利于世界和平发展的方向演变，朝着有利于中国特色社会主义和平发展的方向转变；另一方面，使当代社会主义、马克思主义面临着前所未有的挑战，也面

临着严峻的局面。国际敌对势力对我实施西化、分化的战略图谋没有改变，资强我弱的态势没有改变，一场新的全方位的综合国力竞争正在全球展开。

世界局势乃至格局将发生重大变化，世界发展进程和历史也将发生重大转折。当前世界正处于前所未有的巨大变动之中，资本主义和社会主义两种历史趋势、两大力量、两种意识形态的较量出现了新的变数，激烈社会变化给当代社会主义、马克思主义提供了新的发展时空，提供了新的需求动力，又使其面对严峻复杂的局面。在国内，中国特色社会主义事业取得了伟大成就，中国发展道路与中国发展经验，已然成为当今世界的时代性标志，为人类文明的进步开辟了新的发展路径。这就为马克思主义意识形态发展提供了新的机会。国际风云变幻，透过世界金融危机和世界各种力量交锋的纷繁复杂的现象，可以认清，金融资本不过是资本的当代形态，我们所处的时代仍然没有超出马克思主义的理论视野，社会主义具有后发的生命力，当代资本主义无论采取何种形态，仍然逃脱不了马克思主义科学预见的命运。

马克思主义同中国实际相结合，实现中国化，产生两次历史性飞跃，形成了马克思主义中国化的两大理论成果。第一次飞跃的理论成果是被实践证明了的关于中国革命的正确理论原则和经验总结，当然也包括关于中国社会主义建设道路探索的正确的理论成果，即毛泽东思想。第二次飞跃的理论成果是中国特色社会主义理论体系。中国特色社会主义理论体系在新的历史条件下回答了新的课题，开拓了马克思主义新境界。中国特色社会主义理论体系集中回答中国特色社会主义这个主题。在回答该主题的历史进程中，在改革开放三十年过程中，我们党始终面临并依次科学回答了四个大问题——"什么是社会主义，怎样建设社会主义""建设一个什么样的党,怎样建设党""实现什么样的发展,怎样发展"。最后归结为回答一个总题目,"什么是马克思主义,怎样坚持和发展马克思主义",从而深化了对"三大规律",即对社会主义建设规律、执政党执政规律、人类社会发展规律的认识,赋予马克思主义以崭新内容和旺盛生命力。

四　坚持马克思主义主流意识形态的指导,重视并加强党的意识形态工作

胡锦涛同志讲:"经济工作搞不好要出大问题,意识形态工作搞不好也要出大问题。"这是极其重要的指示,必须坚决贯彻执行。

一是关于意识形态于我有利与不利局势的总判断。

国际金融危机所引发的世界格局的深刻变化,为加强和改进意识形态工作提供了有利的条件,当然也有不利的因素和严峻的挑战。

回顾20世纪八九十年代,第三次世界性的历史转折,社会主义陷入低谷,处于暂时劣势,资本主义反而上升,显示暂时优势,伴随该力量对比格局变幻,意识形态领域呈敌进我退之势,反社会主义、反马克思主义、反对共产党执政的声音甚嚣尘上,新自由主义应运而生,西方资本主义到处大力推销新自由主义理念,鼓噪一时,不可一世。

20年过去了,这次金融风险造成的第四次世界性历史转折,一方面使资本主义遭遇前所未有的打击,陷入全面制度危机,呈衰退之势,新自由主义宣布破产。西方世界多数国家2008年第三季度开始负增长,第四季度连续负增长,一直到2009年第三季度才开始出现正增长。按照通常的说法,经济危机应已结束了,但经济危

机的恢复却是低速的、乏力的，西方主要经济体恢复得并不好，处于整体低迷状态。欧洲失业率居高不下，西班牙2011年失业率为22.9%，近50%年轻人失业。美国全国经济研究所测定，始于2007年12月的美国经济衰退于2009年6月结束，历时18个月，为"二战"之后美国经历的最长的经济衰退期，失去800万个就业岗位，吞噬美国人21%的实际财产，家庭、企业、地方政府、联邦政府欠一大屁股糊涂债，蒸发掉4.1%的经济总量。美国经济学家持续看坏美国经济。美国危机后失业率为9.6%，危机前为5%，只有59%的20岁以上男性有全职工作，复苏前景并不乐观。对西方国家来说，对经济发展比较悲观，看不到新的增长点，发达国家人口减少、消费不足，发展动力不足，多个国家濒临破产，冰岛、澳大利亚、希腊政府领导人下台，西班牙、意大利陷入困境，"复苏似乎越来越像是一场漫长的长征"。另一方面，中国特色社会主义取得成功，并顶住金融风险，社会主义从低谷中走出。美国和欧洲2010年9月20日联合发表报告，认为中国仅次于美国，与欧盟并列第二，均占全球实力16%，美国为22%，印度第三，占8%，再往下依次是日本、俄罗斯、巴西，均占5%，未来15年美国、欧盟实力持续下降。如果中国经济保持年均8%—9%的增长速度，再过17年经济总量可以赶上或超过美国。1978年，我国与美国经济总量差40多倍，2011年，美国GDP为15万亿美元，我国7.3万亿美元，相差约2倍，短短30年由40多倍缩小到约2倍。看来，再用二三十年赶上和超过美国是没有问题的，因为我们GDP增速是美国的3—4倍，1958年我们党提出的"赶英超美"口号，可能要成为眼见现实了。现在，批评新自由主义、资本主义的声音日渐增多，即使在资本主义内部，批评之声也不绝于耳，大声呼唤马克思主义、社会主义的声音愈发强烈，坚持和发展马克思主义、坚持和发展社会主义、坚持和发展党的领导底气足了。

对于这场"前所未有""有史以来最严重"的危机,资本主义政府大多将其归咎为"金融市场上的投机活动失控""不良竞争"或"借贷过度",并希望通过政府救市,"规范"资本主义现行体制、机制,以达到解决危机、恢复繁荣的目的。而与之大相径庭的是,欧美一些资本主义国家的共产党人既看到了监管缺位、金融政策不当、金融发展失衡等酿成这场危机的直接原因,又反对将这场金融危机简单归结为金融生态出了问题,他们普遍认为危机的产生有其深刻的制度根源,危机标志着新自由主义的破产,是资本主义固有矛盾发展的必然结果。

法国共产党认为,世界经济危机源于金融机构过度的贪婪。这场金融危机归根结底是资本主义制度的危机。它不是从天而降的,不是资本主义的一次"失控",而是资本主义的制度缺陷和唯利是图的本质造成的不可避免的结果。冲击全球的危机并非紧紧限于金融或经济领域,它同时也揭示了政治上的危机、资本主义生产方式的危机。从深层看,金融危机本质上是一场制度危机。美国共产党认为,金融化是新自由主义资本积累和治理模式的产物,它旨在恢复美国资本主义的发展势头及其在国内和国际事务中的主导地位。同时,它也是美国资本主义的弱点和矛盾发展的结果,使美国和世界经济陷入新的断层。德国共产党认为,这场金融危机具有全球性影响,它使得全球经济陷入衰退,并越来越影响到实体经济部门。危机产生的原因不是银行家的失误,也不是国家对银行监管失利。前者只是利用了这一体系本身的漏洞,造成投机行为的泛滥。投机一直是资本主义经济的构成要素。但在新的垄断资本主义发展阶段,它已经成为一个决定性因素,渗入经济政治生活的方方面面。英国共产党认为,不能把当前经济和金融危机主要归结为"次贷"

危机的结果。强调根本在于为了服务于大企业及其市场体系的利益，包括公共部门在内的英国几乎所有的经济部门都被置于金融资本的控制之下。葡萄牙共产党认为，不应该把这场危机仅仅解释为"次贷"泡沫的破灭，当前的危机也是世界经济愈益金融化、大资本投机行为的结果。这场危机表明"非干预主义国家""市场之看不见的手""可调节的市场"等新自由主义教条是错误的。资本主义再次展示了它的本性及其固有的深刻矛盾。资本主义体系非但没有解决人类社会面临的问题，反而使不平等、非正义和贫困进一步恶化。希腊共产党认为，危机现象是资本主义不可避免的经济命运，任何管理性政策都不可能解决其固有的腐朽性。金融危机再次表明资本主义不可能避免周期性危机的爆发，也再次证明了社会主义替代资本主义的必然性。

20世纪30年代的大萧条和今天横扫全球的经济衰退，无不印证了马恩有关资本主义在自身难以克服的矛盾中不断调整自己又不断走入危机的预言。1997年，亚洲的金融风暴，让马克思回归到世界资本主义的中心地带华尔街；时隔十年，2008年，当人类的发展再次陷入衰退的泥沼，苦苦搜寻可以持续的答案时，《资本论》再次登上了最畅销经济类学术著作的排行榜，成为拯救人类精神家园的"圣经"。据报道，2011年1月，《资本论》在柏林一度脱销，相关论坛、讲座令马克思的故乡——特里尔这座因萧条而倍感冬之冷寂的德国小城显得热闹而红火。尤其值得注意的是，为数不少的德国青年认为，在危机笼罩的时刻，有必要重温马克思主义政治经济学经典著作。有的德国学者指出，正统的经济学往往对危机避而不谈，而马克思认为，危机是资本主义的有机组成部分。有的西方学者认为，现代西方经济学的历史是在国家与市场的争论中一路走来的。马克思主义政治经济学一度被作为"异端邪说"而被排斥于西方主流经济学之外。时至今日,"市场原教旨主义"已经丧失了市场,国家干预经济已成为西方各国的惯用手段。然而,无论是市场还是国家抑或是国家和市场的结合都不能避免危机重复发生且愈演愈烈。

形势的变化为我们党加强意识形态工作,做好知识分子工作,提供了极为有利的氛围、条件和机遇。当然,一方面,这种形势也越发促使西方资本主义更加运用两手策略,在经济上利用我们,公开讲我们好,拉拢我们、捧杀我们;另一方面,伴随在军事上加紧包围我们,在经济上加紧挤压我们,同时在意识形态领域加强进攻,大力西化、分化我们,使我们面对更加复杂、严峻的考验。

二是当前意识形态工作的主流态势和严峻问题。

当前,我国意识形态领域主流是好的,继续保持积极健康向上的良好态势。在充分肯定意识形态领域主流的同时,还要清醒看到,意识形态领域你来我往、你死我活,战斗十分激烈。西方诸国与我国在意识形态、社会制度、人权、民主等问题的对抗、对立、争斗十分突出,思想理论领域呈现十分活跃、十分复杂的胶着状态,加强党的意识形态工作的任务更加艰巨繁重。特别是境内外敌对势力对我施压促变的一贯立场没有改变,通过各种途径、运用各种手段,对我在发展上遏制、思想上渗透、形象上丑化,企图使我改变政权性质,接受西方价值观念和制度模式,意识形态领域内的斗争将是长期的、复杂的。意识形态领域始终是渗透与反渗透的重要战场,对敌对势力的攻击任何时候都不可掉以轻心、不可疏于防范。

意识形态工作是党的一项极为重要的工作,事关党和国家工作全局,事关中国特色社会主义事业顺利发展,事关社会和谐稳定、国家长治久安。要始终牢记胡锦涛同志关于意识形态工作的重要论断,千万不要忘记意识形态工作,进一步增强政治意识、大局意识、责任意识，切实把加强意识形态工作作为提高党的执政能力、巩固党的执政地位的重要内容，认真贯彻落实中央一系列决策部署，不断提高意识形态工作的科学化水平，始终牢牢掌握意识形态工作的领导权和主动权。

三是坚持马克思主义指导，加强马克思主义中国化和马克思主义学习型政党建设。

通过上述分析，可以清楚地得出以下几个重要结论：

1. 马克思主义是党和国家的灵魂、指南，坚持和发展马克思主义是中国特色社会主义取得胜利的根本思想保证。

2. 坚持马克思主义指导，在当代中国，必须把马克思主义与中国改革发展新的实践相结合，不断推进马克思主义中国化，用不断创新的中国化的马克思主义指导实践。

3. 在意识形态领域，必须坚持马克思主义主导地位，坚持社会主义主流意识形态，加强意识形态工作，这是坚持中国走社会主义道路、坚持中国共产党领导的政治底线。

4. 必须用中国化的马克思主义武装全党，特别是武装中高级干部。党是关键，领导干部是关键。建设马克思主义学习型政党是一个伟大的战略任务。毛泽东同志讲，政治路线确定之后，干部就是决定的因素。现在，党的理论、路线已经确定，关键在于贯彻落实，贯彻落实的关键在于干部，在于干部的政治理论素质和理论联系实际的能力。毛泽东同志指出，"在担负主要领导责任的观点上说，如果我们党有一百个至二百个系统地而不是零碎地、实际地而不是空洞地学会了马克思列宁主义的同志，就会大大提高我们党的战斗力，并加速我们战胜日本帝国主义的工作"[①]。毛泽东同志认为

---

① 《毛泽东选集》第2卷，人民出版社1991年版，第533页。

战胜日本帝国主义的一个关键在于理论武装党的高级领导干部。针对今天的情况来讲，如果我们党有一大批系统地而不是零碎地、实际地而不是空洞地掌握了中国特色社会主义理论体系的高素质的领导干部，将会大大提高我们党的战斗力，大大加快发展中国特色社会主义事业的进程。

5. 经过30多年改革开放，中国特色社会主义取得了举世瞩目的成就，但时至今日也存在一系列矛盾和问题，需要运用马克思主义立场、观点、方法加以认识，加以破解。苏轼在《晁错论》中有一段话很值得我们深思："天下之患，最不可为者，名为治平无事，而其实有不测之忧。坐观其变而不为之所，则恐至于不可救。"全党一定要树立忧患意识，通过改革创新，破解前进道路中存在的种种难题、矛盾和问题，在发展中国特色社会主义伟大事业中创建学习型政党，通过创建学习型政党推进中国特色社会主义伟大事业。

21 世纪初世界社会主义基本状况、主要问题和发展趋势

姜　辉

21 世纪初世界社会主义的发展出现了许多新亮点，呈现许多新特征，取得了许多新进展，在新一轮资本主义危机的环境背景下面临着走出低谷、重新振兴的机遇，同时也面临着与世界资本主义进行更为激烈复杂的较量竞争的挑战。总的来看，21 世纪世界社会主义的新发展以雄辩的事实打破了苏联解体、东欧剧变后关于"资本主义重新一统天下"的狂言妄论，粉碎了资本主义战略家们苦心孤诣地长期推行的"不战而胜"的和平演变图谋，终结了所谓"西方自由民主制达到人类社会的终点"的"历史终结论"的神话，并在整个世界范围内有力而持续地印证着共产主义必然代替资本主义的客观历史规律，重新恢复提振着马克思主义真理的力量。21 世纪是世界社会主义走向振兴的世纪。

一　当前世界社会主义在发展变革中进入谋求振兴期

20 世纪 80—90 年代苏联解体、东欧剧变之后，世界社会主义的发展陷入了严重的低潮中。然而不过 20 多年的时间，这以历史

尺度衡量不过是"短暂一瞬",历史老人的手作了一次"奇异翻转",21世纪初的世界资本主义却陷入深深的危机中,至今还深陷泥潭、难以自拔。长期持续的"共产主义失败论""社会主义过时论""共产党衰亡论"的"大合唱"尽管没有戛然而止,但其已因为失去底气而成为难以引起共鸣的"老调重弹"。这应验了列宁说过的一句生动的哲理:"历史喜欢捉弄人,喜欢同人们开玩笑。本来要到这个房间,结果却走进了另一个房间。"历史总是在各种偶然性中为自己的必然性开辟道路。现在可以有根据地讲,资本主义开始走下坡路,社会主义开始走出低谷。同苏联解体、东欧剧变时的25年多前相比,这个世界的确发生了剧烈的变化,人们不得不用全新的眼光来打量这个世界,重新观察和评估世界面貌、发展变迁、重大事件、社会制度,在这样的背景下,社会主义的命运和资本主义的命运又成为热烈而严肃的探讨主题。

从苏联解体、东欧剧变到现在的20多年时间里,世界上坚持下来的共产党,经历了危机、重组、更新和发展。20多年前的苏联解体、东欧剧变,对世界范围内的共产党组织及共产主义力量造成了前所未有的影响。一方面,共产党组织受到很大冲击,有的解散消亡了,有的改名易帜,或转变为社会民主主义类型政党,或转变为在其国内政治舞台上无足轻重的边缘激进团体;另一方面,许多共产党组织在逆境中顽强地坚持斗争,坚持社会主义和共产主义奋斗目标,探索适合本国国情的理论战略和活动方式,取得了不同程度的成绩,为国际共产主义运动延续了存在和发展的基础。今天,坚持不懈努力的这些共产党组织并没有如一些人所预言的那样湮没消亡,它们从捍卫生存到谋求新的作为,推动了国际共产主义运动在21世纪的发展。

据相关统计,目前世界上约100多个国家有近130多个仍保持共产党名称或坚持马克思主义性质的政党。现有社会主义国家共产党员总数约有9700多万人。其中中国共产党有近8800万党员。其他共产党执政的社会主义国家中,越南共产党约450万人、朝鲜劳动党约400多万人、古巴共产党约100万人、老挝人民革命党10多万人,除了现实社会主义国家外,世界上其他国家大约有120多个共产党组织,党员总数共有850万人。加起来,目前世界上约有1亿零600多万党员。其中,人数过万的共产党有30多个,执政参政(或曾近期执政参政)的共产党近30个。各国共产党处于不同社会环境、国情条件和社会制度下,探索革命、建设、发展的道路各有不同特点,取得的成绩各有千秋,但毫无疑问的是,这些共产党仍然是现代世界政党中举足轻重的力量,在世界舞台上对政治经济格局和走向具有重要的影响,也是21世纪世界社会主义取得新发展的主力军。

从共产党组织的类型和分布看,主要包括:

其一是现实社会主义国家执政的共产党。包括中国、越南、古巴、老挝、朝鲜等国的共产党组织,它们长期执政,探索适合本国实际的社会主义建设、改革、发展的道路,经济社会发展取得了令世人瞩目的成绩,以实际成就证明现实社会主义制度的优越性。中国共产党是世界最大的马克思主义执政党,也是世界上党员人数最多的政党,在世界上人口最多的东方大国坚持和发展中国特色社会主义。目前中国是世界上第二大经济体。中国共产党和中国特色社会主义已经成为21世纪世界社会主义发展的中流砥柱。

其二是发达资本主义国家的共产党组织。主要是西欧地区的共产党、美洲的美国共产党和加拿大共产党、亚洲的日本共产党,它们在新的历史条件下继续探索"发达资本主义国家如何过渡到社会主义"这一国际共运的历史课题,一般主张走议会民主的和平道路，在资本主义的心脏地区进行持续不懈的斗争，有的成为参政党，对政府决策具有重要影响。比如，日本共产党在发达资本主义国家"逆势跃进"，目前在其国内议会中占有21个议席，成为议会中第三大政党，也是目前发达资本主义国家中党员数最多、发展最好的共产党组织之一，有40万党员，在日本政坛上是一支举足轻重的力量。西欧的法国共产党、意大利重建共产党、希腊共产党等也在理论和实践上取得一定成绩。特别是21世纪初资本主义危机之后，资本主义国家共产党组织进一步调整政策和战略，深刻批判右翼资产阶级政党推行的新自由主义经济社会政策，更加关注社会中下层，更加重视议会外斗争和社会运动，进一步恢复和赢得了民众的广泛支持。

其三是原来苏联东欧地区的共产党组织。比如俄罗斯、乌克兰、白俄罗斯等国共产党目前发展较好，在苏联解体、东欧剧变后经受住严峻考验，站稳脚跟并谋求新的发展。俄罗斯共产党曾经是议会中第一大党，近年影响力和党员人数虽有所下降，但它提出"革新社会主义"的理论，并积极开展反对右翼执政党的各种斗争，在俄罗斯政治舞台上仍然是重要力量。

其四是其他发展中国家的共产党组织。在苏联解体、东欧剧变后有一部分坚持保持共产党名称和活动的政党，在新的形势下继续探索具有民族特色、适合发展中国家实际的道路和斗争战略，有的还取得了较好成绩。比如印度共产党（马）拥有党员80多万人，是议会中第三大党，目前是非社会主义国家中最大的左翼政党。该党在西孟加拉邦连续执政近30年；南非共产党从种族隔离制度结束后，与非国大、南非工会大会组成三方执政联盟，成为南非的执政党之一，在本国政坛上有重要地位和影响力。目前南非共产党员有22万人，是非洲大陆最大的共产党组织。还有尼泊尔的共产党组织近年来的发展引人注目,尼泊尔共产党(联合马列)副主席比迪娅·班达里在2015年当选尼泊尔总统,成为世界首位共产党女总统;该党主席卡德加·奥利则当选为总理;尼泊尔联合共产党(毛主义)的领导人昂萨丽·嘎尔迪则担任议会议长。目前尼泊尔共产党(联合马列)、尼泊尔联合共产党(毛主义)与其他党派组成联合政府,其中包括多个社会主义党派。

除了上述共产党组织外,世界上还有许多其他左翼政党和组织,它们虽然不以马克思主义和科学社会主义为思想理论指导,但都反对资本主义、反对新自由主义、反对资产阶级右翼政党、反对霸权主义、反对殖民主义等,有的主张建立某种形式的社会主义,比如21世纪初拉美左翼政党的社会主义理论与运动,引得世人瞩目。其中委内瑞拉的"21世纪社会主义"在理论和实践中影响较大,虽然总统查韦斯去世后遭遇很大困难,但仍具有重要的理论和实践影响。还有一些超越于政党派别之外的社会主义思潮流派,如市场社会主义、生态社会主义、经济民主的社会主义、自由社会主义等。

总之,21世纪初世界社会主义走出了苏联解体、东欧剧变后的低谷,在经历了严峻挫折考验后重新奋起,在捍卫阵地基础上砥砺前行,在顺应时代发展中变革创新,在资本主义新危机中迎来机遇。可以说开始进入了逐渐走出低潮、在发展变革中谋求振兴的时期。

二 21世纪初世界社会主义发展面临的机遇和挑战

21世纪初期,世界社会主义的发展既面临着难得的机遇,也面临着严峻的挑战。从新的机遇和有利条件看,主要是:第一,随着资本主义危机的发展,新自由主义力量占主导和右翼政党强势占据政治舞台的局面已开始扭转,这对于包括共产党在内的左翼政党来说,对于世界社会主义运动来说,无疑是生存和发展环境的有利转变。第二,资本主义危机的爆发和加剧,使得世界上社会主义及进步力量对资本主义批判的观点和主张得到实际的检验与支持,使长期以来政治理念和声音被忽视、被淹没的共产党等社会主义力量受到很大鼓舞,因而获得重新树立和整饬社会主义理论的好契机。危机之后西方及世界范围内兴起的"马克思热"就是这方面的一个体现。第三,经过苏联解体、东欧剧变后20多年的抗争、调整和磨砺,包括共产党组织在内的许多世界社会主义力量在各国舞台上站稳脚跟的基础上,力量有所恢复,并开展了许多反对资本主义的斗争及活动。它们经过理论反思和实践磨炼,逐步适应变化了的国际国内环境,总体上由受挫低落转变为积极振作,由被动应付转变为自觉提升,逐步走向新的成熟。这为世界社会主义的发展奠定了一定的组织基础和力量来源。第四,面对国际范围内强大的右翼力量的联合进攻,共产党及左翼力量也加强彼此之间的联系和合作,逐步由苏联解体、东欧剧变之后的各个孤立抗争转变为谋求左翼力量的团结合作,形成了世界社会主义发展的一定规模优势。第五,苏联解体、东欧剧变20多年了,经过时间沉淀、实践检验和历史过滤,在今天不断形成并凸显出反映历史真相、趋于客观理性、揭示深层规律的经验教训的总结,意义重大,为21世纪世界社会主义的新发展和走向振兴提供了宝贵的历史借鉴。第六,中国特色社会主义在21世纪初期取得的巨大成就,是世界社会主义运动总体低潮中的局部高潮,这使世界上共产党及各种进步力量受到鼓舞,使他们看到了21世纪世界社会主义振兴的希望,这无疑是21世纪世界社会主义发展最切实、最坚实、最可依托的"根据地"和"阵地"。

当然,21世纪世界社会主义的发展面临着新的问题和挑战,主要是:其一,从世界资本主义与社会主义力量对比的总的态势看,"资强社弱"的态势还没有根本改变,资本主义在总体上处于攻势越来越强烈的时期。在非社会主义国家,社会主义政党及力量则相对处于分散和弱小状态。其二,从国外共产党等社会主义力量的政治影响力看,特别是在发生危机的西方国家,共产党等社会主义政党组织在各国政治舞台上仍然处于受排斥甚至边缘化的地位,其观点主张政策很难影响本国政府决策。其三,在国外,大部分西方社会主义政党和力量对社会运动的领导力和影响力还相对薄弱,它们利用资本主义危机的能力不足、经验不够,难以提出有效的克服危机的战略策略,难以有效引导不满于危机和反对资本统治的群众运动。其四,从世界社会主义运动的主体即工人阶级来看,尽管一个规模庞大的全球工人阶级客观上逐渐形成和发展,但全球工人阶级处于"自在"状态,尚未明显形成全球性的工人阶级意识,工人阶级处于分散状态且彼此竞争冲突,这严重制约着世界社会主义运动的深入开展。

综合上述世界社会主义在21世纪初期面临的机遇和挑战来看,我们可以得出三点结论:

第一,在当前资本主义危机时期,马克思主义关于资本主义危机与社会主义革命之关系的原理仍然具有重要的现实指导意义。然而,这个原理的实际运用,随时随地要以时代和实践的变化、各种社会条件的变化为转移。危机为社会主义运动造成不同于正常时期的机遇和条件,但危机不一定就必然带来社会主义革命的高涨,这取决于主客观条件和因素的共同作用。那种认为"乘其之危"进行一次"毕其功于一役"的打击以实现世界性社会主义革命性改造的想法，是犯了幼稚病的错误。历史事实告诉我们，马克思主义关于资本主义社会基本矛盾的分析没有过时，"两个必然"的历史唯物主义观点没有过时。但实现资本主义向社会主义过渡是长期的、曲折的、复杂的历史过程。

第二，资本主义经过近百年的变革和调整，其应对危机能力、创新能力、调控能力、适应能力以及统治战略策略，都完全不同于马克思、恩格斯时代的资本主义。资本主义危机发生的方式、规模、周期、强度和影响等，也都完全不同了，对社会主义运动和革命的影响也发生了复杂而深刻的变化。21世纪资本主义进入国际垄断资本主义阶段，国际垄断资产阶级的统治范围、力量都得到巩固和加强，资本主义的自我调节和创新能力还很强，资本主义力量处于绝对优势。世界社会主义运动在相当长的时间内总体上仍将处于低潮。正如习近平同志指出的："我们要深刻认识资本主义社会的自我调节能力，充分估计到西方发达国家在经济科技军事方面长期占据优势的客观现实，认真做好两种社会制度长期合作和斗争的各方面准备。在相当长时间内，初级阶段的社会主义还必须同生产力更发达的资本主义长期合作和斗争，还必须认真学习和借鉴资本主义创造的有益文明成果，甚至必须面对被人们用西方发达国家的长处来比较我国社会主义发展中的不足并加以指责的现实。"①

第三，中国特色社会主义成为世界社会主义发展的最大亮点，成为世界社会主义的标志性参照系和中流砥柱。社会主义中国在世界东方的崛起，正在充分展示着社会主义的优越性、感召力和吸引力。中国要正确认识和处理"韬光养晦"与"有所作为"的关系，当前最重要的是集中精力办好自己的事情，不断壮大我们的综合国

---

① 《十八大以来重要文献选编》（上），中央文献出版社2014年版，第117页。

力,不断改善我们人民的生活,不断建设对资本主义具有优越性的社会主义,不断为我们赢得主动、赢得优势、赢得未来打下更加坚实的基础。邓小平同志曾经自信地展望,到 21 世纪中叶,中国基本实现现代化,"到那时,社会主义中国的分量和作用就不同了,我们就可以对人类有较大的贡献"。今天仍然占世界人口五分之一的社会主义中国,其综合国力已今非昔比。今天是中国共产党人努力实现邓小平同志预言和嘱托的时候。我们完全可以满怀自信地讲,只要中国特色社会主义发展起来,世界社会主义的振兴就不是空话。正如习近平同志所讲的:"我们坚信,随着中国特色社会主义不断发展,我们的制度必将越来越成熟,我国社会主义制度的优越性必将进一步显现,我们的道路必将越走越宽广,我国发展道路对世界的影响必将越来越大。"①

三 21 世纪初世界社会主义发展的新形势和新走向

21 世纪初的世界社会主义,在经历了 20 世纪末苏联解体、东欧剧变及 21 世纪初资本主义金融危机这两次具有历史发展转折点意义的重大事件的洗礼后,现在已清晰地展现出了新的发展格局,呈现出不同于 20 世纪的新的发展特征,并越来越以"确凿而顽强的事实"预示了新的发展走向。"不谋万世者,不足谋一时;不谋全局者,不足谋一域。"站在新的历史起点上,需要用世界眼光和历史视野来观察研究世界社会主义发展的新态势、新问题和新趋势,在世界历史发展变化的宏大时空观下观察思考问题,自觉地把握时代背景和发展大势,从世界社会主义与世界资本主义在 21 世

---

① 《十八大以来重要文献选编》(上),中央文献出版社 2014 年版,第 111 页。

纪初的新变化、新发展及二者的竞争较量与力量对比中，全面地、历史地观察分析世界社会主义的前途命运。

为清晰起见，我们总体上观察对比一下20世纪以来三次资本主义危机之后世界资本主义与世界社会主义的变化发展状况与对比竞争态势的变化。

1929年资本主义危机之后的时期，可以说以苏联为核心的社会主义力量抓住了大好时机，苏联经济高速发展，并成为世界上仅次于美国的世界工业强国，社会主义制度初步显示了独特优势。在世界范围内，实现了社会主义从一国到多国蓬勃发展的辉煌胜利，并在战后形成了世界社会主义阵营。而以美国为核心的资本主义世界在危机之后，通过实行"罗斯福新政"等变革措施，努力缓和资本主义的各种矛盾，甚至通过学习借鉴苏联国有化、计划经济等经验，也较为成功地度过了危机，并在战后形成了世界资本主义阵营并迎来战后发展的"黄金岁月"。危机之后经过各自调整和发展，可以说是两大社会制度、两大力量打了个平手，势均力敌，一方面进行合作共同取得了反法西斯战争的胜利；另一方面形成了两极对峙，两种社会制度的国家长期冷战。

1973年资本主义危机之后的时期，西方资本主义经过长期"滞胀"病痛的折磨之后，通过"里根革命"和"撒切尔新政"，又一次实现了资本主义的大调整大变化，借助新一轮科技革命和经济全球化的发展，迎来了资本主义30余年的"狂飙突进"。而苏联等社会主义国家却不但没有抓住资本主义危机的机遇发展自己，而且自身由于体制僵化、缺少与时俱进的彻底改革而陷入严重的危机之中。20世纪80年代后期苏联党的指导思想发生反转，由教条主义转为放弃马克思主义，放弃共产党的领导，再加之其他各种因素综合作用，最终发生东欧剧变、苏联解体，使世界社会主义陷入历史的低谷中。这次较量，可以说世界资本主义总体上占了上风。然而值得庆幸的是，这一时期的社会主义中国异军突起，不但没有像苏联东欧国家那样在资本主义进攻中倒下，而且在克服各种困难和危机中取得了成功的变革发展，形成了中国特色社会主义道路并取得令世人瞩目的成就，造就了世界社会主义总体低潮中的局部高潮，从而挽救了世界社会主义。这种局面正如邓小平以深邃的历史眼光作出的论断那样："只要中国社会主义不倒，社会主义在世界将始终站得住。"

2008年资本主义危机之后的时期，美国等发达资本主义国家的政治经济实力相对下降，主导世界的能力显得力不从心。苏联解体、东欧剧变之后形成的资本主义"历史终结"的神话破灭，"狂飙突进"的资本主义在全球发展的进攻势头发生逆转。以中国为代表的世界社会主义和以美国、西欧国家为代表的世界资本主义之间的力量对比和关系格局发生了重大变化。这次较量，虽然"资强社弱"的总体格局没有根本改变，但是资本主义在竞争中明显处于守势，以中国为代表的世界社会主义力量明显上升。这次危机标志着两大社会制度的竞争、世界历史的发展都进入一个新的历史时期，具有新的态势和新的格局。

可以这样概括21世纪初世界资本主义与世界社会主义力量对比的新格局：世界资本主义在其发展的长周期中开始进入了一轮规模较大的衰退期，而世界社会主义虽然总体上仍然处于苏联解体、东欧剧变之后的低潮期，但以中国特色社会主义发展取得的巨大成就为主要依托和标志，开始进入了世界社会主义发展长周期的上升期。比较而言，从20世纪30年代危机算起到21世纪初的危机近70多年的时间里，世界资本主义经历了由衰而盛再走下坡路的过程，世界社会主义经历了由盛转衰再到上升的过程。而从苏联解体、东欧剧变算起也就 25 年的时间，历史的"魔术手"让人们经历了出其不意的奇迹翻转。这种境况，使历史规律发生作用的必然性与偶然性都有了一次最生动、最充分的现实检验。同时，在这个发展过程中"历史之手"给我们的一个最大惊喜，就是在"神奇翻转"中打开了中国特色社会主义这个"看得见风景的房间"。正如习近平指出的："特别是苏联解体、东欧剧变以后，唱衰中国的舆论在国际上不绝于耳，各式各样的'中国崩溃论'从来没有中断过。但是，中国非但没有崩溃，反而综合国力与日俱增，人民生活水平不断提高，'风景这边独好'。"①

总之，对于 21 世纪初世界社会主义发展的新趋势和新走向，可以概括为四句话，即"四期并呈"：一是世界范围内反对和变革资本主义运动的集中开展期；二是各具特色社会主义的民族化趋势与加强协调联合的国际化趋势的并存发展期；三是中国特色社会主义成为世界社会主义的旗帜且引领示范作用的上升期；四是处于新一轮衰退期的世界资本主义与处于新一轮上升期的世界社会主义之间的竞争与博弈更趋激烈期。在这种新格局和新走向的历史背景下，世界社会主义发展面临着新情况、新问题，因而也呈现出新趋势、新走向，这直接关系到 21 世纪上半叶世界社会主义发展的前途命运。

近 30 年来，世界社会主义运动经历了从苏联解体、东欧剧变步入低谷到 21 世纪初谋求振兴的过程。在每个重要的历史节点，中国特色社会主义都对世界社会主义的发展发挥了至关重要的历史转折性作用，成为世界社会主义运动的主心骨、风向标和根据地。总的来看，有三个历史节点非常重要：苏联解体、东欧剧变、资本

---

① 习近平：《关于坚持和发展中国特色社会主义的几个问题》，《十八大以来重要文献选编》（上），中央文献出版社 2014 年版，第 109—110 页。

主义危机和全球化发生波折。

第一个历史节点：20世纪80年代末90年代初，苏联解体、苏共垮台、东欧剧变，"社会主义失败论""历史终结论"一度甚嚣尘上，"中国崩溃论"在国际上不绝于耳。然而中国顶住了巨大压力和挑战，没有在那场"多米诺骨牌"式的剧变中倒塌。正如邓小平同志讲的："只要中国社会主义不倒，社会主义在世界将始终站得住。"① 中国捍卫和挽救了社会主义。

第二个历史节点：21世纪初由国际金融危机引发的整个资本主义危机。这场危机距苏联解体、东欧剧变也就不到20年，从苏联解体、东欧剧变引发的所谓"社会主义危机"和"历史的终结"，在较短的时间内却变为"资本主义危机"和"资本主义的终结"。同时，在这个发展过程中，中国特色社会主义取得的巨大成就，不仅把社会主义旗帜在世界上举住了、举稳了，而且把社会主义的发展推向一个崭新阶段。中国发展和振兴了社会主义。

第三个历史节点：21世纪过了15年后，以英美等主要西方国家发生的逆全球化潮流为转折，表明资本主义对整个世界的驾驭和统治能力显著下降，显得力不从心；中国则高扬起继续推进全球化的旗帜，并推动全球化朝着公平、合理的方向发展。正如习近平同志指出的："20年前甚至15年前，经济全球化的主要推手是美国等西方国家，今天反而是我们被认为是世界上推动贸易和投资自由化便利化的最大旗手，积极主动同西方国家形形色色的保护主义作斗争。"② 可以说，这是由长期以来资本主义主导的全球化开始向由社会主义主导的全球化方向转变。这对于世界社会主义发展来说也具有重要转折性意义。就是这个关键的历史时期，中国特色社会主

---

① 《邓小平文选》第3卷，人民出版社1993年版，第346页。
② 《习近平谈治国理政》第2卷，外文出版社2017年版，第212页。

义进入新时代，意味着科学社会主义在 21 世纪的中国焕发出强大生机活力。中国特色社会主义成为 21 世纪世界社会主义发展的引领旗帜，成为世界社会主义走向振兴的中流砥柱，必将为世界社会主义和科学社会主义新发展作出更大贡献。中国引领和塑造 21 世纪社会主义。

习近平同志在纪念马克思诞辰 200 周年大会上的讲话中指出，可以告慰马克思的是，马克思主义指引中国成功走上了全面建设社会主义现代化强国的康庄大道，中国共产党人作为马克思主义的忠诚信奉者、坚定实践者，正在为坚持和发展马克思主义而执着努力。中国特色社会主义经过长期发展进入新时代，推动科学社会主义进入新的发展阶段。列宁曾说，共产党人"如果不愿落后于实际生活，就应当在各方面把这门科学推向前进"①。新时代，中国共产党人在理论、实践、制度等各方面极大地推进科学社会主义新发展。正如习近平总书记指出的："科学社会主义在中国的成功，对马克思主义、科学社会主义的意义，对世界社会主义的意义，是十分重大的。"② 新时代中国特色社会主义，使科学社会主义在 21 世纪焕发出强大生机活力，让马克思主义放射出更加灿烂的真理光芒。

---

① 《列宁专题文集·论马克思主义》，人民出版社 2009 年版，第 96 页。
② 习近平：《以时不我待只争朝夕的精神投入工作　开创新时代中国特色社会主义事业新局面》，《人民日报》2018 年 1 月 6 日第 1 版。

共产国际的历史价值及其
精神的时代价值

——写在共产国际成立 100 周年之际

刘新刚　程恩富

2019 年是共产国际成立 100 周年。在其存续的 24 年中，为世界共产主义事业和民族国家的解放事业作出了不可磨灭的历史贡献。近几十年来，由于苏联解体和西方舆论的误导，共产国际的历史价值及其精神的时代价值被低估甚至歪曲，而霸权主义和新自由主义思潮给人类带来的问题越来越多，经济危机频发和贫富分化所引发的国际经济政治军事摩擦和冲突日益加剧，整个世界面临"百年未有之大变局"。在这一大变局中，人类应该再次驻足思考历史上的伟大事件，以实事求是的态度真实还原其历史价值。同时，推动社会革命、实现中华民族伟大复兴、构建人类命运共同体以及促进世界社会主义的发展，都需要精神文化的滋养和提振，而在这些领域，共产国际所蕴含的精神价值无疑是丰厚而深刻的。有鉴于此，我们需要深寻和阐发共产国际的历史价值及其精神的时代价值。

一　共产国际的历史价值

自从资本主义来到人间，其在给人类带来一定文明面的同时，也在更大程度上展示了其野蛮的一面。"一战"和"二战"是资本主义野蛮面集中展示的时期。在这一时期，各国进步人士如何进行有国际性组织的斗争，从而促进民族解放和世界社会主义发展，便成为最紧迫的问题。正是为了解决这一问题，共产国际在1919年应运而生，期间尽管有失误，甚至是较大的错误，但有了共产党的国际联盟这一重要组织形式，就使全世界共产党人能够有效联合起来，共同拿起马克思主义这一理论武器，在思想、政治、经济和军事等领域进行革命性斗争，并形成重要的历史影响。

1. 共产国际在思想领域的历史价值

从"一战"到"二战"时期，"种族主义""沙文主义""优生学"等具有社会达尔文主义色彩的思想泛滥，并被帝国主义国家所利用，从某种程度上形成了对弱小民族国家的思想殖民。"种族优劣说"这种极端的学说更是被法西斯主义所利用，为其发动对外侵略提供合理性。以列宁为代表的马克思主义者自觉运用马克思主义世界观和方法论，对当时主要经济社会问题展开了系统而深入的研究，一方面阐明帝国主义并非不可战胜的观点，为破除"种族优劣说"对弱小民族国家的思想禁锢提供了有力的思想武器；另一方面总结俄国在"十月革命"等活动中形成的经验，对其他民族和国家如何求得自身解放提供了现实参照。但是，在帝国主义国家的阻挠下，这一先进思想在世界各国的传播并不顺畅。对此，共产国际通过编写文献资料、建立宣传平台和培养理论人才的方式传播思想，打破了思想理论层面的禁锢和封锁。

第一，编辑和出版列宁、布哈林、斯大林等人关于帝国主义的理论著作，为世界各国获得先进思想提供文献基础。列宁、布哈林、斯大林等马克思主义者自觉运用马克思主义世界观和方法论观察时代问题，形成《帝国主义是资本主义的最后阶段》《世界经济和帝国主义》《马克思主义和民族问题》等理论著作。为传播这些著作，共产国际的"宣传鼓动部"设立"新闻出版处"，"负责组织各种马列主义理论教科书和其他理论著作的编写和出版工作"。①在这一部门的努力下，这些重要著作和教材被出版并传播开来，为各国进步力量掌握马克思列宁主义思想提供了丰厚的文献基础。

第二，直接创办和协助创办各种报纸杂志，为传播马克思列宁主义思想构建重要平台。报纸杂志是宣传马克思列宁主义的主要媒体，共产国际直接创立或者协助各国共产党创立报纸杂志，形成以《共产国际》和《国际新闻通讯》为主，囊括《真理报》《共产党人》《共产国际执行委员会公报》等重要报纸杂志的宣传平台。这些报纸杂志是重要的思想传播平台，共产国际总书记季米特洛夫就在《真理报》发表了《保加利亚向何处去？》《保加利亚的危机》两篇关于保加利亚问题的重要研判性文章。②并且，共产国际加强与世界各国的报纸杂志的合作，注重将其改造为宣传共产主义思想的平台。典型的是共产国际和《新青年》的合作。共产国际一方面为其提供经费，另一方面将其改造为中国共产党的第一份党刊，"列宁的著作《过渡时代的经济》、《民族的自决》"③等借助这一渠

---

① 夏道源：《共产国际的组织机构概况》，《国际共运史研究资料》1982年第2期。
② 在这两篇文章中，季米特洛夫指出，保加利亚"摆脱危机的真正出路"是："执行真正的保加利亚本民族的政策……不再作德国的附庸"，并团结到"祖国阵线"中来。而且，从实际情况来看，"实现这一点完全是现实的、可能的"。[保]维·哈吉尼科洛夫等：《季米特洛夫传》，余志和、马细谱译，人民出版社1982年版，第175页。
③ 曾银慧、田子渝：《列宁主义在中国早期传播之研究》，《晋阳学刊》2016年第1期。

道传入中国。

第三，为世界各国共产党培养了大批熟悉马列主义的人才，带动各国共产党的思想理论建设工作。在共产国际的帮助和支持下，莫斯科东方劳动者共产主义大学、列宁学院为东方国家民族解放事业培养了大批人才。莫斯科东方劳动者共产主义大学将学员按照国籍分成"中国班、日本班、印尼班、伊朗班、土耳其班、蒙古班和朝鲜班"①，越南共产党领导人胡志明、朝鲜劳动党创立人之一金镕范等曾在这里进修。陈云、李维汉、滕代远等曾在列宁学院学习马克思主义经济、政治、文化等方面的理论。

共产国际在当时的历史背景下，为弱小民族国家抵抗压迫并实现解放送去了关键的思想理论支持，对世界人民取得反法西斯战争的胜利和民族的解放产生了重要而积极的影响。

2. 共产国际在政治领域的历史价值

共产国际在政治领域的历史价值，主要体现为推动各国共产党的建立和发展，以及推动世界反法西斯统一战线的形成。

第一，"一战"后到"二战"时期，共产党人的第一个重要政治任务，就是利用资本主义体系出现重大问题的时机，运用好共产国际这一重要机构的力量，帮助尽可能多的国家建立共产党并指导其逐渐成长和成熟，从而为世界各国的民族解放和建立社会主义制度提供了政治基础。共产国际成立之初，世界各国尤其是落后国家，要么没有共产党、要么共产党在政治上还不够强大。共产国际顺应时代潮流，变"一战"和"二战"导致各国混乱的坏事为好事，抓住人类历史上社会主义发展的重大机遇，推动各国共产党的建立和发展。其一，帮助各国建立共产党，从而为各国民族解放和

---

① 黄纪莲：《莫斯科东方大学和中山大学》，《黑龙江社会科学》1997年第5期。

社会主义事业提供了组织基础。如 1920 年印度成立共产党，1922 年日本成立共产党。其二，在各国共产党刚刚组建尚还不太成熟的时期，为各国共产党领导苏区和制定相关政策方面给予了极大的支持和重要的指导。比如在中国苏区建立过程中，共产国际就曾派代表"亲自指导并参与对中国苏维埃政权的政权组织体系、运作模式等的设计，并参照苏联法律文本，起草宪法大纲等诸多重要文件"①。其三，随着各国共产党在政治上的成熟，共产国际对各国共产党逐步减少政策的指导，为其自主成长提供空间。通过这一工作，孕育和发展了共产党组织及相关苏区，将人类科学社会主义的实践推到了一个新高度。

第二，共产国际第二个重要的政治贡献，就是积极推动世界反法西斯统一战线的形成。共产国际诞生于第一次世界大战结束之后，而第一次世界大战不但没有彻底解决帝国主义之间的矛盾，相反，战后所确立的凡尔赛—华盛顿体系，在某种程度上加剧了帝国主义国家之间的矛盾。随着这种矛盾的加剧，资本主义国家内部出现了两种不同的解决方案：以美国为代表的一些资本主义国家试图凭借"罗斯福新政"等内部改革措施渡过这场危机。以德国、日本、意大利为代表的资本主义国家则走上了法西斯主义道路。由于西方主要资本主义国家实行的"绥靖政策"，导致法西斯国家的势力迅速扩张。故此，世界范围内主要矛盾由帝国主义与弱小民族国家的矛盾，转化为法西斯国家与反法西斯国家的矛盾。如果世界各国不及时联合就会被法西斯国家逐个击破，从而使全世界人民处于被奴役之中。而只有世界各国及时联合起来，建立反法西斯联盟，才能避免被逐个击破。而共产国际在其中做了大量的功不可没的

---

① 耿显家：《21 世纪以来共产国际与中国苏维埃政权建设关系研究述评》，《中州学刊》2017 年第 3 期。

工作。

共产国际在政治上对反法西斯事业所作的贡献主要分为两个层次：一是团结各国进步政党以及团结弱小民族国家。二是团结非法西斯的资本主义阵营。"在共产国际积极筹备下，于1936年9月在布鲁塞尔召开世界和平代表大会，不仅有工人组织的代表，而且有各种资产阶级民主派、和平主义者、宗教和资产阶级反战集团的参加。"[①] 这就意味着，在法西斯国家与其他国家的矛盾成为世界的主要矛盾之后，共产国际在政治上及时做出了转变，与资本主义摒弃前嫌，从而推进了最广泛意义上的世界反法西斯阵营的形成。甚至，为了更好地确立世界反法西斯统一战线，共产国际作出解散的战略调整。当然，这种解散并不意味着马克思主义或者共产国际的失败。关于这一问题，在本文第三部分将详细考察。

3. 共产国际在经济领域的历史价值

在帝国主义时期，资本主义国家经济上出现了垄断的趋势，"资本家成立了辛迪加、卡特尔、托拉斯一类的强大联合组织，以代替无数分散的、互相竞争的企业主；银行资本同工业资本勾结起来；整个经济生活都处在资本主义金融寡头支配之下"[②]；资本主义国家这种垄断格局也逐渐开始向全球蔓延，"从资本主义势力的中心直到殖民地世界的最偏僻角落，帝国主义到处都在迫使各国广大无产者群众屈服于金融资本寡头的独裁统治"[③]。弱小民族国家既难以抵御帝国主义对国家主权领土的侵犯，更无力与帝国主义列强的金融寡头展开竞争。有鉴于此，共产国际在经济领域的工作及其历史价值主要体现为以下两点。

---

① 房广顺：《列宁与共产国际反法西斯统一战线策略》，《东欧中亚研究》1999年第5期。
② 戴隆斌主编：《共产国际第一次代表大会文献》，中央编译出版社2012年版，第241页。
③ 戴隆斌主编：《共产国际第六次代表大会文献（4）》，中央编译出版社2013年版，第263页。

第一，为世界各国革命事业提供了强有力的资金支持。对于弱小民族国家的共产党建立和发展，共产国际提供了可观的财政支持。"从1921年到1931年抗战爆发的十年间，苏联通过共产国际向中共中央提供208万8600中国元的财政援助，这对于中国共产党的发展具有重要作用。"① 帝国主义国家的共产党，其活动受到政府的监控与打压，生存环境险恶且肩负着重要使命，共产国际同样不遗余力地给予其资金支援。在"1919和1920年，为支持美国的共产主义运动，共产国际以黄金、珠宝等形式资助了总值为2728000卢布的四笔资金……保守地估计，在整个20年代共产国际的资助'至少占到美共预算的三分之一，在一些年份超过一半甚至三分之二'"②。根据各国无产阶级政党具体的发展需求和革命任务，共产国际制定了不同的规划并提供了较为稳定的资金援助，为世界各国无产阶级政党的革命解放事业顺利推进奠定了必要的物质条件。

第二，对各国共产党领导经济建设提供了方法和思路方面的指导。各国共产党在成立之初往往经济建设经验不足，尤其面对帝国主义、封建主义等多种性质经济因素并存的夹缝中，如何建设经济更是缺乏方法和思路。我们知道，经济建设如果跟不上，共产党领导的苏区就很容易崩溃而无法维系。针对这一问题，共产国际对世界各国共产党都有切实的指导。以我国为例，面对苏区的经济发展，共产国际强调："苏维埃区域一切经济政策底（的）目的应该是：（一）保证顺利的没收地主的土地，与平分土地。（二）肃清一切封建的与封建行会的残余，并实行反对高利贷剥削的斗争。"③ 从中可以发现，共

---

① 张泽宇：《抗战时期苏联和共产国际对中共的财政援助》，《党史研究与教学》2011年第5期。
② 李海玉：《共产国际与美国共产党关系探究》，《当代世界社会主义问题》2018年第2期。
③ 中共中央党史研究室第一研究部编：《共产国际、联共（布）与中国革命档案资料丛书》第12卷，中央文献出版社2002年版，第302—303页。

产国际看到了解决土地和高利贷这些问题的关键,对于苏区经济发展是非常关键的。除此之外,共产国际认为"对于发行纸币的问题,则应该非常谨慎,应该尽可能的避免苏维埃货币之跌价"①,"有些苏维埃区域,很显明的需要组织有权利发行纸币的国家银行。国家银行可以而且应该帮助合作运动和一般提高农村经济的设施。对于当地的钱庄必须任命特别委员监督他的行动"②。这些建议对苏区的货币发行、币值稳定以及经济稳定,都具有重要价值。

4. 共产国际在军事领域的历史价值

在帝国主义甚至是法西斯主义盛行的时期,战争是民族矛盾和阶级矛盾激化的最高表现形式。当经济和政治手段已经无法再缓解国内外各种矛盾时,发动战争成为帝国主义国家转嫁和激化矛盾的唯一手段。因此,共产国际在军事领域的工作也具有重要的历史价值。

第一,为各国共产党提供军事思想和军事斗争方法方面的支持。比如,关于西班牙共产党的军事斗争,共产国际认为其"必须建立统一指挥的、具有严格军事纪律的、以强有力的政治工作作保证的共和国人民军,……在敌后组织游击运动和秘密工作"③,等等。共产国际对中国军事思想上的支持,长期以来我们一直关注其负面价值,这是不全面的。1933年共产国际以电报形式对中国共产党保卫苏区提供战略原则:"必须避免同敌人大股部队发生对我不利的冲突,要运用诱敌深入、各个击破、瓦解敌军和消耗敌人的战术,还要尽量利用游击斗争方法。"④ 同时,共产国际也考虑到稳定

---

① 中共中央党史研究室第一研究部编:《共产国际、联共(布)与中国革命档案资料丛书》第12卷,中央文献出版社2002年版,第305页。
② 同上。
③ 杨彦君:《西班牙战争与共产国际》,《国际共运史研究》1987年第1期。
④ 中共中央党史研究室第一研究部编:《共产国际、联共(布)与中国革命档案资料丛书》第16卷,中共党史出版社2007年版,第555页。

苏区内部的必要性，在该份电报里也提到"要争取攻占苏区内成为反动巢穴的中心城市，从内部开展行动"，并"采取包围战术，以瓦解敌人并将其赶出苏区"。①无论从历史还是当前角度来看，这些思想都是具有重要价值的，是对马克思主义军事思想的正确运用。可以说，毛泽东是坚持正确采用这些原则的，而当时共产国际派来的军事顾问却没有灵活地采用这些原则。

第二，为各国共产党提供军事物资和培养军事人才方面的支持。在共产国际的援助下，各国建立了反抗帝国主义和法西斯主义的武装力量，为各民族实现解放提供了军事保障。以中国为例，在军事物资方面，1937年在共产国际支持下苏军代表安德利阿诺夫将"6挺带高射瞄准器和6万发子弹的马克沁重机枪及10挺带2万发子弹的捷格加寥夫轻机枪成功运抵延安"②，这对于当时的中国共产党可谓雪中送炭。共产国际不仅提供武器上的支持，同时也考虑到战争中伤员的救治工作并给予了最大支持。1940年共产国际"通过苏联红十字会和红新月会系统在中国西北省份——陕西、甘肃、新疆建两所约200—400张床位的定点医院和在乌鲁木齐建一所150—200张床位的临床疗养型医院"③。共产国际领导和协助相关机构培养了大量优秀的军事人才。1933年莫斯科东方劳动者共产主义大学开设满洲班，为中国抗日战争培养军事人才④，李兆麟、魏拯民、陈龙等中共重要军事人才毕业于此。由于派遣干部前往苏联

---

① 《共产国际、联共（布）与中国革命档案资料丛书》第13卷，中共中央党史研究室第一研究部译，中共党史出版社2007年版，第354页。
② 中国中共党史学会等编：《共产国际、联共（布）与中国革命研究新论》，中共党史出版社2015年版，第278页。
③ 《共产国际、联共（布）与中国革命档案资料丛书》第19卷，中共中央党史研究室第一研究部译，中共党史出版社2012年版，第5页。
④ 马晓华、张泽宇：《苏联和共产国际对中共的军事援助述论》，《社会科学战线》2013年第8期。

学习颇为不便，于是共产国际协助中国共产党"在乌鲁木齐成立了一所为八路军培养军事技术干部的军事学校"①，到1939年"有400多名学生在这所学校里学习"②。

二 共产国际精神的时代价值

上文，我们通过史实论证与逻辑论证相统一的方法，阐释了共产国际在历史上的巨大价值。时过境迁，有人可能会认为，共产国际的历史价值确实是应该肯定的，但是在和平与发展为主题的今天，共产国际是没有任何价值的，甚至会认为在当今时代，我们对共产国际应该保持缄默。其实，这种认识是不可取的。共产国际的许多具体举措可能在当今时代已经不再适用，但是共产国际精神在当今时代是有巨大价值的。其缘由值得深入探讨。

1. 共产国际精神对于社会革命的时代价值

列宁指出：20世纪初是帝国主义和无产阶级革命的时代，但"每个时代都有而且总会有个别的、局部的、有时前进、有时后退的运动，都有而且总会有各种偏离运动的一般型式和一般速度的情形"③。1969年3月，毛泽东确认："列宁是帝国主义时代的马克思主义。现在还是帝国主义时代，无产阶级专政时代，没有变。"④ 1960年6月，邓小平在会见拉丁美洲12国兄弟党代表团的讲话中就提出："一切问题的关键在对时代的分析，这个问题在国际共产

---

① 《共产国际、联共（布）与中国革命档案资料丛书》第18卷，中共中央党史研究室第一研究部译，中共党史出版社2012年版，第287页。
② 同上。
③ 《列宁全集》第26卷，人民出版社1988年版，第143页。
④ 中共中央文献研究室编：《毛泽东年谱（1949—1976）》，中央文献出版社2013年版，第233页。

主义运动中有不同的解释，发生了列宁关于帝国主义是资本主义最高阶段这个论断合不合用的问题。我们的观点概括说，列宁的论断并没有过时，帝国主义的特征没有改变。"① 1990 年 3 月，邓小平又说："和平与发展两大问题，和平问题没有得到解决，发展问题更加严重。"② 2013 年 3 月，习近平在莫斯科国际关系学院的演讲中指出："这个世界，人类依然面临诸多难题和挑战，国际金融危机深层次影响继续显现，形形色色的保护主义明显升温，地区热点此起彼伏，霸权主义、强权政治和新干涉主义有所上升，军备竞争、恐怖主义、网络安全等传统安全威胁和非传统安全威胁相互交织，维护世界和平、促进共同发展依然任重道远。"③ 2017 年 9 月，习近平又明确指出："尽管我们所处的时代同马克思所处的时代相比发生了巨大而深刻的变化，但从世界社会主义 500 年的大视野来看，我们依然处在马克思主义所指明的历史时代。这是我们对马克思主义保持坚定信心、对社会主义保持必胜信念的科学依据。"④ 可见，当今历史时代和共产国际历史时代的基本性质相同，变化巨大而深刻，需要当今马克思主义者和共产党人解决的问题，既有相同之处，也有不同之处。

在这一大的历史时代，⑤ 全球垄断资本主义的内在对抗性矛盾

---

① 杨胜群、闫建琪主编：《邓小平年谱（1904—1974）》下册，中央文献出版社 2009 年版，第 1562 页。
② 《邓小平文选》第 3 卷，人民出版社 1994 年版，第 353 页。
③ 习近平：《顺应时代前进潮流　促进世界和平发展——在莫斯科国际关系学院的演讲》，《人民日报》2013 年 3 月 24 日第 2 版。
④ 《习近平谈治国理政》第 2 卷，外文出版社 2017 年版，第 66 页。
⑤ 学术界一般认为，时代一词的用法有多重含义，时代的性质与时代的问题或主题有不同的含义。参见王伟光《坚持运用马克思主义世界观方法论分析认识国际问题》，《哲学动态》2019 年第 2 期；李慎明《当今世界仍然处于金融帝国主义时代》，《毛泽东邓小平理论研究》2016 年第 8 期；姜辉《我们仍然处在马克思主义所指明的历史时代》，《马克思主义研究》2019 年第 1 期；程恩富、鲁保林、俞使超《论新帝国主义的五大特征和特性》，《马克思主义研究》2019 年第 5 期。

的演化都带来一系列问题。在共产国际时期，私人垄断资本逻辑带来了帝国主义和法西斯主义问题，并将全球带入战争状态，这是资本主义矛盾极为激化的结果。我们知道，共产国际存在于"一战"后至"二战"时期，帝国主义争夺殖民地性质的"一战"结束后，各方角力形成的"凡尔赛—华盛顿体系"并没有解决帝国主义内部矛盾，这一矛盾进一步发育和激化，最终导致"二战"爆发。进一步追索，不难发现，这段历史的核心矛盾，是资本逻辑运演到帝国主义阶段的集中体现。私人垄断资本逻辑就是无休止地追逐利润，其基本矛盾之一就是生产无限扩张和人民消费相对不足的矛盾。以庞大垄断组织和国家机器为基础的帝国主义，为了追逐更高的利润，在全球不择手段抢夺原料产地和商品倾销市场的行为。帝国主义对殖民地展开了疯狂的、愈演愈烈的掠夺，导致弱小民族国家生存发展环境急剧恶化；帝国主义国家之间由于分赃不均矛盾重重，国际关系普遍恶化，军国主义、法西斯主义、殖民主义不断滋长；帝国主义国家强势输出资本主义制度和思想文化，拉拢其他国家反对社会主义，社会主义苏联被包围和绞杀、人类社会主义事业中断的危险不断加大。共产国际正是以解决这些矛盾为主要历史使命而产生的。

现时期，与共产国际时期有惊人的相似之处。在国际金融垄断资本的推动下，不亚于帝国主义坚船利炮的新自由主义经济学，在20世纪70年代末登陆全球，并迅速对世界发展产生了巨大影响。这一理论鼓吹土地私有化、国企私有化、金融非主权化，认为自由放任能实现各经济领域的一般均衡，从而实现整个社会总剩余最大，达到效率最大的状态。由于不同程度地采用这一主张，全球很多国家都出现经济的过度金融化、金融的过度虚拟化等问题。尤其是苏联东欧社会主义国家的剧变和瓦解，形成以美国为代表的新帝国主义，① 其行径使经济危机频发、贫富差距拉大、全球经济发展受损、"颜色革命"不断、无端经济制裁横行，军事挑衅威胁和局部战争风险加大，社会主义中国等受到霸权主义和霸凌主义的挑战和遏制，人类面临百年未有之大变局。

因此，这两个时期有很多相似之处，当然也有不同之处。最大不同之处就是，和平和发展已成为势不可挡的主题和主流，现时期私人垄断资本逻辑的矛盾还没有发展到发动世界大战的阶段。现时期虽然没有面临民族解放、世界反法西斯统一战线和社会主义国家不断产生的重大机遇等问题，但面临各国经济需要包容的不断现代化、世界经济需要公正的不断全球化、国际政治需要平等的不断民主化、各国文化需要互鉴的不断交流化、全球军事需要均衡的不断自控化，以及推动共商共建共享的世界格局的形成、社会主义复兴发展的较好机遇等问题。这两个时期的相同之处决定了共产国际问题在当今不应该被漠视，而不同之处决定了我们不能完全照搬共产国际的方式方法。不过，要完成历史赋予的时代使命，这两个时期的马克思主义者和共产党人需要很多相同的革命精神和气质，"大力弘扬将革命进行到底精神"②，这就决定了共产国际的革命精神在当今时代具有重大价值。正如习近平总书记所强调的，"新时代中国特色社会主义是我们党领导人民进行伟大社会革命的成果，也是我们党领导人民进行伟大社会革命的继续，必须一以贯之进行下去"，"不忘初心，牢记使命，就不要忘记我们是共产党人，我们是

---

① 关于新帝国主义，参见〔美〕大卫·哈维《新帝国主义》，社会科学文献出版社2009年版；程恩富、鲁保林、俞使超《论新帝国主义的五大特征和特性》，《马克思主义研究》2019年第5期；吴庆军《论美国新帝国主义"新时期"的本质特征》，《海派经济学》2019年第2期。
② 习近平：《在全国政协新年茶话会上的讲话》，《人民日报》2016年12月31日第2版。

革命者，不要丧失了革命精神"。①

2. 共产国际精神对于民族复兴的时代价值

共产国际支持下各国共产党在极端恶劣条件下领导完成其民族解放的担当精神，而在今日各发展中国家尤其是中国，集中体现为对民族复兴重任的担当精神。共产国际的重大历史贡献，除了推动无产阶级解放和人类解放以外，还包括推动弱小民族国家的独立和解放。共产国际时期，帝国主义依托强大经济力量和军事力量，加上资本主义文化价值的输出，使得弱小民族国家经济上命脉丧失，政治上被动依附，文化上奴性滋长，弱小民族国家的独立和解放面临主观和客观多方面的困难。在这种艰巨的情况下，共产国际通过传播马克思列宁主义，指出帝国主义的内在对抗性矛盾及其必然灭亡的历史前途，组织和联合弱小民族国家反抗列强的殖民主义压迫侵略，并对弱小民族和殖民地国家无私地进行思想、政治、经济和军事等方面的动员和帮助，大大改善了当时被压迫民族的生存境遇，为全球被压迫民族解放浪潮的形成提供了有力支持。这凸显了共产国际在十分困难的条件下，竭力号召和帮助被压迫民族和阶级奋起反抗，推动弱小民族国家独立和解放进程的伟大精神。

当前，随着国际和社会历史条件的转变，民族解放任务转化为民族复兴和实现现代化的任务。中华民族在中国共产党的领导下经历了从独立站起来、到持续富强起来的奋斗过程。当前，在社会主义市场经济的环境下，我们既要面对资本逻辑运行在各个具体领域、不同层面造成的错综复杂的经济建设问题，还要面对惟市场化观念浸透造成的精神腐化和懈怠的风险，因而积极培育和焕发民族复兴的担当精神，是我们抓住历史机遇和时代特点，推进中华民族

---

① 习近平：《以时不我待只争朝夕的精神投入工作 开创新时代中国特色社会主义事业新局面》，《人民日报》2018年1月6日第1版。

伟大复兴的关键环节。"我们应该志存高远、敢于担当，着眼本国和世界，着眼全局和长远，自觉担负起时代使命。"① 具体来说，这种担当精神在民族复兴中体现在多个层面。比如在经济层面，这种担当精神体现为努力推动基于新发展理念的现代化经济体系的建设，高质量地发展国民经济和科学技术，需要转换发展新动能，实施供给侧结构性改革，需要金融担当服务实体经济的重任等。这种担当精神，要求我们能够认清和驾驭资本逻辑，而不是被资本逻辑所绑架，在某种程度上克制私利心，为实现国家整体经济发展目标服务。在政治层面，这种担当精神体现为自觉以人民为中心，真正弄清楚中国特色社会主义政治道路背后的深刻学理基础，在实践上探索出切实可行的实现和维护广大人民政治权利的政治发展道路。其中，广大党员干部起着尤为关键的作用，如同习近平总书记强调的："干事创业敢担当，重点是教育引导广大党员干部以强烈的政治责任感和历史使命感，保持只争朝夕、奋发有为的奋斗姿态和越是艰险越向前的斗争精神，以钉钉子精神抓工作落实，努力创造经得起实践、人民、历史检验的实绩。"②

共产国际富含的民族解放的担当精神，值得我们进一步彰显，需要发掘和利用好共产国际背景下各国共产党领导本国人民实现民族解放所形成的精神文化资源。其中有不少课题值得我们关注，比如共产国际背景下各国共产党领导实现本国民族解放历史文献整理研究；共产国际背景下各国共产党领导实现本国民族解放所形成的精神文化资源凝练研究；共产国际背景下各国共产党领导实现本国民族解放所形成精神文化资源在各国民族复兴实践中的创造性转化

---

① 习近平：《携手建设更加美好的世界——习近平在中国共产党与世界政党高层对话会上的主旨讲话》，《人民日报》2017年12月2日第2版。
② 《习近平在"不忘初心、牢记使命"主题教育工作会议上强调——守初心担使命找差距抓落实　确保主题教育取得扎扎实实的成效》，《人民日报》2019年6月1日第1版。

和创新性发展研究等。

3. 共产国际精神对于构建人类命运共同体的时代价值

共产国际所彰显的国际主义精神在当代集中体现为超越狭隘民族主义、超越短期经济利益的坦诚协商、开放合作、包容发展的精神，这对于推动构建人类命运共同体具有巨大时代精神价值。共产国际时期，由于资本主义矛盾的集中发育和剧烈输出，无论是帝国主义对落后民族的单方面侵略，还是帝国主义内部的利益争夺，都愈演愈烈，国际关系普遍恶化，极端民族主义情绪高涨，这为军国主义和法西斯主义提供了温床。而共产国际从设立之初就不是为了单个民族、单个国家的利益，而是以推动世界各民族共同发展、推动人类解放和共产主义事业为宗旨。因此，共产国际能够不畏艰难地广泛团结帮助弱小民族国家，能够抛开国家和制度差异帮助资本主义国家共产党组织的建立发展，甚至能够为了全人类共同利益而解散，从而推动世界反法西斯联盟成立。可以说，共产国际着眼人类社会主义整体事业和共同命运在国际范围内建立组织、开展活动，缓解狭隘利益争夺、侵略压迫盛行、国际关系恶化的矛盾，成为广泛联结国际社会的重要纽带，为之后国际反法西斯同盟成立奠定了基础，彰显了国际主义精神。共产国际的这种国际主义精神，在相当程度上就是克制单个民族和国家的私利，维护全人类共同、长远利益的精神。

同样，霸权主义和新自由主义在全球流行几十年，已经引发了贫富差距拉大、经贸危机频发、生态环境恶化、价值观念紊乱，且演化出贸易、金融、科技等领域摩擦以及局部的战争和动乱，使得国际关系民主化发展迟滞、关乎人类利益的经济全球化进程受阻、战争威胁和局部战争不断。习近平总书记概括得好："一方面，物质财富不断积累，科技进步日新月异，人类文明发展到历史最高水平。另一方面，地区冲突频繁发生，恐怖主义、难民潮等全球性挑战此起彼伏，贫困、失业、收入差距拉大，世界面临的不确定性上升。"① 进一步分析不难发现，当前全球性问题，其实是由于国际垄断资本在利己主义的推动下，利用自己的金融优势和知识产权优势占据了国际分工链条中的大部分附加值，发展中国家虽然付出了劳动力的成本、环境的成本，却只得到了其中的一小部分，而"美国利益第一"等新帝国主义行径又使得逆全球化潮流出现，加剧了战争的风险。倘若共产国际的国际主义精神在当代进行创造性转化和创新性发展，便可以发挥巨大价值，而人类命运共同体理念正是这种精神在当代的鲜活体现。面对诸多国际性问题，习近平总书记说："世界怎么了、我们怎么办？"② 他认为中国应该有所作为，而且能够有所作为。全球面临百年未有之大变局，针对这一大变局，以习近平同志为核心的党中央提出了"构建人类命运共同体"这一解答方案。"世界各国尽管有这样那样的分歧矛盾，也免不了产生这样那样的磕磕碰碰，但世界各国人民都生活在同一片蓝天下、拥有同一个家园，应该是一家人。世界各国人民应该秉持'天下一家'理念，张开怀抱，彼此理解，求同存异，共同为构建人类命运共同体而努力。"③ 要推动构建人类命运共同体，需要我们将国际主义精神进一步转化和发扬。当今世界的一个重要特点，是以市场为主要资源配置方式和连接方式的社会主义国家和资本主义国家共同发展和盈利的阶段。但新自由主义和新帝国主义的理念与政策会带

---

① 习近平：《共担时代责任 共促全球发展——习近平在世界经济论坛 2017 年年会开幕式上的主旨演讲》，《人民日报》2017 年 1 月 18 日第 3 版。

② 习近平：《共同构建人类命运共同体——在联合国日内瓦总部的演讲》，《人民日报》2017 年 1 月 20 日第 2 版。

③ 习近平：《携手建设更加美好的世界——习近平在中国共产党与世界政党高层对话会上的主旨讲话》，《人民日报》2017 年 12 月 2 日第 2 版。

来的系列国际经济关系上的矛盾性问题，比如全球产业链的畸形分工、全球生态环境状况的恶化、全球发展的不平衡、全球人民生活水平的悬殊等问题。要解决这些问题，就需要我们弘扬超越狭隘民族主义、超越文明隔阂和文明冲突的坦诚协商、开放合作、包容发展的精神，基于共商共建共享共赢的理念，来推动构建新型的全球交往格局。

共产国际所彰显的国际主义精神包含丰富的支持"人类命运共同体"的精神文化资源，值得我们去展开科学研究。其中包括：承载共产国际的国际主义精神的历史资料的整理研究；共产国际国际主义精神具体凝练和细化研究；共产国际国际主义精神在全球推动构建"人类命运共同体"时代的创造性转化和创新性发展研究等。

4. 共产国际精神对于社会主义事业发展的时代价值

共产国际为推动世界社会主义事业的探索精神，可以为当今社会主义事业的发展兴旺提供精神动力和指引。共产国际在帝国主义强势和国际形势变化多端的情况下，探索差异化的工作方式方法，保存和发展进步力量。例如，在帝国主义强势和疯狂破坏共产党组织之时，共产国际恰当地提出保存力量、隐蔽发展的策略，减少了社会主义事业的损失；在一些国家的共产党组织发育和成熟起来的时候，加大这些共产党组织的自主权，使他们能够结合自己国家的具体情况具体地处理各种问题；等等。可以说，尽管共产国际在探索中有一定的失误，但其对具体问题具体分析这一活的马克思主义灵魂的运用，缓解了资本主义全球蔓延、社会主义覆灭和中断的危险，播撒社会主义火种，突破帝国主义的包围和绞杀，形成和弘扬了宝贵的探索精神。

当今社会主义事业面临的情况更加复杂，局势更加多变，这种具体问题具体分析的探索精神尤其宝贵。诚然，现阶段社会主义事业所面临的任务和共产国际时期社会主义事业所面临的任务有重要差别。共产国际时期所面临的问题是帝国主义对弱小民族国家的殖民和暴力统治，演化到最后主要任务是联合一切力量对抗法西斯这种极端的帝国主义对于世界发展的威胁。当时的主要任务是成立世界共产党组织的联合体，在推动反对帝国主义战争掠夺的过程中逐渐完成民族独立和解放，以及无产阶级政党夺取政权，并支持苏联社会主义的发展。现阶段社会主义事业所面临的问题是新帝国主义和新自由主义盛行，世界社会主义事业受到重大挫折而处于低潮，但中国特色社会主义建设取得重大发展。在整个世界社会主义低潮期，中国共产党带领全国人民建设走中国特色社会主义道路，对社会主义道路、理论、制度和文化进行了积极探索，发展了社会主义理论和实践。党的十八大以来，习近平总书记多次强调要坚持共产主义远大理想和中国特色社会主义共同理想。随着中国建设社会主义现代化强国的新征程，中国日益走近世界舞台的中央，社会主义事业迎来发展的契机，因而当前的主要问题是联合一切进步力量，实现各发展中国家独立自主的现代化，实现各国在共同构建人类命运共同体基础上的文明化，实现"一球两制"社会主义与资本主义共存中的社会主义全球化。在这一过程中，包括中国在内的世界社会主义事业自然会得到发展，并逐渐走入高潮。对于中国来说，一方面，作为世界社会主义中坚力量，首先要牢抓党的建设，"深刻认识党面临的精神懈怠危险、能力不足危险、脱离群众危险、消极腐败危险的尖锐性和严峻性"[1]，教育广大党员干部发扬自我革命精神，提升思想觉悟，坚定政治立场，提升中国共产党的先进性、纯

---

[1] 习近平：《决胜全面建成小康社会　夺取新时代中国特色社会主义伟大胜利——在中国共产党第十九次全国代表大会上的报告》，人民出版社2017年版，第61页。

洁性，使之成为中国社会主义事业的核心领导力量和人类共产主义事业的强大推动力量。另一方面，我们还要积极联合其他进步的力量和政党，正如习近平总书记谈道的："不同国家的政党应该增进互信、加强沟通、密切协作，探索在新型国际关系的基础上建立求同存异、相互尊重、互学互鉴的新型政党关系，搭建多种形式、多种层次的国际政党交流合作网络，汇聚构建人类命运共同体的强大力量。"① 通过中国共产党的自我革命式的锤炼发展，以及我们同进步组织和政党的广泛交流联合，为人类社会主义事业的发展壮大积蓄力量，加快全人类解放的步伐。

可见，共产国际所彰显的社会主义事业的探索精神，值得我们深化研究。其中包括：共产国际推动社会主义发展的历史资料整理研究；共产国际推动社会主义事业发展过程中所形成的精神文化的凝练和细化研究；共产国际推动社会主义事业发展过程中所形成的精神文化在当前世界社会主义发展中的创造性转化和创新性发展研究等。

综上所述，共产国际的多种精神是具有时代价值的。这与2018年《中华人民共和国宪法》提出"国际主义教育""为维护世界和平和促进人类进步事业而努力"的对外交往精神，也是吻合的。《中华人民共和国宪法》指出："国家……在人民中进行爱国主义、集体主义和国际主义、共产主义的教育"②，"中国革命、建设、改革的成就是同世界人民的支持分不开的。中国的前途是同世界的前途紧密地联系在一起的。中国坚持独立自主的对外政策，坚持互相尊重主权和领土完整、互不侵犯、互不干涉内政、平等互利、和平共处

---

① 习近平：《携手建设更加美好的世界——习近平在中国共产党与世界政党高层对话会上的主旨讲话》，《人民日报》2017年12月2日第2版。
② 《中华人民共和国宪法》，人民出版社2018年版，第106页。

的五项原则,坚持和平发展道路,坚持互利共赢开放战略,发展同各国的外交关系和经济、文化交流,推动构建人类命运共同体;坚持反对帝国主义、霸权主义、殖民主义,加强同世界各国人民的团结,支持被压迫民族和发展中国家争取和维护民族独立、发展民族经济的正义斗争,为维护世界和平和促进人类进步事业而努力"。①

三 需要重点澄清的三个问题

上文中,我们基于史料考证出共产国际的重大历史价值,并以当今世界的百年未有之大变局为时代视域,思考共产国际多种精神及其在现时期的创造性转化和创新性发展。我们知道,在过去几十年,由于全球范围内的新自由主义思潮和历史虚无主义思潮的影响,共产国际的历史价值和精神价值受到了巨大的冲击。我们在本文前两部分已经极大地对其历史价值和精神的时代价值进行了客观的考察,但是还有一些关键问题,必须对其进行正本清源式地单独廓清,才能很好地支持本文的基本观点。对这些核心问题的澄清,我们既采用历史考证的方法,又采用逻辑考证的方法,力求在历史与逻辑的统一处澄清问题。

1. 共产国际解散问题澄清

关于共产国际主动解散的原因,存在着一些有误的观点。比如有"外交利益说"的观点,认为"斯大林所以解散共产国际,完全是出于自身利益的考虑"②,"对斯大林……来说,共产国际是个累赘,……它是有损俄国的利益的"③;也有"轻易放弃说"

---

① 《中华人民共和国宪法》,人民出版社2018年版,第97页。
② 中国向东:《共产国际解散的根本原因》,http://bbs.tianya.cn/post-worldlook-661886-1.shtml。
③ [英]伊恩·格雷:《斯大林:历史人物》,新华出版社1981年版,第466页。

的观点，认为"共产国际的正式解散是对同盟国的廉价代价"①，"解散共产国际完全取决于斯大林的个人意志"②，是没有经过相关各方慎重考虑的。当然还有很多人持"革命失败说"的观点，直接把共产国际的解散和社会主义事业的"失败"画等号③。这些观点都是片面和错误的，是机械孤立视角下的主观臆断，是对历史的误读。运用马克思主义的矛盾分析方法分析共产国际的解散问题不难看出，共产国际的解散是当时的共产党人基于马克思主义的世界观和方法论，针对当时全球矛盾的转化所做出的具体问题具体分析的正确决策，是马克思主义理论在实践应用层面的重大推进和有效方案。

首先，共产国际的解散是当时的共产党人为建立更广泛的统一战线，以共同应对法西斯主义威胁而做出的战略抉择，而并非苏联的绝对意志导致。第一次世界大战后，共产国际在全球范围内帝国主义国家和被殖民国家、"压迫民族和被压迫民族"④之间存在着尖锐矛盾的时代背景下成立。之后，资本逻辑的继续运行，引起全球经济危机深度爆发，催生了垄断资产阶级的法西斯主义，严重威胁着整个人类的生存与发展。针对这一问题，20世纪30年代以来，共产国际有针对性地进行了大量讨论。例如在第七次代表大会

---

① Sam Adams, "Stalin Dissolves the Comintern – The Climax of Nationalist Degeneration", https：//www.marxists.org/history/etol/writers/glotzer/1943/06/comintern.htm.

② 林晓光：《苏共中央国际部与苏联政府外交部的权力博弈与部门竞合，从共产国际的解散谈起》（http：//mini.eastday.com/mobile/180103201332394.html）。

③ 蒋介石本人就认为"共产主义精神和信用'必根本动摇，乃至完全丧失'，这（共产国际的解散）必将是'影响国内民心内政的一件大事'"，汪伪政府的一些观点认为"共产主义理论由于诸如'人性论'和'阶级斗争论'的错误，已经无法维持原有的主张，所以共产国际的解散'并非政策而系必然之事实'"。参见夏清《"民族"之辩：一九四三年共产国际解散后国、伪、共的三方叙事》，《中共党史研究》2017年第9期。

④ ［美］威廉·福斯特：《三个国际的历史》，李潞等译，生活·读书·新知三联书店1961年版，第345页。

（1935年）上，通过了《关于法西斯的进攻以及共产国际在争取工人阶级团结起来反对法西斯的斗争中的任务》[①]的报告。由于"法西斯强盗在法西斯阵营和反法西斯阵营各民族之间划分了深刻的鸿沟"[②]，为更好地团结反法西斯阵营中的资本主义国家，斯大林多次思考"共产国际在近期是否继续独立存在"[③]这一问题。1943年，为了使得反法西斯战争尽快结束，共产国际于5月22日公布了解散决定。斯大林在答复国外记者的信中谈道，"解散共产国际是正确的和适时的，因为这便于一切爱好自由的民族组织共同进攻去反对共同的敌人希特勒主义。……我想，所有这一切情况，将使盟国和其他联合起来的民族统一战线，在争取战胜希特勒暴政的斗争中，得到进一步的巩固"[④]。可见，基于人类解放事业中矛盾的具体转化，共产党人应该进行具体分析进而做出正确的决策，从这个意义上说，共产国际的成立与解散具有内在的、本质上的统一逻辑。

其次，经过共产国际长期的孕育和发展，各国共产党逐渐成熟，共产国际解散，有益于各国共产党独立开展工作，更好地推动社会主义事业的发展。十月革命胜利后，很多国家的共产党在共产国际的帮助下刚刚成立，在思想上缺乏科学的马克思主义的世界观和方法论，在组织上缺乏必要的人员和物资的支持，因而在共产国际组织中，各国共产党作为下属支部参与到革命中。而随着时代的发展，各国共产党经过共产国际的扶持和援助，迅速成长起来，无论在理论素质还是组织建设，都较初期有很大的改善，工人运动进

[①] 张万杰：《季米特洛夫与1935年共产国际政策的转变》，《当代世界与社会主义》2016年第5期。
[②] 《毛泽东文集》第3卷，人民出版社1996年版，第20页。
[③] ［保］季米特洛夫：《季米特洛夫日记选编》，马细谱等译，广西师范大学出版社2002年版，第135页。
[④] 同上书，第251—252页。

入独立应对各国内部复杂问题的新阶段。共产国际执委会书记处总书记保加利亚共产党人季米特洛夫曾谈到斯大林的观点:"各国共产党应成为完全独立的党,而不是共产国际下面的支部","它们应有共产主义纲领,应依靠马克思主义的分析,而不是时不时地看一眼莫斯科,它们应独立地解决它们在各自的国家面临的具体任务"。① 可见,在解散之前,共产国际内部就已经开始思考局势的变化,而并非"仓促解散"②。共产国际内部深刻地认识到此时"由一个国际中心来领导世界上所有国家的工人运动都是不可能的"③,推进共产主义事业在政党层面的主要矛盾已经转化为"高度集中的领导制度与复杂的国际形势和各国党独立自主的要求之间的矛盾"④,因而于 1943 年 5 月 22 日公布解散决定,各国的共产党人也对此表示了极大的理解和支持。虽然"共产国际作为一个组织已不复存在,但是它的事业还在继续发展"⑤,共产国际解散后各国共产党之间的协调仍保留了部分机制。比如"保留对各国的广播","保留'苏普列斯'电讯社"和"保留联系服务处"等机构,⑥ 继续推进共产主义运动的进一步发展。

正如毛泽东所言:"革命的组织形式应服从于革命斗争的需要,如果组织形式已经与斗争的需要不相适合时,则应取消这个组织形式。"⑦ 所以,共产国际的主动解散不是马克思列宁主义和共产主义运动的失败,而是科学运用马克思主义理论分析世界主要阶级、民

---

① [保]季米特洛夫:《季米特洛夫日记选编》,马细谱等译,广西师范大学出版社 2002 年版,第 135 页。
② 吴正俊:《共产国际解散原因探析》,《西南民族学院学报》(哲学社会科学版) 2001 年第 8 期。
③ [保]季米特洛夫:《季米特洛夫日记选编》,第 247 页。
④ 王群:《试论共产国际解散的原因》,《阴山学刊》1991 年第 4 期。
⑤ [意]陶里亚蒂:《陶里亚蒂言论集》第 2 卷,世界知识出版社 1966 年版,第 405 页。
⑥ [保]季米特洛夫:《季米特洛夫日记选编》,第 252 页。
⑦ 《毛泽东文集》第 3 卷,人民出版社 1996 年版,第 20 页。

族和国家之间的矛盾，主动放权各国共产党独立解决本国革命问题，灵活推进共产主义运动的一个战略举措。

2. 共产国际与苏共关系问题的澄清

关于共产国际与苏共的关系，一直以来存在着如下所述的错误观点。比如有"苏共操控说"的观点，认为"共产国际只是前苏联的一个工具"①，"共产国际实际上又掌控在苏共中央之手"②；甚至存在"个人独裁说"的观点，认为"共产国际的政策……在很大程度上服从于……斯大林的个人利益"③，"共产国际的重大决策都是由他（斯大林）作出，或是经过他同意认可的"④，"作为苏共中央领导人的斯大林，实实在在是共产国际和各国共产党的无可置疑的'太上皇'，共产国际一切事务的最高决策权完全掌控于斯大林之手"⑤，即共产国际和苏共都受斯大林一人意志的主导。这些观点都是机械的、片面的，使得我们无法真实地还原共产国际的历史价值及其精神的时代价值。事实上，坚持马克思主义世界观和方法论进行观察，我们能够发现，苏共在共产国际中基本上承担了一个大党的责任，虽然在某些具体问题上苏共对共产国际进行了一定的操控，但是苏共作为共产国际中的一个大党，承担了大党的责任，对于共产主义事业的发展起到了不可替代的作用。

首先，当时苏共和各国共产党的发展状况决定了苏共只能承担大党的责任，而不会操纵共产国际。产生操控论误解的一个重要原因是，共产国际运作中，苏共的意志经常影响或决定共产国际的意

---

① 唐宝林：《国民党与共产国际的交锋》，《炎黄春秋》2012 年第 12 期。
② 林晓光：《苏共中央国际部与苏联政府外交部的权力博弈与部门竞合，从共产国际的解散谈起》，新视角 NPF，2018 年 1 月 3 日，http：//mini.eastday.com/mobile/180103201332394.html。
③ 王昌沛、荣卉：《斯大林与共产国际解体》，《当代世界社会主义问题》2000 年第 3 期。
④ 李东朗：《斯大林与共产国际的解散》，《百年潮》2003 年第 7 期。
⑤ 林晓光：《苏共中央国际部与苏联政府外交部的权力博弈与部门竞合，从共产国际的解散谈起》，新视角 NPF，2018 年 1 月 3 日，http：//mini.eastday.com/mobile/180103201332394.html。

志。这种现象确实是存在的，但是产生这种现象的原因，主要是由于其他国家共产党与苏共发展水平上的差异所造成的。这种差异体现在认识水平和组织水平两个方面。一方面，以伯恩施坦、考茨基为代表的修正主义或其他错误思潮层出不穷，一些"年轻的共产党以及那些转向革命立场的社会党，对一系列革命斗争的理论和策略的原则问题还没有弄清楚"①。而列宁、斯大林、布哈林等布尔什维克领导者基于丰富的理论和实践总结，发挥着矫正无产阶级革命方向的重要作用。例如，早期列宁就曾积极与德国共产党、英国共产党等进行沟通，②帮助其找到恰当的发展方向。另一方面，20世纪30年代以来，法西斯主义已经抬头，而共产国际时期其他国家无产阶级政党尚未成立或成立时间较短、力量弱小，仍处在推翻剥削阶级政权的革命斗争阶段。因此，与其他国家共产党相比，苏共发展相对成熟，这使得苏共在共产国际中的地位和作用极为特殊，但这种特殊性并不能判定苏共在为一党利益而主导或操控共产国际。相反，在国际法西斯主义威胁下，苏共被赋予了特殊的担当地位，也主动承担了团结和支援各国共产党发展的大党责任。即使在国内反革命势力和外国资本主义武装干涉多方面压力下，苏共仍"尽力做到在一个国家内所能做到的一切，以便发展、援助和激起世界各国的革命"③。所以，从"操控"的贬义角度来定义共产国际与苏共的关系有失偏颇。

其次，当时共产国际的相关制度安排决定了苏共只能承担大国责任，而不能操控共产国际。其一，共产国际内部的组织制度和民主程序是有效的，并非苏共完全主导共产国际的运行。共产国际陆

---

① [苏] 弗·维·亚历山大罗夫：《列宁和共产国际》，郑异凡等译，求实出版社1984年版，第30页。
② 同上书，第385—386页。
③ 《列宁选集》第3卷，人民出版社1995年版，第650页。

续建立起包括决策机构、执行机构、监察机构在内的内部组织机构，主要有"世界代表大会""共产国际执行委员会""共产国际执委会主席团""共产国际监察委员会""共产国际的国际机构"①。苏共作为其中的一个重要成员参与到共产国际的治理中，并基本按照各机构的民主程序进行运作。在成立之初，苏俄代表曾就尊重共产国际组织的独立运行有相关论述："我们不受来自上面或来自下面的任何指责的约束，我们只有一个至高无上的审判员，它能对俄国共产党领导下的工人阶级过去和将来所做的一切作出裁决，而这个审判员就是共产国际的世界代表大会。"② 其二，在选举成员的过程中，共产国际也注重考量不同国家政党之间的平衡，如共产国际执行委员会"由最重要的国家各派代表一人组成"③。

此外，关于苏联革命利益与世界革命利益的关系，布哈林曾回应道，"俄国革命的利益实质上就是世界革命的利益。因此，我们是共产国际的最积极的部分"④。我们要将承担大党大国责任和操控分开，苏共对共产国际肯定有一定的指导或决定作用，但是，作为马克思主义政党和马克思主义政党联盟组织，它们之间的关系主要是彼此之间的担当和合作，以共同解决全球问题和各国的社会革命与民族解放问题。

3. 共产国际与中国革命关系问题的澄清

与共产国际有关的问题中，在国内争议最大的无疑就是共产国际与中国革命的关系问题。关于这个问题，长期以来主要从

---

① 夏道源：《共产国际的组织机构概况》，《国际共运史研究资料》1982年第2期。
② 王学东主编：《国际共产主义运动历史文献》第31卷，中国法制出版社2011年版，第29页。
③ 夏道源：《共产国际的组织机构概况》，《国际共运史研究资料》1982年第2期。
④ 戴隆斌主编：《共产国际第三次代表大会文献（2）》，中央编译出版社2011年版，第151页。

"量"上去进行机械性判断,出现所谓过大于功或者功大于过的简单判断。主张过大于功的一方,有的在观点中把王明等个人的一些错误过度放大到共产国际与中国革命的关系层面,比如有文章说"王明的'左'倾思想,基本上就是共产国际在中国革命问题上的错误思想"[①];有的仅凭借相关历史阶段中的孤立事件或系列事件的机械总和,就对共产国际与中国革命的关系进行全面否定,以此论证"共产国际对中国革命的错误指导"[②],认为"共产国际给中国革命所带来的消极影响是巨大的,造成的危害和损失是惨重的"[③],甚至只从简单的史实考据,就能得出"共产国际……使中国革命遭受严重的损失和牺牲,甚至是血的教训"[④]的结论。主张功大于过的一方,其研究是有积极价值的。但这些研究侧重于从单个方面叙述共产国际与中国革命关系问题的积极性,比如阐述共产国际在反法西斯战争中的价值[⑤]、对马克思主义中国化的推动作用[⑥]、对中国共产党政党建设的积极贡献[⑦]、对毛泽东等重要历史人物所产生的积极影响[⑧]等方面内容,从而作出评价判断。

在此,我们不对这些问题进行单一处理。迄今为止学术界对于

---

① 陈学红:《王明"左"倾思想与共产国际的关系》,《党史研究与教学》2015年第3期。
② 林祥庚:《回应共产国际的诘难》,《探索与争鸣》1999年第12期。
③ 吴明刚:《试论联共(布)、共产国际对中国革命的消极影响》,《福建党史月刊》2003年第11期。
④ 吴兴唐:《重评共产国际对中国的功过》,《炎黄春秋》2013年第3期。
⑤ 参见姜安《国际共产主义运动在世界反法西斯战争中的历史作用》,《中国社会科学》2015年第9期。
⑥ 参见张静、周三胜《马克思主义中国化进程中共产国际与中国共产党的关系》,《广东社会科学》2007年第9期。
⑦ 参见张泽宇《全面抗战时期苏联和共产国际对中共的援助研究》,《中共党史研究》2011年第8期。
⑧ 参见邱潇、郑德荣《共产国际支持毛泽东中共中央领导地位的原因探析》,《理论月刊》2017年第7期。

此问题的讨论，部分学者都将中国革命中的各个历史事件孤立开来，从而在各个孤立的历史事件中讨论共产国际的作用和影响，并将之简单相叠加来认定共产国际对中国革命的影响。但是如此思考，并没有认识到中国革命中的各个具体事件是相互联系的，在共产国际与中国革命的关系问题上，共产国际之与中国革命的推进是一个不可分割的实践过程。而且，我们应该看到"在指导中国革命的过程中，共产国际本身也在进行理论探索，总体上能够根据实践修正自己的理论，改变策略"。① 所以，我们应该在共产国际与中国革命的辩证性、动态性关系中从整体性的角度去考察共产国际对中国革命的价值。

从整体的角度来看，共产国际和中国革命的关系是：共产国际为中国提供了马克思主义的新世界观和方法论，以及马克思主义新世界观和方法论在苏联成功应用的经验。而中国共产党在此基础上，运用抽象和具体相统一、历史和逻辑相统一的方法，将马克思主义新世界观和方法论与中国具体国情相结合，探索出符合中国国情的革命道路。并且在此过程中，有史料表明共产国际在一定程度上支持了中国共产党将马克思主义新世界观和方法论与中国革命具体情况的结合。在将马克思主义新世界观方法论与中国革命相结合用以指导中国革命实践的整个过程中，共产国际发挥的积极作用主要集中在思想方面和组织方面。

从思想方面来看，共产国际对这一进程的支持分为三点：其一，《共产国际对全世界无产者的宣言》（1919年3月）、共产国际翻译和出版的书报期刊、列宁和斯大林关于中国革命的系列论述等，对马克思主义世界观和方法论在中国的传播和运用作出了重要

---

① 杨俊、程恩富：《共产国际与中国革命》，《中国社会科学》2014年第9期。

的理论贡献，而这些理论是与中国国情相结合用以指导中国革命实践的思想前提。其二，共产国际文件和相关领导人多次表达出将马克思主义同各国国情相结合的思考。共产国际第一任主席季诺维也夫在共产国际第五次代表大会所做的《关于共产国际执行委员会的报告》中指出："在实现共产党的布尔什维克化的时候，必须正确遵循列宁的遗训，同时考虑到每一个国家的具体情况。"① 共产国际七大上，季米特洛夫在《反法西斯主义的思想斗争》中提出："在每一个国家里，无产阶级的国际主义都应当'适应本地的气候'，以便在本地种下自己的深根。个别国家里无产阶级斗争和工人运动底（的）民族形式是不违反无产阶级的国际主义，恰恰相反，正是在这种形式里，同时还可以胜利地拥护无产阶级底（的）国际的利益。"② 而这些观点对中国共产党将马克思列宁主义与中国具体国情相结合，并用以指导中国革命实践具有启蒙和促进作用。其三，共产国际后期通过《共产国际》《莫斯科》《真理报》等平台多次积极宣传毛泽东的革命思想和战略策略③，实际上就是对马克思列宁主义应用于中国革命实践的认同，从而为马克思主义中国化理论第一次飞跃创造了良好思想理论氛围。

从组织方面来看，共产国际对马克思列宁主义与中国革命结合进程的影响主要分为三个层次：首先，共产国际帮助中国建立了中国共产党，而中国共产党是将马克思列宁主义与中国革命相结合的实践主体。当年上海共产主义小组的成员曾回忆道："维经斯基到中国后，宣传共产主义，宣传组织共产党……常到这里同陈独秀密

---

① ［匈］库恩：《共产国际文件汇编1919—1932》第2册，中国人民大学编译室译，生活・读书・新知三联书店1965年版，第8页。
② ［保］季米特洛夫：《季米特洛夫文集》，解放社1950年版，第148页。
③ 谭虎娃、陈少康：《共产国际后期对马克思主义中国化的积极作用》，《理论导刊》2009年第6期。

商组织共产党问题。"① 其次，在中国革命推进过程中，为了让各国共产党根据自身实际情况不同而具体运用马克思主义世界观和方法论，共产国际对各国共产党的干预越来越少。比如，共产国际第七次代表大会就曾强调"需要从每个国家的具体状况和特殊条件出发，一般地要避免干涉各国共产党内部的组织事宜"②。再次，"共产国际接受中共独立自主召开的遵义会议的政治结果，对毛泽东为代表的中共领导集体立足中国实际的斗争路线的肯定和支持等，都是共产国际支持中共独立自主解决自身问题的表现"③。进一步分析，在中国共产党内部张国焘另立中央后，共产国际明令要求解散，而共产国际执委会执委王明回国后在排斥毛泽东的关键时刻，季米特洛夫又明确地表示："要告诉全党，你们应该支持毛泽东同志为中国共产党领导人，王明等人不要再争吵了……"④ 这些举措表明共产国际在组织上支持了以毛泽东为核心的领导集体，赞成以毛泽东为代表的中国革命的正确理论和实践，从而使中国革命迅速走向胜利。邓小平说得好："如果没有毛泽东同志多次从危机中挽救中国革命，如果没有以他为首的党中央给全党、全国各族人民指明坚定正确的政治方向，我们党和人民可能还要在黑暗中摸索更长时间。"⑤

由此可见，从整体性角度对共产国际与中国革命的关系进行考察，能够发现，尽管共产国际曾犯有轻信王明错误路线、派遣教条主义的军事顾问李德和某些不当指示等若干失误，但其为中国革命

---

① 窦春芳、苗体君：《魏金斯基第一次来华及其对中国共产党成立的贡献》，《广西社会科学》2007年第6期。
② 《中共中央文件选集》第12卷，中共中央党校出版社1986年版，第196—197页。
③ 杨俊、程恩富：《共产国际与中国革命》，《中国社会科学》2014年第9期。
④ 申长友：《毛泽东与共产国际》，党建读物出版社1994年版，第254页。
⑤ 中共中央文献研究室：《关于建国以来党的若干历史问题的决议注释本（修订）》，人民出版社1985年版，第9页。

提供了马克思列宁主义的思想武器，为中国共产党最终确立毛泽东在全党领导的核心地位，作出了极为重大的贡献，其功绩显然超过了失误。

怎样看待当今社会主义发展前途

吴恩远

21世纪世界社会主义发展前景取决于这几个因素：回溯它的历史，看它是否具有产生的必然性和发展的规律性，"鉴古而知今"；评估它过去、现在为人类文明作出的贡献，因为无论哪一个社会形态，在它们所能容纳的全部生产力发挥出来以前，是决不会灭亡的；观察它的现实。吸取了苏联解体、东欧剧变教训的中国特色社会主义，正以雷霆之力震荡世界，给21世纪世界社会主义发展注入新的希望。社会主义作为"人类社会发展的总趋势没有改变，也不会改变"①。

一 社会主义发展显示的历史规律性

1. 马克思主义使社会主义从空想变为科学

人类自古以来就向往公平正义自由和谐的社会。我国先哲提出历史发展向"小康""大同"社会迈进，憧憬的是"老有所终、幼有所长、鳏寡孤独废疾者皆有所养"，"不独亲其亲、不独子其

---

① 习近平：《在纪念马克思诞辰200周年大会上讲话》，新华网，2018年5月4日。

子";康有为在其《大同书》描绘的世界是人人享有公正平等权力,"平等乃天赋人权","人人皆为天子"。在"大同世界"那里,"既无帝王君长,又无官爵、科第,人皆平等"。①

人类进入资本主义社会以来,虽然社会生产力获得极大发展,但资本家通过使用机器大幅度降低工资,尽量延长劳动时间,不断增加劳动强度,廉价雇佣童工、女工等办法榨取广大工人的血汗,正如马克思深刻揭露的:"资本来到世间,从头到脚,每个毛孔都滴着血和肮脏的东西。"②针对这种情况,在法国和英国出现了以圣西门、傅立叶和欧文为代表的"批判的空想的社会主义和共产主义",即19世纪初的三大空想社会主义。他们认真地思考劳动群众贫困的根源,严肃地探索变革现存社会制度的途径,在批判资本主义制度的同时,细致地描述未来理想社会的蓝图:在那里消灭了剥削和压迫,改变了资本主义不合理的分配制度,建立一个以公有制为基础的,人人都参加劳动,按劳分配或按需分配,平等、幸福、和谐的理想社会。在这个社会中有计划地组织社会生产,促进社会生产力的发展;妥善地组织社会生活,实行生活的社会化;消灭旧式的分工,也不存在城乡之间、工农之间、体力劳动和脑力劳动之间的差别;等等。尽管他们的学说提出了许多"天才的思想萌芽和天才的思想"③,但是,"他们的共同局限是唯心史观,无法找到实现其社会理想的正确道路和社会力量"④。

马克思主义的诞生,使社会主义理论从空想变成了科学。

马克思创建了唯物史观和剩余价值学说,揭示了人类社会发展的一般规律,揭示了资本主义运行的特殊规律,为人类社会指

---

① 康有为:《大同书》,中州古籍出版社1956年版,第275页。
② 《马克思恩格斯文集》第5卷,人民出版社2009年版,第871页。
③ 《马克思恩格斯文集》第3卷,人民出版社2009年版,第529页。
④ 《习近平总书记系列重要讲话读本(2016年版)》,人民出版社2016年版,第20页。

明了从必然王国向自由王国飞跃的途径，实现自由和解放的道路。

马克思、恩格斯写下《共产党宣言》，提出了"资本主义必然灭亡，社会主义必然胜利"即"两个必然"的著名理论。宣言指出：当资本主义社会所拥有的生产力已经强大到资本主义生产关系不能适应、不能促进资产阶级文明和资产阶级所有制关系发展的地步时，生产力就受到阻碍，资本主义的生产关系日益成为束缚生产力发展的桎梏，必然导致社会主义革命的发生。

《宣言》指明了在无产阶级先锋队共产党的领导下，推翻资产阶级统治、建立无产阶级的政治统治，消灭资本主义占有方式，是无产阶级获得解放的根本道路。

马克思、恩格斯还提出了关于未来共产主义新社会建设的基本观点。《宣言》极其慎重地指出："代替那存在着阶级和阶级对立的资产阶级旧社会的，将是这样一个联合体，在那里，每个人的自由发展是一切人的自由发展的条件。"①

科学社会主义深刻分析了资本主义社会的内在矛盾，揭示了历史发展的客观规律，为人类社会发展进步指明了正确方向。

2. 十月革命的胜利使科学社会主义从理论变为实践

俄国革命爆发的根本原因正如马克思主义所揭示，生产力的发展要求冲破落后的生产关系的束缚。19世纪末20世纪初，俄国资本主义获得了一定程度的发展：工业生产总值已经跃居欧洲第四位、世界第五位。但俄国的社会经济发展总水平仍然属于欧洲最落后的状态：俄国居民平均寿命仅32岁；由于缺乏受教育条件，俄国居民中文盲占多数，识字的人仅有21.1%。必须改变俄国落后的

---

① 《马克思恩格斯文集》第2卷，人民出版社2009年版，第53页。

面貌，尽快融入世界现代化发展的潮流，这是当时俄国社会生产力发展的要求。

但沙皇专制制度阻碍了俄国生产力的发展。沙皇政府不顾人民的反对，恣意参加第一次世界大战给人民带来了极大灾难：国内经济接近崩溃，国库空竭、物价飞涨、债台高筑。沙皇专制机构还滥用职权，大肆镇压革命党人；压制言论自由和出版自由，封闭进步报刊和出版物……

沙皇政府的倒行逆施激起工人农民的强烈反抗：1910年经济罢工有214次，政治罢工8次，1914年经济罢工迅速上升到1370次，政治罢工达1034次，参加者明确提出推翻沙皇专制统治的政治口号。

阶级矛盾、社会矛盾的尖锐，军事失利加上经济的混乱使下层人民已经不能照旧生活下去。沙皇专制走到了尽头，俄国革命形势迅速成熟。

以列宁为首的布尔什维克党抓住时机，取得十月革命的伟大胜利。马克思主义关于社会主义革命的基本原则得以体现：第一，列宁认为由于资本主义的不平衡发展导致世界大战的爆发，战争使资本主义的链条上出现"薄弱环节"，社会主义革命可能首先在一个国家或者几个国家爆发，由此发展了马克思主义关于社会主义革命的理论。第二，建立了布尔什维克党的坚强领导。为党制定了正确的战略和策略，要求革命突破资产阶级民主革命的范围（如工厂社会化，建立工农苏维埃政权等）；确立了工农联盟的政策和从争取革命和平发展到武装起义的方针；规划了无产阶级专政国家——苏维埃共和国的政治形式；党是按照民主集中制原则建立，保证了全党的团结和统一。布尔什维克党的正确领导是十月革命胜利的决定性条件。第三，苏维埃政权解决了俄国最迫切的社会问题，得到大多数人民的拥护。在全俄工兵代表苏维埃第二次会议上，通过了土地法令，宣布废除地主土地私有制，农民有权分得土地；通过了和平法令，宣布俄国退出世界大战，使饱受战争之苦的俄官兵听到了自己的心声；宣布俄国各民族平等和民族自决原则，为俄国各族人民之间的合作奠定了基础……这一系列措施使得苏维埃政权很快就在全国范围"凯歌行进"，人类历史上第一个社会主义国家在俄国出现了。

3. 社会主义从一国变为多国

新生苏维埃政权意识到其生产力发展与先进国家相比落后 50 年到 100 年，而面对虎视眈眈的帝国主义的包围，"落后就要挨打"，列宁、斯大林发出了工业化的号召。苏维埃电气化、第一和第二个五年计划（1929—1937 年）就是加速现代化进程中最重要方针，而且最终完成了这一计划。五年计划执行的结果，使苏联在工业化上取得了巨大成就。俄罗斯最新出版的《苏联经济史》写道："与 1922 年相比，1940 年国家的国民收入增长了 10 倍，工业产值增长了 23 倍，农业产值为原来的 2.1 倍，铁路运输货运周转量增长了 22 倍，固定资产增长了 23 倍，基建投资增长 25 倍，工人和职工数量增长 4.4 倍。一个现代技术工业强国横空出世。"[①] 该书继续写道：到 1950 年，社会总产值已经超过 1940 年 1.6 倍，国民收入超过 1.9 倍，工业产值超过 1.7 倍。到 20 世纪 70 年代中叶，苏联社会总产值仍然保持了年均 6%—7% 的增长率，国民收入增长率是 6%—8%，工业产值增长率是 7%—9%，居民收入增长率 4%—6%。[②] 到了第二个五年计划末期，工业生产水平为 1913 年的 8.2 倍。按照工业总产量，革命前的俄国

---

① ［俄］阿巴尔金主编：《苏联经济史》，俄罗斯科学院经济研究所 2010 年版，第 5—6 页。
② 同上书，第 7—8 页。

居世界第五位，工业生产份额占世界总量的 2.6%，苏联在第二个五年计划末工业总产量跃居欧洲第一位、世界第二位，它在世界工业中所占的比重也达到 13.7%。苏联成为世界上仅有的能生产当年人们所能生产出来的任何一种工业产品的两个国家中的一个。就这样，苏联时期就克服了俄罗斯与世界先进工业发达国家按阶段发展的落后局面。①

同时代与社会主义苏联欣欣向荣的景象形成鲜明对比的是资本主义世界的危机。从 1929 年开始的席卷资本主义世界的经济危机持续 4 年之久。危机使资本主义世界的工业生产下降了 44%。1932 年的工业生产与 1929 年相比，美国为 53%，德国为 59%，日本为 66% 左右，法国为 69%，英国为 82%，危机使资本主义各国的生产倒退了几十年。每个国家都为巨大的社会不稳定所震撼。美国著名经济学家约瑟夫·熊彼得概括当时的恐惧情况是："普遍认为资本主义生产方式不能胜任重建的任务"，"资本主义社会的衰落就在眼前，这是不容置疑的"。②

所以"二战"后社会主义国家从一国发展到多国，形成社会主义阵营；在亚洲、非洲、拉美地区还有不少国家宣布走社会主义道路。

百余年社会主义发展的历史显示了这样一条历史规律性：具有公平正义自由和谐原则的社会主义社会始终是人们追求的目标；而只要存在阶级剥削和压迫的资本主义社会，人类追求实现社会主义的运动就永远不会停息。

---

① 吴恩远：《十月革命与俄国现代化进程——兼评当前十月革命研究中的争论》，《历史研究》2007 年第 5 期。

② ［英］P. 阿姆斯特姆等：《战后资本主义大繁荣的形成和破产》，中国社会科学出版社 1991 年版，第 10 页。

二 一个为人类文明曾经做出、至今仍在做出贡献的社会制度是不会自行灭亡的

1. 国家调控和干预经济生活是社会主义一大贡献

针对资本主义生产的无政府状态，社会主义经济的一大特点就是国家实行计划经济。在 20 世纪 30 年代资本主义经济大危机时期，为了摆脱危机困境，1933 年富兰克林·罗斯福任美国总统后实行一系列经济政策，称为罗斯福新政。新政借鉴了苏联的做法，改变胡佛政府时期自由放任的做法，开始由政府干预经济，使得美国逐渐摆脱经济危机的阴影。自此以后，资本主义国家也会利用国家力量对经济进行调控和干预。

2. 加强对劳动者的社会保障

20 世纪 30 年代，苏联在世界上普遍存在经济萧条的情况下第一次消灭了失业，所有人都能得到工作的机会。从 1928 年开始，逐步开始 7 小时工作日，在 30 年代初就有 80% 的企业实现了 7 小时工作日，而对有损健康的和地下作业的工种实行 6 小时工作日。国家十分关心劳动人民的休息和健康，实行了免费医疗、社会保险、退休金制度等。在第一、第二个五年计划期间，国家用于社会保险的开支增加了 3 倍多，卫生保健开支增加了 2 倍多，教育开支增加了 5 倍，助学金增加了 13 倍。到 40 年代初，全民的识字程度已超过 80%。

罗斯福新政借鉴苏联的经验通过了《社会保障法案》等法案。实行养老金制度，对退休的劳动者每月发放一定数额的养老金；建立失业保险；对无依无靠的人提供救济。还通过劳工关系法，规定了工人有组织工会的权力，有对雇主提出申诉的权力等，以保障工

人利益。此后，其他资本主义国家也不得不提高劳动者的福利、权限和利益。

俄罗斯总统普京曾高度评价苏联成立的重大意义。2016年在俄罗斯统一党大会上，他说："（苏联）计划经济具有确定的优势，它能够集中全国的资源完成最重大的任务。例如，解决了苏联人民的健康保障问题，这毫无疑义是共产党的功劳。"

普京还说道：苏联解决了教育问题，这也毫无疑问是共产党的贡献。十月革命前俄国文盲占全国人口三分之二，是欧洲最低水平。列宁发动了"文化革命"，1940年苏联每千居民受过普通教育人数达到245人，远远高于美、英、德、法、日等发达资本主义国家。而居民受教育程度是衡量国家社会发展最重要指标之一。恩格斯在《共产主义原理》一书中曾经描绘了在消除资本主义所有制的社会中生产的快速发展和社会面貌的更新，指出："通过消除旧的分工，通过产业教育、变换工种、所有人共同享受大家创造出来的福利，通过城乡的融合，使社会全体成员的才能得到全面发展；——这就是废除私有制的主要结果。"①

3. 苏共、中共为消灭法西斯作出的巨大贡献掀起世界社会主义运动高潮

在第二次世界大战中，苏联、中共在抗击企图奴役全世界人民、实行种族灭绝的德日法西斯发动的第二次世界大战中成为中流砥柱。

苏德战场是第二次世界大战欧洲主战场。苏联军民以伤亡6000万人、其中死亡人数达2700万人的代价为夺取卫国战争和世界反法西斯战争的胜利作出了巨大贡献。

---

① 《马克思恩格斯选集》第1卷，人民出版社1995年版，第243页。

中国共产党及其领导的八路军、新四军在抗击日本法西斯中发挥了中流砥柱的作用。1931年9月18日日本发动对中国的侵略战争,两天后中国共产党就联署发布关于谴责日本侵略暴行、号召全民抗战的宣言和决议,最早举起并吹响反对日本侵略者的冲锋号,也揭开世界人民反法西斯战争的序幕。整个抗日战争中,中国共产党在华北、华中建立了辽阔的抗日民主根据地;在东北、华南,一直到海南岛,建立了广阔的抗日游击根据地。日本超过70%的陆军和三分之一的海军陷在中国战区,中国战场是东方主战场,对战胜日本法西斯起到了决定性作用。

所以第二次世界大战后,社会主义的影响如日中天,世界形成和资本主义对立的社会主义国家阵营,亚洲、非洲和拉美很多国家宣布以社会主义为发展方向。

一个曾经并且依然在为人类文明和社会发展作出巨大贡献的社会制度,是有着光明前景的。

三 总结苏联解体、东欧剧变教训的世界社会主义运动将更加健康发展

20世纪末的苏联解体、东欧社会主义国家的剧变对世界社会主义运动带来极大冲击,一些人弹冠相庆,认为这意味着社会主义"时代的终结":因为苏联解体、东欧剧变根本原因在于社会主义体制的"失败",是由于这个体制本身存在的不可救药的弊端导致必然的灭亡。这样的观点是无稽之谈。

1. 苏联解体的根本原因是什么?

我们听听俄罗斯人的回答:因为这发生在他们的国家、是他们的亲身经历。绝大多数俄罗斯人认为:尽管苏联体制存在甚至是严

重的问题，但是完全可以克服。2010年俄罗斯科学院经济研究所出版了由著名经济学家阿巴尔金主编的《苏联经济史》，这是俄罗斯经济学界近年来对苏联社会经济发展最权威的著作。该书没有回避苏联旧体制的缺陷，也反对刻意拔高苏联社会发展成就的做法，但特别批判了那些把"苏联经济史看成是一系列的失败、罪恶和错误，这个体制导致了苏联不可避免的解体"等论调。该书强调："毫无争议，苏联在自己的存在时期在经济发展速度上没有落后于发达资本主义国家"。该书写道：到1950年，社会总产值已经超过1940年1.6倍，国民收入超过1.9倍，工业产值超过1.7倍。到20世纪70年代中叶，苏联社会总产值仍然保持了年均6%—7%的增长率，国民收入是6%—8%，工业产值7%—9%，居民收入4%—6%。[1] 苏联在经济和军事政治范畴成为世界第二强国，在航天、核能方面成为第一大国。苏联的基础科学、教育体制和干部培养体制客观上被认为是世界上比较好的。[2]

那么，苏联解体的主要原因在哪里？2016年1月26日，俄罗斯《莫斯科共青团报》《观点报》等报刊头版以通栏大标题"苏联解体主要原因"刊登了俄罗斯国家安全委员会秘书巴特鲁舍夫关于苏联解体原因的访谈，他完全否定苏联解体是由于苏联体制存在的所谓经济危机等因素，明确指出：苏联解体主要原因是当时的苏联领导人戈尔巴乔夫改革政策的失误；没有制定好经济和政治改革的战略计划；在政治体制改革中取消苏共领导而丧失了党的支柱造成混乱；在关键的时刻没有采取保护国家的措施包括经济措施；对格鲁吉亚、立陶宛等地发生的民族骚乱没有作为；甚至"8·19"事件中作为国家领导人的意志懦弱；等等。

---

[1] ［俄］阿巴尔金主编：《苏联经济史》，俄罗斯科学院经济研究所2010年版，第7—8页。
[2] 同上书，第8页。

2016年民调显示：俄罗斯99.1%的民众也认同上述看法，反对把苏联社会体制、苏联模式的垮台看成必然。

2. 吸取苏联解体教训，中国特色社会主义更加健康发展

中国领导人很早就反对戈尔巴乔夫推行的政治改革，同时确定了中国特色社会主义的发展方向。

邓小平总结了赫鲁晓夫全盘否定斯大林的教训，坚定维护中共领袖的权威。他说："我们不能要求伟大领袖、伟大人物、思想家没有缺点错误，那样要求不是马克思主义者的态度。外国人问我，对毛主席的评价，可不可以像对斯大林评价那样三七开？我肯定地回答，不能这样讲。党中央、中国人民永远不会干赫鲁晓夫那样的事。"①

邓小平也是第一个警惕戈尔巴乔夫政治改革后果的人。1990年3月3日在回答怎样看待苏联国内问题时，他说道："对戈尔巴乔夫这个时期的所作所为，我们是有不同看法的，但我们没有必要进行过分的批评。"②

江泽民明确指出苏联解体主要原因是放弃共产党的领导。他说："东欧剧变、苏联解体，最深刻的教训是：放弃了社会主义道路，放弃了无产阶级专政，放弃了共产党的领导地位，放弃了马克思列宁主义，结果使得已经相当严重的经济、政治、社会、民族矛盾进一步激化，最终酿成了制度剧变、国家解体的历史悲剧。"③

胡锦涛直接指明了苏联解体与政治思想多元化的关系。他说："党的建设最根本的是思想政治建设，思想政治建设的核心是理论

---

① 《邓小平年谱（1975—1997）》，中央文献出版社2004年版，第435页。
② 同上书，第1311页。
③ 《江泽民文选》第3卷，人民出版社2006年版，第230页。

建设。党的理论正确和牢固与否，直接关系到党的兴衰存亡和国家的前途命运。第一个社会主义国家苏联所以会解体，具有光荣斗争历史的苏联共产党所以会失去政权并顷刻瓦解，原因是多方面的，其中很重要的一条就是理论上政治上出了问题，指导思想上的多元化导致党内思想混乱，思想政治上彻底解除武装。苏联共产党从思想涣散走到组织瓦解，教训是很深刻的。"①

习近平总书记则从理论高度深刻剖析了历史虚无主义在苏联解体中的危害。他明确指出："苏联为什么解体？苏共为什么垮台？一个重要原因就是意识形态领域的斗争十分激烈，全面否定苏联历史、苏共历史，否定列宁，否定斯大林，搞历史虚无主义，思想搞乱了，各级党组织几乎没任何作用了，军队都不在党的领导之下了。最后，苏联共产党偌大一个党就作鸟兽散了，苏联偌大一个社会主义国家就分崩离析了。这是前车之鉴啊！"②

正是由于中国共产党人深刻吸取了苏联解体教训，提出既要坚持改革开放，更要坚持四项基本原则，保证社会发展的正确方向，中国特色社会主义取得举世瞩目的成就。改革开放40年来，中国走完了发达国家几百年走过的发展历程，经济总量从世界第十位跃升到第二位，国内生产总值由3679亿元增长到2017年的82.7万亿元，年均实际增长9.5%，远高于同期世界经济2.9%左右的年均增速，国内生产总值占世界生产总值的比重由改革开放之初的1.8%上升到15.3%左右，成为世界经济增长的动力之源、稳定之锚，多年来对世界经济增长贡献率超过30%，超过美国、欧元区和日本贡献率的总和。

---

① 胡锦涛：《党的思想政治建设的核心是理论建设》，《胡锦涛文选》第1卷，人民出版社2016年版，第453页。
② 习近平：《关于坚持和发展中国特色社会主义的几个问题》，《求是》2019年第7期。

3. 新时代社会主义运动更加健康发展

社会主义在一个占全球五分之一人口的大国的蓬勃发展为世界社会主义运动注入新的活力，世界社会主义发展进入新时代。21 世纪的世界左翼力量呈现出新的发展势头，欧美发达资本主义国家的左翼力量有所增强。拉美国家一些左翼政党和左翼代表相继赢得大选尤其引人注目，呈现出"社会主义"的新气象。今天，世界上有 100 多个共产主义性质的政党，分布在 100 多个国家和地区，执政和参政的党有几十个。许多资本主义国家的共产党人数在增加，共产党和工人党之间的联系与合作也在加强。这些政党积极组织各种形式的反抗垄断资产阶级统治的斗争，在思想理论、行动策略、队伍建设和国际联合等方面进行积极的调整，以适应世界形势发展的需要。有的国家的共产党，如英国共产党和美国共产党，在党纲中还明确提出了实现社会主义取代资本主义目标的总体步骤。

与此同时资本主义世界的危机进一步深化。资本主义社会最突出的问题是社会贫富两极分化。资本主义私有制和人剥削人的制度的本质决定了社会财富不断向少数人集中。2010 年美国最富有的 1% 的人拿走了将近 25% 的国民收入，控制着 40% 的财富。也有资料显示，美国 1981 年最顶层的 1% 成年人平均收入是底层 50% 的成年人收入的 27 倍，而今天却达到了 81 倍。美国的极端贫困人口也在增长。美国人口普查局 2017 年 9 月公布，全国有 4000 多万人生活在贫困之中。随着贫富分化的日益加剧，资本主义国家的社会问题更加凸显。不仅失业人群、边缘人群、外来移民等"下层社会"与上层社会的矛盾在加剧，而且所谓"中产阶级"和"白领"阶层与资产阶级的矛盾也在激化，不同利益群体之间的矛盾、民族矛盾、种族矛盾等将会更趋激烈。近年来，欧美多国相继爆发了大规模的以"白领"工人为主体的罢工和游行示威活动。2010 年，意大利 100 多万人举行大罢工，法国 350 万人举行大罢工等。在 2011 年，美国和英国爆发了"占领华尔街""占领华盛顿""占领伦敦"等新型抗议活动，英国约 200 万人举行大罢工。而 2010 年至 2017 年的 7 年间，希腊共爆发了 50 次全国大罢工。2017 年美国社会抗议活动频发，成为美国社会"反抗最频繁的一年"。2018 年，法国出现抗议政府的"黄背心"运动。西方资本主义国家频繁发生大规模罢工和示威活动，表明资本主义国家的政治经济危机进一步加深。

只要资本主义社会的基本矛盾存在，资本主义的危机就不可克服且会逐步尖锐化，而作为其对立面的社会主义就永远是人们憧憬的目标且会更加磅礴于世界。

2008年金融危机与世界社会主义发展机遇

贺新元

2008年，全球爆发金融危机，中国虽深受其累，但作为一个负责任的发展中大国，在美国以"美国优先"大搞保护主义的时候，中国以巨大的经济刺激来稳定国内经济发展和拉动了世界经济复苏。10年间，中国在危机中不断走向开放包容推进全球化而强大起来，美国在危机中不断趋于保守逆全球化而渐衰下去。虽然，资强社弱、西强我弱的大格局没有变，但因量变而引起的阶段性质变已经在悄然发生，国际力量对比发生了有利于维护世界和平发展的正义力量的最具革命性的变化，西方500年的资本主义世界体系开始松动。以世界霸主自居的美国企图通过"美国优先"重整世界秩序维护现存世界体系，而中国则向世界传递"构建人类命运共同体"理念。世界社会主义运动也因2008年国际金融危机及其后危机影响而迎来了重要机遇期。

一 历史必然：资本主义危机孕育世界社会主义发展机遇

马克思主义的"两个必然"规律作用是不以人的意志为转移

的，不管西方社会承认与否，它都客观地存在，并且发挥着推动历史发展进步的作用。当然，资本主义迟早被社会主义所替代的人类社会发展的最终走向，是需要条件支撑的：一要让资本主义的全部生产力全部发挥出来，创造出丰富的物质财富；二要在资本主义社会内部创造出新的成熟的更高的社会主义生产关系；三要达到前二者的目标，必须进行长期斗争，因为资本主义是不会自动退出历史舞台的。这就是马克思在1859年写的《〈政治经济学批判〉序言》中提出的"两个决不会"思想，即"无论哪一个社会形态，在它所能容纳的全部生产力发挥出来以前，是决不会灭亡的；而新的更高的生产关系，在它的物质存在条件在旧社会的胎胞里成熟以前是决不会出现的"。我们必须清醒地认识到，"两个必然"的实现必须经历资本主义社会"两个决不会"带来的长期曲折过程，这个长期曲折过程需要进行长期伟大斗争。

20世纪上半叶，战争与革命时代主题下的资本主义危机带来世界社会主义运动勃兴。20世纪初，西方列强守成大国与新兴大国之间因争夺殖民地的发展空间而爆发的第一次世界大战，催生了俄国十月革命，使科学社会主义由理论变成实践、由理想变成了现实，第一个社会主义国家建立，进而推动马克思主义在全球范围内广泛传播，一系列国家和地区成立了共产党或共产主义性质的组织，为后来批量的新的社会主义国家诞生准备了条件。1929年世界经济危机引爆的第二次世界大战，在世界范围内掀起了殖民地的民族解放运动高潮，包括中国在内的一大批社会主义国家相继建立。两次世界大战，近半个世纪的较量，人类社会完成了全球政治经济秩序的一次大重组，建立了美国主导的资本主义世界体系，除此之外，还平行建立起了苏联主导的社会主义世界体系。由此，世界进入美苏两强争霸的"冷战"时代。中国就是在这次重组中取得新民主主义革命胜利而获得民族的解放和国家的独立。

21世纪，和平与发展时代主题下的资本主义全球金融危机将给世界社会主义运动复兴带来发展机遇。21世纪进入一个"百年未有之大变局"，人类社会因2008年金融危机又一次面临着全球政治经济秩序的世纪性大重组，主要表现为守成资本主义大国美国与新兴社会主义国家中国之间的冲突，特别是中美两个社会主义与资本主义大国因此危机而开始易势。这次大重组的前兆可追溯到1999年我南联盟大使馆被炸、2001年"9·11"事件和中国加入WTO。标志性事件是2008年国际金融危机。2008年国际金融危机比1929年世界经济危机更为严重，直接影响到世界发展走势和国际秩序重构。这场大重组将比20世纪的那次来得要缓些，但烈度更深，范围更广，效果更明显。以制度之争、道路之争、文明之争为主要表现形式。这次在和平与发展为时代主题下的经济危机，将带给世界社会主义运动怎样的发展？历史将证明，2008年国际金融危机是社会主义与资本主义较量的一个重要分水岭。世界社会主义运动从此走上复兴之路。

"二战"以来，西方资本主义国家在生产过剩的压力面前越来越捉襟见肘，应对经济危机的本事越来越乏善可陈。为了应对危机，西方采用过扩大政府开支的凯恩斯主义、减税政策的供给学派、不断降息的货币主义、"寅吃卯粮"的透支消费主义等自我调整方法。这些方法发挥过一时的作用，但正如马克思所说的，所有的这些方法都"不过是资产阶级准备更全面更猛烈的危机的办法"，"不过是使防止危机的手段越来越少的办法"。[①] 资本主义的这些自我调整都是"戴着镣铐跳舞"，始终无法跳出国际垄断资本划定的舞池。

---

① 《马克思恩格斯选集》第1卷，人民出版社2012年版，第406页。

现在，西方资本主义发展的回旋空间越来越小，资本主义不断地向自身的历史极限走去。

二 美国衰退：世界政治经济秩序进入百年重组周期

当今世界体系依然还是资本主义世界体系，但内部结构在发生变化，特别是主导这个体系的霸主美国自 2008 年开始进入长期的衰退期。美国的衰退，意味着资本主义世界体系开始松动并走向崩溃，意味着新的国际秩序需要重建，意味着世界政治经济秩序进入百年重组周期。

资本主义生产关系开始阻碍生产力发展，新的国际秩序到了需要重建的时候。世界霸主美国经济形势越来越恶化。2008 年奥巴马接任总统时政府赤字累计 5.8 万亿美元，国债 10 万亿美元；8 年任期完成后，政府赤字累计达 8.588 万亿美元，国债增长到 19.6 万亿美元。特朗普就更离谱，到 2018 年年底两年时间内政府预算赤字就超过 10.8 万亿美元，国债达到 21.9 万亿美元；美国国债到 2019 年 5 月已经增至 22.3 万亿美元。这些赤字和国债的钱到哪里去了？我们再来看一组数据：美国 90% 的低收入人群的收入只有在显微镜下看是增长的，而最富有的 1% 的人收入增长情况非常明显。现在美国 GDP 增长带来的收益，几乎都被最富有的 1% 的人获取了。美国最富有的两个家族，总计只有 8 个人，拥有 2120 亿美元的财富，相当于 1.15 亿人、35% 的美国人财富总量。这就可以清楚地看到，美国政府的作用不是要改善美国经济或提高美国民众的经济地位，而是如马克思所说的，资产阶级政府只是"管理资本家事务的委员会"，这个"总资本家"是为资本服务的。美国全球霸主地位开始动摇。2001 年"9·11"恐怖袭击事件、阿富汗战争、伊拉克战争、利比亚战争、叙利亚战争，不仅吸干了美国的财富、拖垮了美国的国力，而且暴露出美国公正、民主、正义的虚伪形象。面对中国势如破竹的发展态势和在国际社会影响力的不断增强，美国变得越来越没底气，变得越来越歇斯底里。特朗普上台后，美国更是撕去披在身上的各种伪装，高举"美国优先"大旗，不顾其他国家甚至盟友的国家利益，不顾美国的国家信用，疯狂而失去理性地大搞保护主义、单边主义，大搞霸权主义、新殖民主义和法西斯主义，大搞军事恐吓、军事威胁，退出TPP、退出巴黎协定、退出联合国教科文组织、承认耶路撒冷是以色列首都、撕毁伊朗核协定，甚至提出退出《中导条约》等，把世界秩序整得七零八落，国际社会和世界人民深受其害，不堪其苦。美国以不可辩驳的事实向世界自我证明了，自己就是世界政治经济秩序的乱源和"冲突制造者"。英国《金融时报》副主编、首席经济评论员马丁·沃尔夫将美国形容为"流氓超级大国"。当然，美国目标是想按自己的面貌来重建一个掌控和改造世界的国际秩序，让"美国重新伟大起来"。美国《外交政策》双月刊网站2019年6月11日刊载一篇题为"特朗普创造性毁灭国际秩序"的文章称：特朗普确实破坏了几十年来世界经济大国辛勤努力构建的全球经济政治联盟，需要重建新的国际秩序。文章所称的新的国际秩序，依然还是资本立场上、西方立场上的国际秩序，不是人类社会发展进步所需要的新的国际秩序。

世界政治经济秩序进入百年重组周期。2015年10月12日中央政治局就全球治理格局和全球治理体制进行第27次集体学习，习近平总书记在讲话中对国际局势给出了一个新判断："全球治理体制变革正处在历史转折点上"，2017年年底提出"当今世界正在经历百年未有之大变局"。习近平总书记的这两个论断实际上指明了，当今世界正在进行一次全球政治经济秩序的大洗牌和重组进程。当然，这一进程主要开始于 2008 年国际金融危机。这场金融危机让国际社会明白了一个道理：世界经济要发展，人类社会要进步，地缘力量要变化，就必须变革现有政治经济秩序。谁能在这一进程中以更科学的理念、更强大的力量凝聚更多的国际共识，并在共识上构建出符合各国共同利益的新秩序，谁就是未来世界发展的领跑者。

这次国际政治经济秩序的大洗牌和重组，将是一次 500 年级别的秩序重组。15 世纪下半叶开始，西方资本主义通过武力进行殖民、划分势力范围而建立其主导的世界体系，"二战"结束后已经开始进入衰退期。虽然，世界体系依然还是在西方统治下，但"二战"使西方受到重创，殖民地纷纷独立，世界权力中心由传统的西欧转到了北美。与此同时，以苏联为首的东方社会主义国家开始崛起，世界一度出现了 40 多年的东西方对立的"冷战"。"冷战"，实际上是人类社会近几百年来第一次开始有了独立于西方控制之外的一个平行发展的世界体系。"冷战"结束后，一方面，美国一家独大的局面维持一段时期后，美国实力在衰退，对全球的控制力在不断减弱，美国霸权体系开始出现裂痕；另一方面，世界已经变了模样，近代以来国际力量对比发生了最具革命性的变化，"新兴市场国家和一大批发展中国家快速发展，国际影响力不断增强"，"数百年来列强通过战争、殖民、划分势力范围等方式争夺利益和霸权逐步向各国以制度规则协调关系和利益的方式演进"。国际社会推动世界多极化的意愿在不断增强，"现在，世界上的事情越来越需要各国共同商量着办，建立国际机制、遵守国际规则、追求国际正义成为多数国家的共识。经济全球化深入发展，把世界各国利益和命运更加紧密地联系在一起，形成了你中有我、我中有你的利益共同体。很多问题不再局限于一国内部，很多挑战也不再是一国之力所能应对，全球性挑战需要各国通力合作来应对"。[①] 西方主导了500年的资本主义世界体系从2008年国际金融危机开始出现分裂倾向。

这次国际政治经济秩序的大洗牌和重组，还是一次100年级别的秩序洗牌。20世纪经"一战""二战"完成了一轮国际政治经济秩序重组，21世纪新一轮百年级别的秩序大重组开始，世界迎来百年未有之大变局。一方面，"世界多极化、经济全球化、社会信息化、文化多样化深入发展，全球治理体系和国际秩序变革加速推进，新兴市场国家和发展中国家快速崛起，国际力量对比更趋均衡，世界各国人民的命运从未像今天这样紧紧相连"[②]。另一方面，"霸权主义、强权政治依然存在，保护主义、单边主义不断抬头，战乱恐袭、饥荒疫情此伏彼现，传统安全和非传统安全问题复杂交织"[③]。

21世纪世界政治经济秩序进入500年级别和100年级别的双重组进程，无疑，重组过程和结果都将会是一次对未来数百年产生重大影响的历史性事件。而中国恰恰在这个时机迎来了中华民族伟大复兴的最重要的阶段。

三　大战略：构建人类命运共同体

为人类作出更大贡献是社会主义中国发展的内在要求。中国是拥有近14亿人口的世界上最大的发展中国家，是一个拥有960万

[①] 《习近平在中共中央政治局第二十七次集体学习时强调，推动全球治理体制更加公正更加合理，为我国发展和世界和平创造有利条件》，《人民日报》2015年10月14日。

[②] 习近平：《让美好愿景变为现实——在金砖国家领导人约翰内斯堡会晤大范围会议上的讲话》，《人民日报》2018年7月27日。

[③] 同上。

平方公里陆地面积和 300 多万平方公里海洋面积的社会主义大国，是世界第一制造业大国、第一工业大国、第一服务业大国、第一贸易大国、第一消费大国和潜在消费大国，是世界上唯一文明绵延 5000 年而未中断过的国家。中国理应为世界、为人类作出重大贡献。中国古代就有追求"世界大同"思想。毛泽东在 1956 年指出："中国是一个具有九百六十万平方公里土地和六万万人口的国家，中国应当对于人类有较大的贡献。而这种贡献，在过去一个长时期内，则是太少了。"邓小平 1978 年会见外宾时也强调说："衡量我们是不是真正的社会主义国家，不但要使我们自己发展起来，实现四个现代化，而且要能够随着自己的发展，对人类作更多的贡献。"邓小平话外之音，就是中国社会主义不倒，社会主义在世界将始终站得住，就是在为人类作贡献。习近平同志多次强调，中国要为实现人类共同繁荣和进步作出更大贡献。如何作出贡献？需要大战略、大智慧。

21 世纪注定是一个裂变的世纪，一个去美国化、去西方化、去中心化的时代。步入长期衰退期的美国在新世纪的诸多倒行逆施的政策和行动，招致国际社会加速去美国化进程。欧债危机乃至国际金融危机使整个西方世界的面目由此焕然一新，如法国财长勒梅尔所说，现在 G7 不是以前的 G7 了，而是 G6 + 1（西方六国 + 美国）；历史已经打 G7 的脸了，2008 年金融危机的解决不得不依靠 G20；伴随金砖国家等新兴工业化国家的崛起，西方影响力在不断减弱。人类社会的整个组织形式也因互联网普及尤其是 5G 时代的到来，在加速去中心化进程。"三去"时代，必然给现存国际秩序带来冲击，给全人类带来治理赤字、信任赤字、和平赤字、发展赤字的严峻挑战。

在西方世界体系开始松动的时候，中国特色社会主义进入新时代。新时代，我们要完成"两个一百年"奋斗目标，要在世界上高高举起中国特色社会主义伟大旗帜，要为解决人类问题贡献中国智慧和中国方案。当今世界体系无疑还是西方尤其是美国主导的资本主义世界体系，这是一个充满霸权、剥削、压迫和欺诈，等级森严、崇尚森林法则的"金字塔"状世界体系。要在此世界体系内完成和实现新时代的任务和目标，不是件容易的事情，甚至在有些人看来是不可能完成的事情。这就需要大战略与有效策略，需要有大智慧。

面对习近平总书记2017年在联合国日内瓦总部演讲时发出"世界怎么了、我们怎么办"的世纪之问，"金字塔"世界体系显得束手无策，提不出有价值的解决理念与办法，西方的理念、价值观、制度显然存在明显缺陷与不足。而以习近平同志为核心的党中央，深刻洞察人类命运前途和时代发展趋势，敏锐把握中国与世界关系的历史性变化，2013年就提出构建"人类命运共同体"理念，向世界给出了中国智慧、中国理念、中国方案。这一理念越来越被国际社会所认可，成为全球共识，2017年3月，首次载入人权理事会决议，2017年11月再次载入联合国决议。正如习近平总书记所说的，"历史发展、文明繁盛、人类进步，从来离不开思想引领"①。"构建人类命运共同体"就是引领历史发展、文明繁盛、人类进步的思想。

实现战略目标需要策略。我们提出构建的人类命运共同体是要建立一个扁平的真正的"地球村"，在这个村落里每个民族、每个国家不分大小、贫富、强弱都一律平等，大家共商共建共享。西方

---

① 习近平：《为建设更加美好的地球家园贡献智慧和力量》（2019年3月26日在巴黎出席中法全球治理论坛闭幕式上的讲话），新华网，http://www.xinhuanet.com/2019-03/27/c_1210092386.htm。

主导了500年的"金字塔"形资本主义世界体系,难道能容忍社会主义中国提出的另外一个扁平形的世界体系的构建?可以想象,过程肯定是复杂且充满斗争的。正在构建的扁平形人类命运共同体必然与现存"金字塔"形资本主义世界体系相互抵牾、相互碰撞,甚至难免引发两者的激烈斗争。有斗争就得要策略。为了使两个体系平行发展,避免两个体系面对面的直接碰撞,我们提出"一带一路"倡议、共商共建共享理念,在"一带一路"平台上,通过政策沟通、设施联通、贸易畅通、资金融通、民心相通"五通"把世界联通,在联通中冲垮、坍塌西方"金字塔"世界体系,使之转变为"地球村"世界——一个人类命运与利益的共同体。

怎样冲垮、坍塌西方"金字塔"资本主义世界体系,助推人类命运共同体的构建?第一,通过中国特色社会主义拓展发展中国家走向现代化的途径,把"金字塔"世界体系底部的广大第三世界国家吸引到中国"朋友圈",起到釜底抽薪的作用。"二战"后,广大发展中国家总是臆想西方现代化就是自己明天的现代化,于是,一厢情愿地跟着西方现代化道路走,心甘情愿地接受西方为其量身定做的一整套发展理论,把自己的发展捆绑在西方现代化发展轨道上。显然,西方开出的药方是不可能帮助发展中国家实现现代化的。历史证明,这些国家都没有很好地发展起来,反而成了西方现代化的附庸。西方现代化完全是"少数人的现代化",其本身根本不允许发展中国家这个"绝大多数"实现像它们一样的现代化。正如2010年奥巴马在澳大利亚就中国发展问题对媒体所说的:如果10多亿中国人口也过上与美国和澳大利亚同样的生活,那将是人类的悲剧和灾难。这说得还不直白吗?西方现代化只能是"少数人的现代化",西方现代化的经典模式是:我现代化了,你们就别想现代化。难道,西方这一"少数人的现代化"道路真的就能堵住广大发展中国家这一"绝大多数人的现代化"道路，让发展中国家无路可走吗？答案是绝对否定的，决不可能堵住。历史同样证明，中国特色社会主义现代化道路就是符合人类社会发展规律的与西方现代化完全不一样的道路，它不仅拓展了发展中国家走向现代化的途径，而且已经得到多数发展中国家的内心认同。

第二，通过中国特色社会主义给世界上那些既希望加快发展又希望保持自身独立性的国家和民族提供全新选择，来松动"金字塔"世界体系中间层的国家，以起到分化资本主义西方"朋友圈"的作用。"二战"后，一些地缘政治非常重要的国家（如日本、韩国、新加坡、北欧国家等）在以美国为首的西方集团的支持下，在经济上获得了长足发展的过程中，在政治上被迫让渡出程度不一的部分主权而失去了一定独立性。2008年国际金融危机直接导致世界经济急刹车，都过去10年了，西方经济至今还处在低迷、疲软状态，未能重回正轨。这引起西方世界大面积地对资本主义制度的深度反思。由此，那些一定程度上受制于以美国为首的西方集团的部分发达国家和中等发达国家，希望加快自身发展又不想受扼于美国，追求国家自由和完全独立自主。无疑，中国特色社会主义现代化道路为它们提供了一个全新选择。

第三，在与美国的有限合作中进行有理有利有节的斗争，在世界舞台不断赢得国际影响力、控制力和话语权。中美两国在经济全球化中"已形成结构高度互补，利益深度交融的经济关系"，"中美合作不仅有利于两国发展，对世界经济增长也具有重要意义"。[①]但美国却无视两国紧密相连的经济关系，毅然决然地发起贸易战、科技战，企图以遏制中国崛起来减缓或挽救其衰落之势。我国始终

---

① 《习近平同奥巴马举行中美元首第二场会晤》，《人民日报》2015年1月13日。

坚持合作是中美两国唯一正确选择。至于贸易战、科技战，我们一定要有自己的立场，要进行有理有利有节的反击，而且反击不能退让、不能妥协，更不能屈服，一定要反击到底直至成功。如果我们没打赢或者屈服的话，各种不可预知的风险就会接踵而至，一是贪婪的美国必会得寸进尺，二是有可能给西方"围殴"中国的机会。如果有理有利有节地应对美国，我们不仅能够使其他西方国家清楚中国的分量与实力，而且还能够在世界舞台赢得国际影响力、控制力和话语权。要知道，谈判桌上很难得到想要的东西，只有经过斗争才能得到所要的"真金白银"。正如中华人民共和国成立初期抗美援朝战争中把美国领导的联合国军打到坐在谈判桌上，我方提议才会被接受。毛泽东有句至理名言：打得一拳开，免得百拳来。今天的中美贸易战也是如此，只要打到美国不得不放下身段与我们谈判，并达成妥协协议，我们才能够在未来全球贸易规则甚至国际新秩序规则的制定权上取得主动和占据话语权。这才是我们要的"真金白银"。

现在，除了社会主义制度和无产阶级政党的优势外，支撑大战略和策略实现的基础性条件在向好发展。金融危机以来，一方面，美国衰落日渐明显，中国发展日益强大，2018 年中国经济总量比 2008 年翻了三倍，已经达到美国经济总量的 76% 之多。英国汇丰控股 2018 年 9 月发布的经济预测称，中国国内生产总值（GDP）2030 年将达到 26 万亿美元，超过美国的 25.2 万亿美元。如果按照购买力平价法计算，中国 GDP 总量早在 2014 年就超过美国。另一方面，美国国家信用在不断透支消耗，中国国家信用却在快速积累，特别是 2013 年以来，中国在国际社会上的信任度越来越高。

四 新时代：世界社会主义发展迎来重大机遇

21世纪上半叶是中国特色社会主义新时代。世界社会主义的前途决定于中国特色社会主义。具有500年历史的社会主义主张在世界上人口最多的中国成功开辟出具有高度现实性和可行性的中国特色社会主义道路，让科学社会主义在21世纪焕发出新的蓬勃生机。新时代中国特色社会主义有三个发展窗口期，即2020年中国全面建成小康社会，2035年基本实现社会主义现代化，2050年全面建成富强民主文明和谐美丽的社会主义现代化强国。新时代中国从"富起来"向"强起来"飞跃与世界政治经济秩序大重组形成同频共振。这是内生性与外生性机遇与挑战的结合。只要平稳安全地渡过三个窗口期，并完成相应的目标任务，到21世纪中叶，社会主义初级阶段宣告结束，中国特色社会主义将迎来更高级阶段（中级阶段或发达阶段），社会主义将迎来一个伟大的、非同寻常的、促进世界发生根本性转变的历史时刻。如果说20世纪俄国十月革命开创了社会主义新纪元，那么可以认为，21世纪下半叶中国将开启世界社会主义复兴新征程。

我们完全可以这样认为，21世纪是世界社会主义运动走向复兴的世纪，是资本主义"世界历史"转变为社会主义"世界历史"的世纪，是人类社会向着美好生活发展的世纪。我们要有这份坚定的自信，这份自信来自我们的道路、理论、制度、文化和政党。

2018 年国际共产主义运动焕发新的生机

潘金娥

2018 年,在马克思诞辰 200 周年和《共产党宣言》发表 170 周年之际,各种纪念马克思的活动在世界各地隆重举行,多国共产党举办学术研讨会,理论家再次肯定《共产党宣言》的历史价值和现实意义。国际共产主义运动在历史与现实、理论与实践、中国与世界的各种互动中激荡。

在社会主义国家,各国共产党举行隆重纪念活动肯定马克思主义的现实意义。中共中央总书记、国家主席习近平发表了重要讲话,高度评价马克思主义在人类历史上的划时代意义。习近平在讲话中强调,《共产党宣言》发表 170 年来,马克思主义在世界上得到广泛传播;在人类思想史上,没有一种思想理论像马克思主义那样对人类产生了如此广泛而深刻的影响。[1] 越共中央党校先后在河内举办了主题为"《共产党宣言》——当今时代的理论与实践价值"和"马克思的思想遗产与时代意义——纪念马克思诞辰 200 周年"的国际学术研讨会,越共中央理论委员会的专家们纷纷撰文,对马克思思想的科学性和时代价值给予了高度评价。古巴举行了题

---

[1] http://cpc.people.com.cn/n1/2018/0504/c64094-29965940.html.

为"何塞·马蒂、卡尔·马克思与社会主义"的研讨会,高度肯定马克思主义的科学性和现实意义。老挝理论家们也纷纷撰文肯定马克思主义具有永久价值。①

在非社会主义国家,纪念活动也是丰富多彩。俄罗斯联邦共产党和左翼运动代表5月5日在莫斯科革命广场向马克思纪念碑隆重献花,各地大学和博物馆都举办会议和展览纪念马克思;俄罗斯联邦共产党于5月11—12日在莫斯科主办纪念马克思诞辰200周年国际论坛,40多个国家的共产党派代表参加。日本共产党下属的新日本出版社主办的《经济》月刊策划专题"推荐马克思经济学";日共中央主办的《月刊学习》杂志分三期连载前党主席不破哲三的文章《学习党纲中的未来社会论——纪念马克思诞辰200周年》。德国举办了题为"从特里尔走向世界:卡尔·马克思的思想及其对世界的影响"的主题展览;罗莎·卢森堡基金会举办大型国际会议,肯定马克思为人类最终解放事业所作出的贡献。英国马克思纪念图书馆举办"纪念马克思诞辰200周年国际研讨会"。法国共产党主办的《人道报》在巴黎主办了"马克思论坛"。比利时工人党在布鲁塞尔举办了"纪念马克思诞辰200周年"活动。葡萄牙共产党举办以"遗产、干预和斗争——改造世界"为主题的大会。意大利重建共产党组办了题为"马克思2018:重建共产主义,重建欧洲"的纪念大会。美国主流媒体《纽约时报》刊发文章《生日快乐马克思,你是对的》。委内瑞拉首都加拉加斯的革命大道举行了马克思铜像的揭幕仪式。印度共产党(马列主义)举办"马克思主义指导意义"座谈会。

这些全球性的纪念活动表明,两个世纪过去了,马克思的学说

---

① [老挝]本·提·库阿米赛:《马克思主义的永久价值》,《马克思主义研究》2018年第12期。

依然闪烁着真理光芒！2018年，西方资本主义国家政局乱象丛生，国际共产主义运动在马克思主义的指引下重新焕发生机。

一　国外社会主义国家改革稳步推进，亮点频出

1. 越共召开十二届七中、八中全会，加强党员干部队伍建设和政治系统革新

2018年越南经济取得了过去十年来最高增速，达到7%。同时在加快融入国际、加强党的建设、法权国家建设和人文建设等方面取得稳步发展。其中，最值得瞩目的是党的干部队伍建设。

2018年5月7日至12日，越共中央在河内召开十二届七中全会，集中讨论了干部队伍尤其是战略级干部队伍的建设问题。会后颁布了《关于加强建设德才兼备的各级干部队伍尤其是战略级干部队伍的决议》《关于干部、公务员、职员、武装力量和企业员工的薪酬制度改革的决议》《关于社会保险政策改革的决议》等三项重要决议。越共十二届八中全会于10月6日召开，中央委员会在本次会议上以100%的赞成率，提名越共中央总书记阮富仲为新一届越南国家主席人选，接替9月去世的越南国家主席陈大光的职务。2018年10月22日，越南第十四届国会第六次会议通过了越共中央政治局的提名，阮富仲宣誓就任越南国家主席，从而实现了越南最高领导职务"党政一肩挑"。这是越南政治系统改革争论不休多年的问题，借此时机实现了一项重大突破。此举被某些媒体解读为越共权力集中化，然而，越南官方强调这一安排并非制度性变革而是眼下没有比阮富仲更合适的人选。因此，不排除越共十三大重新恢复原来"四驾马车"的权力结构。

值得注意的是，2018年越共在反腐方面取得突破性进展，查处

了一批性质恶劣、案情复杂、金额巨大、舆论关注的大案，而且还将反腐利剑指向越共高层，大批高级干部、国有企业高管涉案，其中包括原越共中央政治局委员、胡志明市市委书记丁罗升。2017年12月丁罗升被捕入狱，2018年通过两次审判，丁罗升被判处30年监禁，这是越南有史以来最高职位的官员遭到的审判。与此同时还有一批社会舆论关注经济腐败大案纷纷浮出水面。越共反腐为选拔干净廉洁德才兼备的十三大领导班子奠定了基础。

2. 古巴修改宪法推进更新进程，加强同社会主义国家交往

2018年4月举行的古巴第九届全国人民政权代表大会上，现年57岁的迪亚斯·卡内尔接替劳尔·卡斯特罗，当选古巴国务委员会主席兼部长会议主席，实现了最高领导层的更替。劳尔·卡斯特罗仍然担任古共中央总书记和军队总司令，与此同时在政治局和国务委员会中仍然有80—90岁老人在任。6月，劳尔·卡斯特罗宣布成立修宪委员会，启动古巴宪法修改进程，并派出代表团到中国、越南调研。2018年7月，古巴通过了新宪法修订草案。新宪法草案修改重点在国家和政府机构设置和运行，以及党在国家机构中的地位作用、全国人大常设机构、国家主席、国务院总理和地方机构关系等涉及国家机构改革方面。新宪法草案还对古巴所有制结构、资源分配方式和外资等问题进行阐明。草案明确，古巴经济制度的基础是社会主义全民所有制和计划经济领导体制，同时根据社会利益，考虑市场作用，并对其进行监管；古巴承认的所有制形式包括社会主义全民所有制、合作社、混合所有制、政治及群众组织及个人所有制；国有企业是国民经济的主体；劳动是古巴社会的根本价值，除按劳分配外，古巴人民还享有广泛和平等的社会服务及福利。同时，国家鼓励外资发展，但外资须合理保护和利用古巴人力及自然资源，尊重古巴主权独立。在对外关系方面，古巴力图在深化与传统友国关系的基础上,不断拓展"全方位外交",以期改善国际环境,加快国家建设,与此同时,古巴重申了古巴将加强与拉美及加勒比国家和其他第三世界国家、社会主义国家合作。

值得注意的是,古巴新领导人上台后,加强与社会主义国家的交往和联系。2018年5月,迪亚斯·卡内尔访问了委内瑞拉,11月,当选古巴国务委员会及部长会议主席后,卡内尔对俄罗斯、中国、朝鲜、越南及老挝进行了国事访问,并在访问期间表达了有意借鉴越南和中国改革开放的经验。这些举动表明,卡内尔领导下的古巴,将继续坚持共产党的领导和社会主义道路的政治取向而不会改变。

3. 朝鲜内政外交战略发生重大转变,转向集中精力发展经济振兴科技

2018年,朝鲜发展战略发生重大转变。在2018年的新年致辞中,朝鲜最高领导人金正恩宣布暂停核试验。在元旦过后召开的朝鲜劳动党七届三中全会上,金正恩宣布:"由于2017年宣布完善国家核力量后朝鲜主动采取的行动和努力,全盘形势在有利于朝鲜革命的方向发生剧变。在朝鲜半岛和地区形成趋向紧张缓和与和平的新气流,在国际政治格局正在发生了急剧的变化","在朝鲜稳定地跃居世界一流政治思想强国、军事强国地位的当前阶段,全党全国集中一切力量进行社会主义经济建设,这就是我们党的战略路线"。① 会上颁布的《适应革命发展到新的更高阶段的要求,集中一切力量进行社会主义经济建设》决议书明确:"党和国家的全盘工作就是社会主义经济建设,为此集中一切力量。"为推进新战略路线的顺利实施,朝鲜劳动党提出了明确的保障措施:一是集中全

---

① 《朝鲜劳动党中央举行第七届第三次全会,金正恩出席指导会议》,《朝鲜劳动新闻》,http://www.rodong.rep.kp/cn/index.php? strPageID = SF01_02_01&newsID = 2018 - 04 - 21 - 0001。

国一切力量；二是充分发挥党组织的领导作用；三是构建新的国家权力结构，即党组织—内阁—各个职能部门，全国上下形成一个统一整体，衔接有序，确保执行到位。至此，朝鲜结束自2013年以来实行的"经济建设与核力量建设并举"的战略路线，转向集中全国力量进行社会主义经济建设。七届三中全会之后，朝鲜推出新一轮的经济开发区建设，新设经济开发区达到23个，希望以此推动对外经济合作局面。

在强调经济建设的同时，金正恩还提出"全民科技人才化"计划，目标是把全社会所有人培养成相当于大学水平的知识分子型劳动者和科学技术发展的承担者。在朝鲜劳动党七届三中全会上，金正恩提出了"以科学突飞猛进，以教育保证未来！"的战略口号，并明确加快建设科技强国、人才强国的任务和途径。

朝鲜发展经济的战略转变的根本保障是破除外交的封锁。因此，金正恩同时在外交上主动积极作为，在2018年新年贺词中表示，"有必要打破冻结的韩朝关系现状，迎接民族发展史上特殊且有重大意义的一年"。接着，朝鲜就主动宣布停止核试验，废弃北部核试验场。朝鲜此举赢得了相关国家的赞赏。朝鲜派出代表团参加平昌冬奥会，金正恩开始频繁地与外国领导人接触，中朝首脑三次会晤、朝韩首脑三次会晤、朝美首脑在新加坡首次会晤。在2018年3月金正恩首次访问中国时，中朝两国领导人就发展新时期的中朝关系达成了四方面的原则共识。第一，中朝传统友谊是双方共同的宝贵财富，发展好中朝友好合作关系是双方坚定不移的方针，也是唯一正确选择。第二，中朝同为社会主义国家，双边关系具有重大战略意义，要加强合作、交流互鉴。第三，两党高层交往对于引领双边关系具有不可替代的重要作用，双方应保持经常来往，加强战略沟通，增加理解互信，维护共同利益。第四，夯实民间友好基础是推进中朝关系发展的重要途径,应通过多种形式,加强两国人民交流往来,为中朝关系发展营造良好民意基础。中朝关系迅速恢复密切交往,体现了社会主义国家之间深厚的传统友谊基础,也有利于朝鲜打开外交局面。金正恩在2019年新年贺词中表示,将加强同社会主义国家之间的交流合作。2019年2月,金正恩首次访问了越南,再次表示要珍惜和加强社会主义国家之间的传统友谊。

对朝鲜今后的发展模式,尽管外界有不少猜测,美国极力建议朝鲜复制"越南模式"。朝鲜表示愿意学习中国和越南社会主义经济建设的经验,但坚持自力更生的路线,建设朝鲜式社会主义。在朝鲜国庆70周年大会上,朝鲜最高人民会议常任委员会委员长金永南表示:"在新的战略路线指导下,朝鲜开始了经济建设大进军,以自力更生的精神,在完成国家经济发展五年计划目标中展开了增产突击运动,争取在经济建设和改善民生方面实现决定性转变,建设科技强国、人才强国。"[①]

4. 老挝人民革命党加强党的建设,中老两党加强交流夯实中老命运共同体内涵

2018年,在国际环境诸多不利因素影响下,老挝社会主义克服困难,革新继续推进,保持经济稳步增长、扶贫事业取得积极成果。

2018年5月召开的老挝人民革命党十届六中全会重点研究党的建设问题,加强干部队伍建设,坚持民主集中制,确保选人用人公正透明、正确全面,出台了《关于后备干部队伍建设计划的决议》和《关于建设廉洁坚强稳固的党组织的命令》。会议强调,不断加强党委、纪委、立法机关、审计机关、检察机关和建国阵线、群众

[①] 《金正恩执政以来首次出席朝鲜国庆中央报告大会》,央视网,http://news.cctv.com/2018/09/10/ARTIW6yC6owuZd1iQP4j1sH9180910.shtml。

组织的监督作用，以巩固党的执政基础和国家政权，稳定军心民心，确保党的领导地位，保障国家经济社会持续发展。10月召开的十届七中全会进一步研究了加强党的自身建设，加大反腐败力度，出台措施惩治官僚主义、脱离群众和贪污腐败问题，对两个省部级干部进行了处分。同时还强调要进一步推动革新开放，为2021年3月召开老挝人民革命党十一大做筹备。

在共同推动建设牢不可破的中老命运共同体的良好背景下，中老两党党际交往发挥了重要的战略引领作用。2018年，中老两党两国构建了常态化的交流合作机制，中老两党领导人通过双边互访、年度会晤、多边场合会见等形式，保持和加强中老两国党政军高层交往的优良传统，巩固了政治互信。中老具有战略意义的命运共同体建设内容进一步得到充实。中老命运共同体的成功实践，将为社会主义国家之间深化合作和建立社会主义国家命运共同体树立典范。

二 世界各国共产党积极活动，部分共产党做出战略调整，总体形势喜中有忧

1. 西方国家共产党围绕三个主题举行纪念活动

一是各国共产党以多种形式纪念马克思诞辰200周年和《共产党宣言》发表170周年。

二是多党举行建党100周年纪念活动。2018年是多个国家共产党成立100周年的纪念日，包括希腊共产党、芬兰共产党、乌克兰共产党、德国共产党、匈牙利共产党、阿根廷共产党、奥地利共产党等。

三是多国共产党举行了代表大会，提出了新的发展战略和口

号。其中，印共（马）召开第二十二次代表大会，大会通过的《政治决议》指出，党的一切战略重点是建设一个强大的左翼民主阵线，为了更好地完成革命任务，必须依照马列主义原则和采取民主集中制原则，建立一支遍布全国和强有力的党，并且将增强党的独立性放在重要位置。叙利亚共产党第十二次全国代表大会提出了"保卫祖国，捍卫人民生存""为建立更广泛的国际反帝阵线而斗争"等口号。英国共产党第五十五次全国代表大会谴责脱欧协议的虚伪性。匈牙利工人党第二十七次全国代表大会提出了建立"强大的匈牙利工人党"的口号。法国共产党三十八大通过了题为《21世纪共产党宣言》的文件，重提共产主义的未来目标，呼吁增强党的团结和战斗精神。①

2. 一些国外共产党做出了重大战略调整，加强国际联合

2018年，尼泊尔最主要的两个左派政党尼泊尔共产党（联合马列）和尼泊尔共产党（毛主义中心）于5月17日宣布正式合并，成立了尼泊尔共产党，成为尼泊尔第一大党和执政党。此次合并是尼泊尔共产主义运动史上的里程碑事件，也是2018年国际共运重大事件。新成立的共产党以马克思列宁主义为指导思想，并且采取了双主席制——尼共（联合马列）主席奥利和尼共（毛主义中心）主席普拉昌达同为新党主席，两位主席权力相等，两党人员轮流出任政府总理。新党共计441位中央委员，包括原尼共（联合马列）成员241名，原尼共（毛主义中心）成员200名。

此外，还有些共产党在全国和地方议会选举中取得了显著进步。比如，比利时工人党在2018年10月举行的比利时地方选举中在法语地区一些市镇中得到超过15%的支持率，有望在2019年全

---

① 于海青：《2018年国外共产党的新发展与新态势》，《当代世界》2019年第2期。

国大选中取得新进展。俄罗斯联邦共产党近几年力量有所恢复，党员已达16.2万人，在2018年9月举行的俄罗斯地方选举中，支持率提高了1.1—1.7倍。

与此同时，有些共产党则遭遇选举挫折。其中，塞浦路斯总统大选中，劳动人民进步党大力支持的独立候选人马拉斯经过两轮选举最终落败；在印度地方选举中，印度共产党（马克思主义）在执政25年之久的特里普拉邦失去执政地位；巴西共产党与劳工党结成的竞选联盟在全国大选中败北，且在国民议会和参议院的席位均有减少。还有一些国外共产党面临的国内政治环境恶劣，不断受到执政当局打压，比如乌克兰共产党、波兰共产党、摩尔多瓦共产党人党、苏丹共产党等，在2018年陆续遭遇暴力搜查、逮捕、不公正审判等各种形式的攻击和迫害。

为此，一些共产党根据国内外形势变化进行理论革新和战略调整。其中，2017年12月召开的西班牙共产党二十大重新将列宁主义作为党的指导思想，恢复民主集中制组织原则，制定了构建更积极的议会外行动战略；2018年西班牙共产党连续召开四次中央全会，致力于落实二十大精神，加速推进更广泛左翼力量团结以及实现联合左翼向社会运动转型等任务要求。此外，各国共产党加强了多边、双边联系和交流，加强国际和地区层面各党间的相互沟通、经验分享和团结协作。2018年11月第20次共产党和工人党国际会议在希腊召开，该论坛已成为世界各国共产党最广泛、最主要的联系渠道；而以欧洲共产党会议、圣保罗论坛为代表的共产党及左翼政党年度盛会，则成为共产党的经常性的理论交流平台。各国共产党的国际联合趋势日趋明显。[①]

[①] 于海青：《2018年国外共产党的新发展与新态势》，《当代世界》2019年第2期。

三 资本主义国家深陷困境，大规模社会运动频发，民粹主义凸显

1. 逆全球化思潮与"新冷战"思维威胁国际秩序

近两年来，逆全球化现象在欧美发达国家日趋明显，主要表现为民粹主义复兴、英国"脱欧"、美国"退群"、贸易保护主义加剧等。

2016年，英国通过了"脱欧"全民公投。根据《里斯本条约》的规定，英国将于2019年3月29日子夜正式脱离欧盟，然而，议院和政府间陷入了反复扯皮状态。实际上，英国"脱欧"所体现出的民粹主义在欧洲具有很强的代表性。

特朗普就任美国总统以来，提出"美国优先"的口号，实行贸易保护主义和单边主义。2018年，美国一方面在同许多国家和地区尤其是中国的经贸往来中采取了保护主义举措，频繁加征关税，退出美国认为对其不利的多个国际组织。尤其是挑起中美贸易战，对中美双方乃至世界经济和国际局势都产生了不利影响。

美国之所以发动对华贸易战，根本原因正如新加坡国立大学郑永年教授所言：尽管表面上看是十足的贸易战，但实际上是中西方两种政治经济模式之间的竞争和冲突。中美贸易战表面上表现为两国之间，但根源来自美国内部体制，是美国内部体制消化和应付不了其体制本身所引发的问题，而执政者把此"外化"为贸易战。[①]

不少学者也认为，如果处理不好世界将进入"新冷战"。美国前总统吉米·卡特2018年12月31日也在《华盛顿邮报》发文指

---

① 郑永年：《西方政治经济模式的困境》，联合早报网，http://www.zaobao.com/forum/expert/zheng-yong-nian/story20181225-918522。

出，如果政府高级官员无法对中美关系做出正确判断，"两国之间爆发当代冷战也将不再是天方夜谭"。美国副总统彭斯2018年10月4日在哈德逊研究所发表演讲，指责"中国影响并干预美国的国内政策和政治"，强调中国成为美国的威胁。实际上，所谓"新冷战"，根本原因是美国感到过去几十年来对中国采取的所谓"接触战略"实则为"和平演变"战略已经失败，中国不仅没有走西方式"民主道路"，而且发展出了自己的政治模式，并对亚非拉国家等非西方国家产生很大影响，越来越多的国家学习和仿照中国的体制，这让以美国为首的西方资本主义国家感到其制度和价值观受到了"威胁"，于是重新对中国采取"遏制战略"。西方国家继续秉持冷战思维，其背后体现出的正是霸权主义与强权政治逻辑。

2. 欧洲社会民主主义遭受重创，右翼势力上升，民粹主义运动泛滥成灾

过去两年来，欧洲国家的社会民主主义迎来寒冬。英国工党、法国社会党在2017年都沦落为在野党，德国社民党的日子也不好过，奥地利社民党和捷克社民党在近期的选举中均败北，奥地利极右翼政党进入政府内阁。这些选战的政治风向标志着当今欧洲社会民主主义遭受重创。① 在这样的背景下，在德国、英国、法国和意大利等地，民粹主义和各种右翼思潮泛滥成灾，社会安定受到威胁。

2018年8月，一名德国男子被刺后不治身亡，随后一名叙利亚男子和一名伊拉克男子被逮捕，此事引发了一系列的抗议活动。现场反移民人士有人高喊新纳粹主义口号，行"纳粹礼"。此事引发了2018年10月13日24万人在柏林上街游行，反对仇恨和排外的

---

① 赵俊杰：《透视当今欧洲社会民主主义》，《世界知识》2018年第1期。

种族主义，反对右翼挑衅、歧视、地中海难民死亡和社会福利缩减等。参与示威活动的人越来越多，双方形成对抗局面并造成了多人受伤。

法国也爆发了多次罢工和群众运动，其中以"黄背心运动"影响最大。2018年11月17日，"黄背心"示威抗议活动爆发，此后不断蔓延，马克龙政府被迫做出妥协，取消上调燃油税计划。然而，示威抗议者们的怒火并未平息，人们要求政府上调最低工资标准、降低税收、增加社会福利、放松大学入学限制等。值得注意的是，"黄背心运动"中，法国极左翼和极右翼都参与其中，夹杂各种社会诉求和政治诉求，明显有别于传统左翼运动。

在南欧各国，一些国家左翼民粹主义发展受阻，议题化民粹主义和右翼民粹主义影响扩大，反紧缩的罢工斗争频发。在希腊，从反对修改《罢工法》、争取工人罢工权，到反对美国在希腊建立军事基地，从争取集体性劳动协议权，到反对政府与"三驾马车"妥协性协议签署，希腊民众的全国性大罢工频繁爆发。在意大利，反移民、反欧盟的"五星运动党"赢得2018年全国大选，成为议会第一大党，并与极右翼"北方联盟"组成联合政府。在西班牙，名不见经传的极右翼地方政党"VOX"，在传统左派大本营安达卢西亚的地方大选中一鸣惊人，获得10%支持率和12个议席，这是1978年独裁政治终结后极右翼政党首次在西班牙政治中得到一席之地。

这些群众抗议运动，实际以社会底层民众为主，他们对当前的社会贫富分化、强权和不公表示强烈不满，希望通过示威活动改变生活状况。显然，这些运动不再是传统意义上的社会运动，更不是阶级运动，而基本上是一体多元，成员复杂，有去组织化、去中心化的成分。在这些运动中，欧美各国共产党的影响是有限的，未能发挥引导作用。这些现象表明，国外共产党需要根据新的社会发展形势，及时调整纲领和斗争方向以迎接新的机遇和挑战。

四 结论与展望

在国际格局大发展大变革大调整的背景下，2018年国际共产主义运动可谓在历史与现实、理论与实践、中国与世界的各种互动中形成激荡。在马克思诞辰200周年之际，人们重新认识马克思和马克思主义，而中国特色社会主义40年的实践成就验证了马克思主义的科学性和持久生命力，国际共产主义运动和世界社会主义前景也在中国的引领下重新焕发生机。与此同时，西方资本主义社会的民粹主义、孤立主义泛滥，各种逆全球化乱象丛生。一些西方资本主义国家的右翼势力为维护其意识形态霸权和制度霸权，重新以冷战思维，发动对中国新一轮的遏制和围堵，企图阻止中国特色社会主义的发展，打乱中华民族复兴的步伐，进而阻止中国道路和中国模式日益增长的世界影响力。2018年，两种制度的斗争通过经济贸易之争、发展模式之争显现出来。这种斗争对现有世界格局产生了强烈冲击，引发了人们对世界将向何处去的忧虑。

当前，虽然中国特色社会主义的巨大成功对推动世界社会主义走出低谷孕育复苏发挥了重要作用。但资本主义制度和社会主义制度力量格局对比中，"资强社弱"的基本格局未能改变。当前西方民粹主义现象的大爆发，大都源于人民对社会现状的不满，进而通过抗议要求改变。然而，各国共产党并未在这些社会运动中发挥重要作用，这些社会运动显然还处于组织领导缺乏且各种诉求未能统一的自发状态。因此，在当前条件下，各国共产党如何在纷繁复杂的社会运动中发挥引领作用？世界社会主义国家的改革与创新如何做到既能坚持正确的方向又能实现突破性发展？国际共产主义运动力量如何实现合作和联合？中国在国际共产主义运动中应发挥怎样的作用？这些问题依然需要进一步探讨。国际共产主义运动和世界社会主义的发展仍需砥砺前行。

三

中国特色社会主义的成功,彰显了马克思主义科学社会主义的强大生命力

经济文化落后国家如何建设社会主义?*

王伟光

20世纪,社会主义运动可谓波澜壮阔,跌宕起伏。现实社会主义在经历山重水复疑无路,柳暗花明又一村的发展中,呈现出高潮、低潮、高潮的变化态势。面对严峻的现实和挫折,人们进一步思索:现实的社会主义没有经过资本主义的充分发展,是不是违背了社会发展的一般规律?如果没有违背,那么现实社会主义的发展为什么会遇到这么大的挫折?现代资本主义却反而有了一定程度的发展?如果违背了历史发展规律,那么是否可以认为落后国家走社会主义道路是一个错误的选择、历史的误会,应当回过头来补上资本主义制度的发展道路的课呢?这一切问题,最终又归结到在经济文化比较落后的国家"能否建设社会主义,建设什么样的社会主义,怎样建设社会主义"问题上。带着这一问题,我们采访了王伟光同志[①]。

记者: 160年前,马克思、恩格斯曾经设想社会主义革命将首先同时在西欧北美少数发达资本主义国家发生。后来,通过对东方国家和民族发展道路的研究,他们又补充认为,在一定条件下,经济文化比较落后的国家可以不经过资本主义的充分发展阶段,进行社会主义

---

* 该文发表于《理论视野》2008年第3期。
① 时任中国社会科学院常务副院长。

革命，走上社会主义道路。今天，我们应该如何来认识和理解他们的这一思想？

王伟光：这个问题实际上关系到如何认识马克思主义关于非资本主义道路理论问题。而对这个问题的回答，不仅是关系到如何认识社会形态演变规律的重大理论问题，也是关系到对社会主义发展规律的根本认识问题，对社会主义代替资本主义历史必然性的根本认识问题，对"什么是社会主义、怎样建设社会主义"的根本认识问题。

马克思、恩格斯在创立科学社会主义理论的过程中，在其不断发展和丰富科学社会主义理论的整个一生中，一开始其注意力和着眼点，主要是放在西方发达资本主义国家。他们根据当时的实际，认为无产阶级的社会主义革命将首先在生产力比较发达、无产阶级人数众多的西方资本主义国家发生，而且无产阶级革命只能在发达资本主义国家里，至少是几个主要发达资本主义国家同时发生才能胜利。他们从社会一般发展规律出发认为，社会主义革命之所以首先在发达资本主义国家发生，是因为在那里生产力已经发展到资本主义生产关系阻碍其发展的程度，社会主义革命是资本主义的私人占有性质同社会化大生产的内在矛盾日益激化、不可调和的必然产物，社会主义社会是从资本主义社会内部脱胎出来的社会形态。他们指出，资本主义的充分发展是社会主义社会的历史前提。但此后的社会实践发展促使他们开始注意并研究西方国家社会主义革命和东方国家社会主义革命的不同情况，提出了非资本主义国家走社会主义道路的可能性问题，进一步修订和发展了原先的看法。通过对东方国家和民族发展道路的研究，他们补充认为，在一定条件下，经济文化比较落后的国家可以不经过资本主义的充分发展阶段，跨越资本主义制度的"卡夫丁峡谷"，而进行社会主义革命，走上社会主义道路，实现社会形态的跨越式发展。

事实上，俄国与东方国家能否跨越资本主义制度的"卡夫丁峡谷"，这是马克思晚年遇到的一个极其困难的理论问题。他们通过对俄国保留下来的农村公社"公有"制的认真研究认为，在当时的环境下，俄国农村公社"公有"制有可能直接作为集体公有制的因素在全国范围内发展起来，从而使俄国有可能不经过资本主义制度的"卡夫丁峡谷"，而直接过渡到社会主义。1877年，马克思在写给《祖国纪事》杂志编辑部的信中，说明了关于俄国农村公社制度前途的原因，充分地论述了俄国社会发展的非资本主义道路问题。他指出，整个人类社会最终走向生产力高度发展和人的自由全面发展的社会，但并不是每一个民族都要走同一条道路，采取同一个模式。不同的民族、国家要服从人类历史发展的总规律，但在不同的历史条件下表现出各自的特殊性来。俄国同西欧的情况不同，它有可能跳跃性地发展。

尽管马克思、恩格斯关于跨越资本主义制度的"卡夫丁峡谷"的设想并没有在俄国实现，但是他们所设想的精神实质：在一定条件下，经济文化比较落后的国家可以不经过资本主义的充分发展阶段，而实现社会主义的特殊道路却成为现实。今天，社会主义历史发展进程证明了，绝大多数社会主义国家并不是在资本主义充分发展的基础上产生的，甚至于相当多的社会主义国家是在相对落后的经济条件中生长出来的，这些国家和民族跨越了作为独立历史阶段的资本主义制度充分发展的"卡夫丁峡谷"。这说明：科学社会主义创始人关于在一定条件下，经济文化比较落后的国家跨越资本主义制度的"卡夫丁峡谷"，建设社会主义既是可能的，也是合乎历史发展逻辑的。

进一步认识和理解马克思关于非资本主义道路理论，需要围绕以下四个方面：第一，马克思主义关于非资本主义道路理论，是在承认一般规律的前提下，对历史发展特殊规律的探索。一定要从本国的特殊性出发，来回答"什么是社会主义，怎样建设社会主义"问题。

第二，马克思主义关于非资本主义道路理论，是在充分估计具体历史条件的前提下，对历史发展道路具体多样性的科学预测。这就告诉我们，各国的具体国情不同，社会主义的具体模式和建设社会主义的具体道路也应当是多样化的，而不能是只一个模式，仅一条道路，一定要从历史多样性出发，来回答"什么是社会主义，怎样建设社会主义"问题。第三，马克思关于非资本主义道路的理论，是在肯定社会形态的演进是一个自然历史过程的前提下，注意到作为历史主体的人对历史的选择作用。从中可以认识到，既要坚持社会发展是一个自然历史过程，又要承认人的主体能动性，一定要从历史决定论和历史选择论的辩证统一出发，来回答"什么是社会主义，怎样建设社会主义"问题。第四，马克思主义关于非资本主义道路理论，实际上只是一种审慎的设想，只是一种可能性的分析，尚需经过社会实践的验证。从中可以认识到，"什么是社会主义，怎样建设社会主义"既是一个理论问题，更是一个实践问题，只有随着社会主义实践的不断深入，随着不断的实践的检验，对这个首要的基本问题的认识，才能越搞越清楚，才能不断深化。

记者：历史发展进程虽然印证了马克思、恩格斯关于东方非资本主义国家可以跨越资本主义制度的"卡夫丁峡谷"，而走向社会主义的设想，但这是否又违背了他们关于社会发展一般规律的理论呢？

王伟光：马克思、恩格斯以历史唯物主义原理为指南，以生产力发展状况为基本标准，根据社会基本矛盾运动规律的特点，直接考察了社会生产关系的性质和特征，揭示了社会形态演变的一般规律，即由人的依附的社会形态、到物的依附的社会形态，再到人的自由全面发展的社会形态的由低级社会形态向高级社会形态演变的一般历史进程，并指出资本主义社会经过无产阶级专政的过渡，必然为共产主义社会所代替。共产主义社会又分为共产主义第一阶段，即社会主义社会；共产主义高级阶段，即共产主义社会。后来的马克思主义者根据马克思、恩格斯的社会形态演变规律理论，把人类社会形态发展进程依次概括为原始社会、奴隶社会、封建社会、资本主义社会和共产主义社会。实际上该"五形态"说也仅仅是揭示了人类社会形态发展进程的一般规律。

理论在概括事物本质时，剔除了大量的偶然因素，舍去了活生生的事例，只是对历史发展客观逻辑的一种抽象，并不是对全部社会现象的总汇。社会发展"五形态"说，只是运用科学的抽象方法，对历史发展规律的一种理论上的概括，实际的历史发展情况要复杂得多。"五形态"说只反映了人类历史发展的一个普遍性规律，这个总的趋势是必然的、不可逾越的，然而其具体的发展又不是单一的、直线的、绝对的。至于在一定历史条件下，哪个国家、哪个民族、哪个地区是否可以有特例、有偶然的情况发生，是否都要依次经过同样的社会形态发展阶段，马克思、恩格斯并没有把它绝对化。马克思主义从来不以认识历史过程的一般规律为满足，而是努力进一步探索不同民族、国家和地区符合一般规律的特殊发展道路。

马克思、恩格斯认为，一般地说，像英国等资本主义比较发达的国家，资本主义生产方式是通向共产主义的必经阶段。但他们又预言，像俄国那样经济文化比较落后的国家可以不经过资本主义制度的"卡夫丁峡谷"，而走向社会主义。也就是说，马克思、恩格斯在阐述资本主义生产力和生产关系的矛盾必然导致社会主义革命这一原理时，并不排除不同国家、不同民族、不同地区依各自具体的历史条件所采取的特殊发展道路的特殊性，并不排除某些落后国家在一定条件下实现社会主义变革的可能性。这个重要思想具有世界观方法论的意义，它告诉我们：经济文化比较落后的国家要从本国具体国情出发，选择适合本国特殊性的社会主义模式，走具有本国特色的社会主义发展道路。

马克思关于非资本主义道路理论的实质在于：经济文化比较落后的国家不经过资本主义的充分发展阶段而走上社会主义道路的设想，不是对人类社会历史发展进程一般规律理论的否定，而是对该理论的深化和丰富。

记者：如果说，现实社会主义发展没有违背社会发展一般规律，那么，又该如何看待和认识现实社会主义的发展遭遇的挫折？

王伟光：其实，科学社会主义的创始人不仅预见到非资本主义国家走上社会主义道路的可能性，而且还预见到非资本主义国家走社会主义道路的特殊性和艰巨性。对于东方落后国家走向社会主义，列宁曾经特别强调了这样两点：一是东方国家的共产党人面临着全世界共产党人所完全没有遇到过的任务，就是以共产主义的一般理论和实践为依据，解决本国不是反对资本而是反对中世纪残余这个斗争任务；二是由于历史进程的曲折而不得不开始社会主义革命的那个国家越落后，它由旧的社会关系过渡到社会主义关系就越困难。第二次世界大战之后，包括中国在内的一批经济文化比较落后的国家没有经过资本主义的充分发展阶段而跃进到社会主义，进行社会主义建设的实践，进一步证明了列宁上述思想的正确性。

20世纪社会主义的实践使我们看到，一些经济文化比较落后的国家走上社会主义道路之后，在经济和政治上都曾不同程度地出现了一些问题，社会主义制度遭遇到了重大的挫折和失败。从1989年波兰易旗亡党起，东欧七个社会主义国家先后演变，到1991年12月苏联解体，苏联东欧社会主义建设道路探索归于失败，世界社会主义运动遭到重大挫折，教训极其深刻。就苏联失败教训来说，在思想理论上，教条主义禁锢，思想僵化，唯书唯上，照抄照搬，脱离本国国情；在政治领域中，长期实行权力高度集中的政治体制，忽视社会主义民主与法制建设，官僚主义盛行，严重脱离群众；在经济发展上，计划经济体制一统天下，经济结构严重失衡，片面发展重工业特别是国防工业，收入分配长期搞平均主义，人民生活改善十分缓慢；在对外关系上，搞大国主义，大党主义，干涉其他社会主义国家内政，全面扩军备战，与美国争霸，消耗和削弱自身的实力。东欧社会主义国家又照搬斯大林模式，发展畸形，缺乏活力。从思想政治路线上来总结，最根本的原因是，在西方和平演变的诱导下，苏联、东欧各国从否定共产党领导和社会主义道路开始，彻底背叛了马克思主义，全面接受西方资本主义意识形态，全盘照搬西方政治经济制度，导致严重倒退。当然，从建设社会主义首要的基本问题的意义上说，这仍是与没有从理论与实践的结合上搞清楚"什么是社会主义，怎样建设社会主义"问题有关。

社会主义各国的经验教训，特别是苏联东欧社会主义事业倒退的沉痛教训，我国从1957年到1976年社会主义建设的经验教训表明，一定要坚持马克思主义基本原理和基本路线，坚持四项基本原则，绝不能离开本国实际，照抄照搬科学社会主义创始人关于"什么是社会主义，怎样建设社会主义"的现成结论，照抄照搬别国的模式，教条式地理解"什么是社会主义，怎样建设社会主义"，从本本出发，是根本搞不清楚"什么是社会主义，怎样建设社会主义"这个首要的基本问题的。

记者：马克思、恩格斯虽然提出了非资本主义国家走社会主义道路的可能性问题，但是他们也指出，实现社会主义，需要有一定的社会历史前提，对于这个前提，您作如何理解？

王伟光：马克思、恩格斯虽然提出了非资本主义国家走社会主义道路的可能性问题。但他们也强调，东方非资本主义国家走向社会主义，实现社会形态的跨越式发展，必须建立在吸收资本主义制度所创造的一切积极成果的基础之上。也就是说，实现社会主义，需要有一定的社会历史前提，尤其是物质条件。恩格斯指出："只有在社会生产力发展到一定程度，发展到甚至对我们现代条件来说也是很高的程度，才有可能把生产提高到这样的水平，以致使得阶级差别的消除成为真正的进步，使得这种消除可以持续下去……"① 可见，他们关于社会主义的理论思考，从一开始就同民粹派的农业空想社会主义划清了界限。

基于此，经济文化落后国家在建设社会主义国家过程中，必须清楚地面对和思考以下两个方面的问题：

第一，人类社会是一个自然历史过程，生产力和经济发展的时间可以有长有短，速度可以有快有慢，甚至可以积极吸取先进技术和物质条件实现跨越式的发展，但是生产力和经济发展所必要的自然发展条件、所经历的自然发展阶段却是不可任意舍去的。马克思在《资本论》第1卷第1版序言中明确指出："一个社会即使探索到了本身运动的自然规律，……它还是既不能跳过也不能用法令取消自然的发展阶段。但是它能缩短和减轻分娩的痛苦。"② 处于资本主义世界体系中的经济文化比较落后的国家，在一定条件下，可能不经过资本主义的充分发展阶段，而选择社会主义制度。这就是说，在一定条件下，可以实现资本主义制度的"跨越"，但资本主义发达的生产力以及它所创造的一切优秀文明成果却是不可"跨越"的；先进的社会制度是可以选择的，但社会发展的生产力和经济状况的既定前提却是不可选择的。在建立了先进的社会制度的情况下，人们必须凭借先进的社会制度，大力发展社会生产力，尽快

---

① 恩格斯：《流亡者文献》，《马克思恩格斯选集》第3卷，人民出版社1995年版，第273页。
② 马克思：《资本论》第1卷，《马克思恩格斯选集》第2卷，人民出版社1995年版，第101页。

地在经济发展上赶上并超过发达的资本主义国家，只有这样，新生的社会制度才能获得巩固，并且充分地体现出它的优越性来。

第二，马克思、恩格斯所讲的社会主义的全社会占有、计划经济、按劳分配这些重要特征，是指在资本主义生产力高度发展，资本主义生产关系再也不能容纳生产力发展的前提下，通过社会主义革命所建成的社会主义所具有的主要特征，这里有一个发达生产力的重要前提条件。在马克思、恩格斯的论述中，这个重要前提是不言而喻的。也就是说，从生产力发展、经济发展的必然性来说，真正合格的社会主义必须有高度发达的社会化大生产作为物质基础。当一个民族，在一定条件下，经过努力建立了比较先进的社会制度，那么这个民族所面临的首要任务则是利用先进的社会制度，加速社会生产力的发展。市场经济是社会发展的一个不可逾越的自然历史阶段。在经济文化比较落后的国家建设社会主义，既要看到在一定条件下社会主体对先进的社会制度具有一定的选择性，又要看到经济文化比较落后的国家建设社会主义是不可以超越生产力高度发展、市场经济充分成熟的自然历史阶段。社会主义必然要经历生产力高度发展、市场经济充分成熟的自然历史阶段。

记者： 回顾中国特色社会主义建设道路的探索进程，回顾对于"什么是社会主义，怎样建设社会主义"这个首要的基本问题的认识过程，可以从中得出怎样带有规律性的重要启示？

王伟光： 我认为有四点是必须坚持的：第一，必须始终坚持马克思主义思想路线，把科学社会主义的基本原理同中国的具体国情相结合。一切从实际出发，解放思想、实事求是的思想路线是我们党全部理论和实践的灵魂，也是中国特色社会主义理论和实践的精髓，是正确回答在经济文化比较落后的中国"建设什么样的社会主义，怎样建设社会主义"的理论基点。中国特色社会主义道路，既符合科学社会主义的基本原理，又符合中国的具体国情，是科学社会主义基本原理与中国特色社会主义实践的具体实际相结合的产物。要回答和解决"什么是社会主义，怎样建设社会主义"，就必须从中国的实际国情出发，独立自主地走适合自己特点的发展道路。

第二，必须科学判断时代特征和正确把握时代主题，把科学社会主义基本原理同当今时代的具体世情相结合。世情的关键是时代问题，回答好世情，就要解决好对时代特征的科学判断，对世界主题的准确把握，对国际形势的正确认识。这是马克思主义政党制定正确的路线、方针、政策的客观根据，是中国特色社会主义建设道路成功探索的客观根据，也是回答"什么是社会主义，怎样建设社会主义"的客观依据。

第三，必须始终不渝地坚持正确的理论、路线的指导。中国特色社会主义理论体系，是指导我们推进中国特色社会主义建设事业不断发展的强大思想武器。要坚定不移地高举邓小平理论和"三个代表"重要思想旗帜，全面落实科学发展观，只有这样才能继续做好"什么是社会主义，怎样建设社会主义"这篇大文章。

第四，必须始终加强执政党的建设，不断增强党的执政能力，永葆党的先进性，使党永远站在时代的前列，始终成为中国特色社会主义事业的坚强领导核心。"中国的事情关键在党"。"要把中国的事情办好，关键取决于我们党。"进入新世纪、新阶段，面对新形势、新任务、新要求，中国共产党作为执政党面临世界大变化、执政和改革开放市场经济"三大考验"，经历总领导革命夺取政权到执政搞建设，从计划经济条件下执政到市场经济条件下执政的"两大转折"，一定要解决好执政水平和领导水平，抵御风险能力和拒腐防变能力的"两个水平、两个能力"问题。

历史的经验告诉我们：必须搞清楚"什么是社会主义，怎样建设社会主义"这个首要的基本问题*

王伟光

科学社会主义创始人创建科学社会主义理论的同时，也就把"什么是社会主义，怎样建设社会主义"这个重大课题提了出来。回答在经济文化比较落后的国家"什么是社会主义，怎样建设社会主义"问题，实际上就是回答关于经济文化比较落后的国家"能否建设社会主义，建设什么样的社会主义，怎样建设社会主义"问题。

科学社会主义创始人在创立科学社会主义理论的过程中，在其不断发展和丰富科学社会主义理论的整个一生中，把注意力和着眼点主要放在西方发达资本主义国家，他们曾经设想社会主义革命将首先同时在西欧北美少数发达资本主义国家发生。正是从这一观点出发，科学社会主义创始人提出并回答了"什么是社会主义，怎样建设社会主义"问题。他们的答案主要是针对少数发达资本主义国家实现社会主义革命、进行社会主义建设的情况的。后来的实践发展促使科学社会主义创始人进一步修订和发展了原先的看法。通过

---

* 该文为作者主编《社会主义通史》（八卷本）"序"的一部分，2008年3月撰写，人民出版社2011年版。

对东方国家和民族发展道路的研究，他们补充认为，在一定条件下，经济文化比较落后的国家可以不经过资本主义的充分发展阶段，而进行社会主义革命，走上社会主义道路。提出了在经济文化比较落后的国家能否率先走上社会主义道路的问题，即在经济文化比较落后的国家"能否建设社会主义，建设什么样的社会主义，怎样建设社会主义"问题。正是现实的社会发展进程把"什么是社会主义，怎样建设社会主义"这个活生生的、重大的课题进一步提了出来。

马克思、恩格斯创立了历史唯物主义，论证了人类社会从低级社会形态依次向高级社会形态的演进是一个自然的历史过程，揭示了人类社会历史发展的一般演变规律。他们从社会一般发展规律出发认为，社会主义革命之所以首先在发达资本主义国家发生，是因为在那里生产力已经发展到资本主义生产关系阻碍其发展的程度，社会主义革命是资本主义的私人占有性质同社会化大生产的内在矛盾日益激化、不可调和的必然产物，社会主义社会是从资本主义社会内部脱胎出来的社会形态。他们指出，资本主义的充分发展是社会主义社会的历史前提。他们根据当时的实际，认为无产阶级的社会主义革命将首先在生产力比较发达、无产阶级人数众多的西方资本主义国家发生，而且无产阶级革命只能在发达资本主义国家里，至少是几个主要发达资本主义国家同时发生才能胜利。此后的社会实践发展使科学社会主义创始人开始注意并研究西方国家社会主义革命和东方国家社会主义革命的不同情况，提出非资本主义国家走社会主义道路的可能性问题。马克思、恩格斯认为，东方非资本主义国家走向社会主义，在特定的条件下，能够不通过资本主义制度的"卡夫丁峡谷"，而吸收资本主义制度所创造的一切积极成果，实现社会形态的跨越式发展。他们还预见到非资本主义国家走社会主义道路的特殊性和艰巨性。

历史发展进程的现实恰恰是：绝大多数社会主义国家并不是在资本主义充分发展的基础上产生的，甚至于相当多的社会主义国家是在相对落后的经济条件中生长出来的，这些国家和民族跨越了作为独立历史阶段的资本主义制度充分发展的"卡夫丁峡谷"。历史的事实印证了马克思、恩格斯关于东方非资本主义国家可以不经过资本主义制度的"卡夫丁峡谷"而走向社会主义的设想。历史雄辩证明：科学社会主义创始人关于在一定条件下，落后国家可以不经过资本主义充分发展阶段而走上社会主义道路的设想是可能的。

但现实生活中的另一个重要表现却是，一些经济文化比较落后的国家走上社会主义道路之后，在经济和政治上都曾不同程度地出现了一些问题，甚至相当多的社会主义国家，如苏联、东欧诸国发生了蜕变，社会主义制度遭遇到了重大的挫折和失败。

面对严峻残酷的现实，人们进一步思索：现实的社会主义没有经过资本主义的充分发展，是不是违背了社会发展的一般规律？如果没有违背，那么现实社会主义的发展为什么会遇到这么大的挫折，现代资本主义却反而有了一定程度的发展？如果违背了历史发展规律，那么是否可以认为落后国家走社会主义道路是一个错误的选择、历史的误会，应当回过头来补上资本主义制度的发展道路的课呢？这一切问题，又会归结到在经济文化比较落后的国家"能否建设社会主义，建设什么样的社会主义，怎样建设社会主义"问题上，即"什么是社会主义，怎样建设社会主义"问题上。

如此重大的现实问题反映到理论上，就是20世纪80年代以来国内外学术界关于社会形态演变规律的一场大争论，其中对马克思主义关于社会主义发展的非资本主义道路问题的不同理解，是这场争论的焦点之一。一种意见认为，马克思、恩格斯对东方社会发展理论的探讨，提出了落后国家可以不经过资本主义的充分发展阶段，跨越资本主义制度的"卡夫丁峡谷"，进入社会主义的论证，是对历史发展一般进程、一般规律的否定。这种意见的结果是逻辑地引出：从封建社会经由资本主义社会，再经过社会主义的过渡而达到共产主义社会的依次演变不是一般规律，落后国家建设社会主义，可以跨越现有生产力的发展，跨越市场经济的发展，而直接进入计划经济的全社会公有制的社会形态。另一种意见认为，马克思、恩格斯的探索只不过是一种假设，在现实生活中不可能实现。这种意见从表面上看是肯定社会历史发展的一般规律，实际上却含蓄地否认经济文化比较落后的国家建成社会主义的可能性，认为资本主义生产方式是社会历史发展不可逾越的历史阶段，经济文化比较落后的国家即使社会主义革命成功了，也要回过头来"补资本主义制度的课"。

如何认识马克思主义关于非资本主义道路理论，这不仅是关系到如何认识社会形态演变规律的重大理论问题，也是关系到对社会主义发展规律的根本认识问题，对社会主义代替资本主义历史必然性的根本认识问题，对"什么是社会主义、怎样建设社会主义"的根本认识问题。

一 科学社会主义创始人关于俄国这样经济文化比较落后的国家有没有条件，有没有可能走社会主义道路问题的研究，实质上为回答经济文化比较落后的国家"能否建设社会主义，建设什么样的社会主义，怎样建设社会主义"问题提供理论支持

自 19 世纪 70 年代以来，俄国资本主义虽然已有了较大程度的发展，但是，仍然带有浓厚的封建色彩。一方面，沙皇军事封建专

制制度和地主土地所有制度占统治地位；另一方面，由于经济发展落后，俄国在一定程度上还明显地残留着以原始土地"公有"和土地个体耕种为主要特征的早期所有制关系——农村公社所有制。由于当时国内外矛盾的激化，俄国正在经历着一场革命危机，已经出现的革命形势，促使马克思、恩格斯着手研究俄国如何走向社会主义的具体道路问题，也就是，像俄国这样的情况，是否必须经历资本主义的充分发展阶段，才能实现社会主义革命，是否有可能以农村公社"公有"制为社会主义革命的起点，从而超过资本主义充分发展阶段。换句话说，俄国的农村公社所有制有没有可能在一定条件下转为高级的社会主义公有制形式。实质上，这就提出了在通向社会主义的大道上，是否世界各国都必须经过资本主义充分发展阶段，像俄国这样经济文化比较落后的国家，有没有可能、有没有条件走实现社会主义的非资本主义道路，也就是说，要回答在俄国这样的国家"能否建设社会主义，建设什么样的社会主义，怎样建设社会主义"问题，才能进一步回答"什么是社会主义，怎样建设社会主义"课题。

马克思、恩格斯非常关注俄国保留下来的农村公社"公有"制。经过认真的研究，他们认为，在当时的环境下，俄国农村公社"公有"制有可能直接作为集体公有制的因素在全国范围内发展起来，从而使俄国有可能不经过资本主义制度的"卡夫丁峡谷"，而直接过渡到社会主义。马克思、恩格斯得出这个判断是经过理论上的深思熟虑的，而且是有前提条件的。这个思想主要是在马克思、恩格斯对摩尔根《古代社会》的研究，马克思写给《祖国纪事》杂志的复信草稿等文稿中体现出来的。通过对摩尔根《古代社会》的研究，马克思受到深刻的启发，他认为，社会进步的标准并非每个民族都要经历充分的资本主义训练，或许会找到一条在具体历史和民族条件下，能够不经过发达资本主义而通向共产主义的道路。在写给维·伊·查苏利奇的三个内容丰富的复信草稿中，马克思深化了关于社会形态演变规律的理论。他把建立在原始公有制基础上的社会形态称之为人类社会的"原生"形态或"古代"形态，把建立在私有制基础上的阶级社会看作"次生"形态。"农村公社"是"原生"的社会形态的最后阶段，同时也是向"次生"的社会形态过渡的阶段，即以公有制为基础的社会向以私有制为基础的社会过渡的阶段。① 他认为，历史发展将以合作生产来代替资本主义生产，以古代类型的所有制最高形式即共产主义所有制来代替资本主义私有制，这是最后一个"次生"形态的最高形式。"在俄国公社面前，资本主义是处于危机状态，这种危机只能随着资本主义的消灭、现代社会的回复到'古代'类型的公有制而结束。"② 正是在这个论证的基础上，马克思集中探讨了俄国社会发展的非资本主义道路问题，从而提出了在一定条件下，落后国家可以不经过资本主义的充分发展阶段，而走上社会主义道路的重要思想，提出了关于社会形态演变规律的重要理论，为科学回答在经济文化比较落后的国家"能否建设社会主义，建设什么样的社会主义，怎样建设社会主义"问题提供了理论支持。

1877 年，马克思写给《祖国纪事》杂志编辑部的信中，说明了关于俄国农村公社制度前途的原因，充分地论述了俄国社会发展的非资本主义道路问题。当时，马克思写给《祖国纪事》杂志编辑部的信的初衷是纠正俄国民粹派人物米海洛夫斯基对《资本论》的误解。米海洛夫斯基抓住刊载在《资本论》德文版第 1 卷补遗里的一个附注，企图把马克思关于西欧资本主义起源的历史概述变成为

---

① 《马克思恩格斯全集》第 19 卷，人民出版社 1963 年版，第 450 页。
② 同上书，第 432 页。

一般发展道路的历史哲学理论。马克思运用历史唯物主义原理分析了历史过程的辩证法,纠正了这一错误认识。他指出,整个人类社会最终走向生产力高度发展和人的自由全面发展的社会,但并不是每一个民族都要走同一条道路,采取同一个模式。不同的民族、国家要服从人类历史发展的总规律,但在不同的历史条件下表现出各自的特殊性来。俄国同西欧的情况不同,它有可能跳跃性地发展。他认为:"一定要把我关于西欧资本主义起源的历史概述彻底变成一般发展道路的历史哲学理论,一切民族,不管他们所处的历史环境如何,都注定要走这条道路,——以便最后都达到在保证社会劳动生产力极高发展的同时又保证人类最全面的发展的这样一种经济形态。但是我要请他原谅。他这样做,会给我过多的荣誉,同时也会给我过多的侮辱。"[①] 马克思认为这是违背他的唯物主义历史观本意的。他说,如果把复杂历史过程中的"每一个都分别加以研究,然后再把它们加以比较,我们就会很容易找到理解这种现象的钥匙;但是,使用一般历史哲学理论这一把万能钥匙,那是永远达不到这种目的的,这种历史哲学理论的最大长处就在于它是超历史的"[②]。一般历史哲学不能代替具体的历史过程。

当然,在对待俄国农村公社问题上,马克思、恩格斯一开始就同民粹派的农业空想社会主义划清界限。1875年,在《论俄国的社会问题》中,恩格斯坚持批判民粹派源自赫尔岑和巴枯宁的观点:工业国家的无产阶级已经堕落,在农村公社基础上建立社会主义社会的使命落在了俄国农民的肩上。恩格斯认为,实现社会主义,需要有一定的社会前提,尤其是物质条件,"只有在社会生产力发展到一定程度,发展到甚至对我们现代条件来说也是很高的程

[①] 《马克思恩格斯全集》第19卷,人民出版社1963年版,第130页。
[②] 同上书,第131页。

度，才有可能把生产提高到这样的水平，以致使得阶级差别的消除成为真正的进步，使得这种消除可以持续下去……"①。正是基于这样一个理论前提，恩格斯认识到：俄国的农村公社在一定情况下有可能"转变为高级形式"，"然而这只有在下述情况下才会发生，即西欧在这种公社所有制彻底解体以前就胜利地完成无产阶级革命并给俄国农民提供实现这种过渡的必要条件，特别是提供在整个农业制度中实行必然与此相联系的变革所必需的物资条件"。② 实际上，当时马克思、恩格斯已经看到，由于俄国正在迅速走向"资本主义"发展，农村公社幸存的机会微乎其微，但他们仍然积极阐明这种理论上的可能性。

1881 年，马克思在给维·伊·查苏利奇的一封信中指出："俄国是在全国广大范围内把土地公社占有制保存下来的欧洲唯一的国家，同时，恰好又生存在现代的历史环境中，处在文化较高的时代，和资本主义生产所统治的世界市场联系在一起。"③ 就国内情况来说，"农村公社的土地公有制赋予它以集体占有的自然基础"④，使俄国"有可能直接地、逐步地把小土地个体耕作变为集体耕作"⑤；另外，俄国农村公社又"和控制着世界市场的西方生产同时存在"⑥，它的这种"历史环境（资本主义生产和它同时存在）又给予它以实现大规模组织起来的合作劳动的现成物质条件"⑦。这样，俄国"可以不通过资本主义制度的'卡夫丁峡谷'，而吸取资

---

① 《马克思恩格斯选集》第 3 卷，人民出版社 1995 年版，第 273 页。
② 同上书，第 282 页。
③ 《马克思恩格斯全集》第 19 卷，人民出版社 1963 年版，第 444 页。
④ 同上书，第 451 页。
⑤ 同上书，第 435 页。
⑥ 同上。
⑦ 同上书，第 451 页。

本主义制度所取得的一切肯定成果"①。马克思还认为,"现代社会所趋向的'新制度'将是'古代类型'社会在一种更完善的形式下(in a superior form)的复活(a revival)"。

马克思在研究俄国社会发展的非资本主义道路问题时,曾多次使用过"资本主义制度的卡夫丁峡谷"的用语,这是一个历史典故。"卡夫丁峡谷"是古罗马卡夫丁城附近的一条峡谷,公元前321年,罗马军队在卡夫丁峡谷被萨姆尼特人打败,被强迫通过"牛轭"作为对败军最大的侮辱。由此,"通过卡夫丁峡谷"一语便被赋予遭受极大的挫折、困难和侮辱的含义。在这里,马克思借用以表示资本主义制度作为一个独立的历史阶段所必然带来的"可怕的挫折""危机""苦难"等,并且进一步暗指,在一定的历史条件下,经过主观努力,像俄国这样的东方民族和国家可以不经过资本主义制度的波折和危难,而走上社会主义道路。

后来,在1882年为格奥尔基·普列汉诺夫翻译的俄文版《共产党宣言》所写的序言中,马克思、恩格斯才把前面的表述公布于众,他们声明:"假如俄国革命将成为西方无产阶级革命的信号而双方互相补充的话,那么现今的俄国土地公有制便能成为共产主义发展的起点。"② 1894年,恩格斯在新版《〈论俄国的社会问题〉跋》中强调,当西欧人民的无产阶级取得胜利和生产资料转归公有之后,那些刚刚踏上资本主义生产道路而仍然保全了氏族制度或氏族制度残余的国家,可以利用这些公有制和与之相适应的人民风尚作为强大手段,来大大缩短自己向社会主义发展的过程。这不仅适用于俄国,而且适用于处在资本主义以前发展阶段的一切国家。最后,恩格斯又重新强调了这种情况产生的必要的国际环境和社会条

---

① 《马克思恩格斯全集》第19卷,人民出版社1963年版,第451页。
② 《马克思恩格斯选集》第1卷,人民出版社1995年版,第251页。

件,"但这方面必不可少的条件是:目前还是资本主义的西方作出榜样和积极支持"①。

马克思、恩格斯对俄国走向公有制社会道路的理论探讨说明,在国际国内的特殊条件下,经济文化比较落后的国家跨越资本主义制度的"卡夫丁峡谷",建设社会主义既是可能的,也是合乎历史发展逻辑的。马克思、恩格斯的这些论述在总的发展趋势上已经为后来的实践所证实了。在20世纪初第一次世界大战爆发的特定历史条件下,俄国在没有经过资本主义的充分发展阶段的情况下,取得了社会主义革命的胜利。相对于经过资本主义的充分发展阶段而过渡到社会主义的一般规律来说,俄国革命的成功无疑具有特殊性。列宁在反驳当时一些机会主义者对这种特殊性的攻击时认为,这种特殊性是由第一次世界帝国主义战争的特殊条件和俄国的特殊情况所决定的,并认为:"在先进国家无产阶级的帮助下,落后国家可以不经过资本主义发展阶段而过渡到苏维埃制度,然后经过一定的发展阶段过渡到共产主义。"② 在具体的历史条件下,列宁进一步发展了马克思、恩格斯关于在特定的条件下,经济文化比较落后的俄国可以不经过资本主义的充分发展阶段而过渡到社会主义的思想。结合当时的时代特点,针对经济文化比较落后的俄国的实际,列宁提出社会主义可以在一国首先取得革命胜利,强调经济文化比较落后的国家的无产阶级在夺取政权以后要实现党和国家工作重心的战略转移。国家支配着一切大的生产资料,无产阶级掌握着国家政权,是建成社会主义所必需而且足够的一切。社会主义最终胜利的根本保证是创造出比资本主义更高的劳动生产率。

经过一段社会主义实践,在总结经验教训的基础上,列宁又提

---

① 《马克思恩格斯选集》第4卷,人民出版社1995年版,第443页。
② 《列宁选集》第4卷,人民出版社1995年版,第279页。

出了新经济政策，对经济文化比较落后的国家走向社会主义的现实途径进行了新的探索，对社会主义道路有了新的认识。关于东方落后国家走向社会主义，列宁特别强调两点：一是东方国家的共产党人面临着全世界共产党人所完全没有遇到过的任务，就是以共产主义的一般理论和实践为依据，解决本国不是反对资本而是反对中世纪残余这个斗争任务；二是由于历史进程的曲折而不得不开始社会主义革命的那个国家愈落后，它由旧的社会关系过渡到社会主义关系就愈困难。第二次世界大战之后，包括中国在内的一批经济文化比较落后的国家没有经过资本主义的充分发展阶段而跃进到社会主义，进行社会主义建设的实践，进一步证明了马克思、恩格斯、列宁上述思想的正确性。当然，这只是奠定了解决在经济文化比较落后的国家，"能否建设社会主义，建设什么样的社会主义，怎样建设社会主义"问题的理论前提，至于在经济文化比较落后的国家"什么是社会主义，怎样建设社会主义"问题，还要留待后来的科学社会主义的实践者们进一步回答。

二 全面理解科学社会主义创始人关于在一定条件下，经济文化比较落后的国家可以不经过资本主义充分发展阶段，而走上社会主义道路的论述，可以从唯物史观的高度引发出对"什么是社会主义、怎样建设社会主义"的认识与回答

科学社会主义创始人关于俄国这样经济文化比较落后的国家"能否建设社会主义，建设什么样的社会主义，怎样建设社会主义"的初步的理论解答，实际上就是从唯物史观的高度，对"什么是社会主义，怎样建设社会主义"课题的解答。

第一，马克思主义关于非资本主义道路理论，并不是对世界历史过程一般规律的否定，而是在承认一般规律的前提下，对历史发展特殊规律的探索。从中可以认识到，一定要从本国的特殊性出发，来回答"什么是社会主义，怎样建设社会主义"问题。

马克思、恩格斯以历史唯物主义原理为指南，以生产力发展状况为基本标准，根据社会基本矛盾运动规律的特点，直接考察了社会生产关系的性质和特征，揭示了社会形态演变的一般规律，即由人的依附的社会形态、到物的依附的社会形态，再到人的自由全面发展的社会形态的由低级社会形态向高级社会形态演变的一般历史进程，并指出资本主义社会经过无产阶级专政的过渡，必然为共产主义社会所代替。共产主义社会又分为共产主义第一阶段，即社会主义社会，共产主义高级阶段，即共产主义社会。后来的马克思主义者根据马克思、恩格斯的社会形态演变规律理论，把人类社会形态发展进程依次概括为原始社会、奴隶社会、封建社会、资本主义社会和共产主义社会。实际上该"五形态"说也仅仅是揭示了人类社会形态发展进程的一般规律。

理论在概括事物本质时，剔除了大量的偶然因素，舍去了活生生的事例，只是对历史发展客观逻辑的一种抽象，并不是对全部社会现象的总汇。列宁指出，规律并不包括现象中的一切联系，现象比规律更丰富，现象是整体，"规律＝部分"。历史唯物主义的任何一个原理都只是对社会现象本质特征的概括，并不是对全部历史事实的罗列和堆砌。社会发展"五形态"说，只是运用科学的抽象方法，对历史发展规律的一种理论上的概括，实际的历史发展情况要复杂得多。"五形态"说只反映了人类历史发展的一个普遍性规律，这个总的趋势是必然的、不可逾越的，然而其具体的发展又不是单一的、直线的、绝对的。至于在一定历史条件下，哪个国家、哪个民族、哪个地区是否可以有特例、有偶然的情况发生，是否都要依次经过同样的社会形态发展阶段，马克思、恩格斯并没有把它绝对化。列宁认为："世界历史发展的一般规律，不仅丝毫不排斥个别发展阶段在发展的形式或顺序上表现出特殊性，反而是以此为前提的。"① 历史的必然性正是通过各种特殊性为自己开辟道路，马克思主义从来不以认识历史过程的一般规律为满足，而是努力进一步探索不同民族、国家和地区符合一般规律的特殊发展道路。这是因为，其一，五种社会形态只是典型的社会发展模式，它们并不是固定的模式，社会形态的典型性并不排除具体发展道路的多样性。在人类社会发展"五大"形态之间，还存在非典型性、过渡性的社会。其二，在人类社会发展的共同道路上，有些民族、国家和地区，借助于某种特殊的条件，可以超越历史发展的一个或几个阶段，直接进入某一高级阶段，表现出历史发展的跳跃性。譬如，我国一些少数民族，在中国共产党的领导下，分别从奴隶社会、封建社会，甚至原始部落后期的社会形态直接进入社会主义初级阶段。其三，人类社会发展依次经历的每一个社会形态，尽管都有各自的本质特征，但在不同民族、不同国家，甚至不同地区，由于历史条件不同，同样性质的社会形态具有不同的表现特点，甚至会出现不同性质乃至对立的社会制度并存的现象，有时同一性质的社会形态却包含不同的、对立的经济成分和政治因素。譬如，中国的封建社会同西欧的封建社会有不同的特点；同样的中华民族可以有不同的制度并存，甚至在社会主义国家内部也可以采取"一国两制"的形式；在我国现阶段存在着以公有制为主体、多种经济形式并存的经济结构；等等。因此，社会形态的发展是普遍性和特殊性，一致性

---

① 《列宁选集》第4卷，人民出版社1995年版，第776页。

和多样性的统一。

历史的发展是两个必然趋势的统一：一方面，整个人类历史必然要遵循社会形态演变的一般发展规律，这是社会形态发展的普遍逻辑；另一方面，在整个社会发展进程中，也不排除某个民族、某个国家、某个地区走一条特殊的道路。对于这点，科学社会主义的经典作家也不否定，他们认为，一般地说，像英国等比较发达的资本主义国家，资本主义生产方式是通向共产主义的必经阶段。但他们又预言，像俄国那样经济文化比较落后的国家可以不经过资本主义制度的"卡夫丁峡谷"，而走向社会主义。马克思说："按照我们的观点，一切历史冲突都根源于生产力和交往形式之间的矛盾。此外，不一定非要等到这种矛盾在某一国家发展到极端尖锐的地步，才导致这个国家内发生冲突。"① 正因为这样，马克思、恩格斯在阐述资本主义生产力和生产关系的矛盾必然导致社会主义革命这一原理时，并不排除不同国家、不同民族、不同地区依各自具体的历史条件所采取的特殊发展道路的特殊性，并不排除某些落后国家在一定条件下实现社会主义变革的可能性。这个重要思想具有世界观方法论的意义，经济文化比较落后的国家要从本国具体国情出发，选择适合本国特殊性的社会主义模式，走具有本国特色的社会主义发展道路。

第二，马克思主义关于非资本主义道路理论，是在充分估计具体历史条件的前提下，对历史发展道路具体多样性的科学预测。从中可以认识到，各国的具体国情不同，社会主义的具体模式和建设社会主义的具体道路也应当是多样化的，而不能是只一个模式，仅一条道路，一定要从历史多样性出发，来回答"什么是社会主义，

---

① 《马克思恩格斯选集》第1卷，人民出版社1995年版，第115页。

怎样建设社会主义"问题。

一般寓于特殊之中，必然性通过偶然性而表现出来。任何个别、特殊都有其个别、特殊的具体条件。离开具体条件无所谓特殊，离开偶然也无所谓必然。虽然，马克思、恩格斯关于俄国有可能经过农村公社"公有"制而直接过渡到社会主义的思想没有成为现实，但是，列宁领导的社会主义革命在落后的俄国成功的实践，充分证明了在特定的历史条件下，资本主义制度的"卡夫丁峡谷"是可以跨越的。当然，在这里，条件是非常重要的。马克思、恩格斯以及列宁在谈到对资本主义制度的"卡夫丁峡谷"的跨越时，都是把这种跨越同一定国家所面临的国际国内具体历史条件联系在一起。列宁在谈到俄国未经过资本主义的充分发展阶段而进入社会主义发展道路的特殊性时说，这种特殊性"当然符合世界发展的总的路线"[1]。从正处于资本主义向社会主义过渡这个时代特点出发，列宁认为，整个世界进程面临着向"更高级的制度的过渡"[2]，并且认为由于帝国主义经济政治发展的不平衡，社会主义革命可以在资本主义体系的薄弱环节突破，首先在一国取得胜利。

具体来说，俄国的资本主义没有得到充分发展，也是由于特殊的国际国内条件造成的。首先，从俄国历史发展的一般趋势来说，从封建社会的自然经济过渡到高度发达的共产主义产品经济，必然有一个中间阶段，这个阶段就是资本主义高度发展的历史阶段。历史的具体事实表明，在俄国封建社会发展的后期已经产生了资本主义的萌芽，如果没有国际环境造成的特殊条件，这些资本主义萌芽按其自然进程发展下去，必然会导致充分发展的资本主义社会。实际上，当时俄国的资本主义之所以没有得到充分发展，也是由特殊

---

[1] 《列宁选集》第 4 卷，人民出版社 1995 年版，第 776 页。
[2] 《列宁选集》第 2 卷，人民出版社 1995 年版，第 650 页。

的国际环境和国内条件造成的。其次，马克思所设想的俄国这样经济文化比较落后的国家，之所以有可能跨越资本主义制度的"卡夫丁峡谷"，则是以世界资本主义的存在、发展直至灭亡为前提的。如果世界还没有进入资本主义时代并且发展到帝国主义阶段，也就根本不可能造成社会主义革命成功的形势，不可能出现跨越资本主义制度"卡夫丁峡谷"的情况。最后，当时俄国革命所处的时代，在国际上，资本主义世界陷入严重的、全面的政治经济危机，世界无产阶级革命运动和民族民主解放运动蓬勃发展；在俄国国内，资本主义一定程度的发展，工人阶级队伍的形成，工人运动的开展，马克思主义与工人运动相结合，马克思主义政党的建立和走向成熟，工农联盟力量的强大……这些都是经济文化比较落后的国家可以不经过资本主义的充分发展阶段，而进入社会主义发展道路所具备的国内外条件，也正是这些类似条件促使其他一些经济文化比较落后的国家选择了社会主义道路。

马克思在谈到俄国农村公社的发展趋势时，进一步说明了俄国农村公社跨越"卡夫丁峡谷"的条件，他说："'农村公社'的这种发展是符合我们时代历史发展的方向的，对这一点的最好证明，是资本主义生产在它最发达的欧美各国中所遭到的致命危机，而这种危机将随着资本主义的消灭、随着现代社会的回复到古代类型的最高形式，回复到集体生产和集体占有而结束。"[①] 这就是说，国际环境是俄国农村公社跨越"卡夫丁峡谷"的必要条件。各国进行社会主义革命和社会主义建设的具体条件不同，具体国内外环境不同，因而可以采取多种形式，形成多种模式，强求一致是违背历史发展辩证法的。

---

① 《马克思恩格斯全集》第19卷，人民出版社1963年版，第439页。

第三，马克思关于非资本主义道路理论，是在肯定社会形态的演进是一个自然历史过程的前提下，注意到作为历史主体的人对历史的选择作用。从中可以认识到，既要坚持社会发展是一个自然历史过程，又要承认人的主体能动性，从历史决定论和历史选择论的辩证统一出发，来回答"什么是社会主义，怎样建设社会主义"问题。

人类社会的发展是由生产力进步所引起的社会基本矛盾运动而造成的自然历史过程。它虽然有其特殊的运动规律，但其发展进程最终却要服从整个自然历史过程所体现出来的一般规律，突出表现为人类社会的生产力、经济的发展过程是一个不以人的意志为转移的过程，人类社会的发展要服从生产力、经济发展的规律。唯物史观必定要坚持历史决定论的立场。

社会历史的发展同时又是人的有目的、有意识地改造活动的过程，社会形态的更替、历史的发展虽然不以哪个人的意志为转移，但却又是无数个人的目的、意志所驱使的人的活动的总和。历史发展是由生产力的发展、经济的发展所决定的，但同时，作为历史发展中的人对历史的发展却具有一定的选择作用和能动作用。在阶级社会中，社会制度的更替是通过先进阶级和劳动群众适应生产力发展的规律，推翻反动阶级统治的社会革命来实现的。在现实生活中，造成某一国家社会革命的诸多条件并不是与生产力的发展水平机械对应的，在这里既有历史的客观条件具备问题，也有主观条件的成熟问题。在现实生活中，生产力发展水平较低的国家，往往在一定条件下，却有可能比较好地发挥主体能动性，较早地取得社会革命的成功，在一定程度上选择较为先进的社会制度，实现社会形态的变革。这种状况造成了在世界历史发展进程中，各个国家呈现出不平衡状态，表现出一些特殊的规律性来。"二战"之后，一些经济文化比较落后的国家先后走上社会主义道路的事实表明，在资本主义世界遇到严重经济政治危机的客观条件下，当人们面临着社会主义制度和资本主义制度两种选择时，一般不会选择正陷入空前危机的资本主义制度，而选择社会主义道路。

我们说，作为主体的人在历史发展进程中，具有一定的能动性和选择性，可以促成社会历史发展的跳跃，但这是有条件的。首先，任何先进制度的建立都离不开一定的生产力条件以及其他客观条件，任何历史条件的变迁都无法违背自然历史过程的总规律。以中国为例，如果没有世界无产阶级革命运动的发展，如果旧中国没有近代工业的基础，没有200万产业工人，那么，工人阶级及其先锋队无论如何也不可能取得中国革命的成功。其次，在具备了一定的客观条件，首先是生产力条件的基础上，还必须具备一定的主观条件及其他必要条件，否则仍然不可能建立起先进的社会制度。而那些生产力条件虽然好，但主观条件及其他条件不成熟的地方，却仍然有可能处于比较落后的社会制度状态。

人类社会是一个自然历史过程，生产力和经济发展的时间可以有长有短，速度可以有快有慢，甚至可以积极吸取先进技术和物质条件实现跨越式的发展，但是生产力和经济发展所必要的自然发展条件、所经历的自然发展阶段却是不可任意舍去的。马克思在《资本论》第1卷第1版序言中明确指出："一个社会即使探索到了本身运动的自然规律，……它还是既不能跳过也不能用法令取消自然的发展阶段。但是它能缩短和减轻分娩的痛苦。"① 从生产力发展、经济发展的必然性来说，真正合格的社会主义必须有高度发达的社会化大生产作为物质基础。当一个民族，在一定条件下，经过努力

---

① 《马克思恩格斯选集》第2卷，人民出版社1995年版，第101页。

建立了比较先进的社会制度，那么这个民族所面临的首要任务则是利用先进的社会制度，加速社会生产力的发展。市场经济是社会发展的一个不可逾越的自然历史阶段。在经济文化比较落后条件下建立的社会主义国家，不应当消灭市场经济，而是应当利用先进的社会制度，大力发展市场经济，促进社会生产力的发展。在经济文化比较落后的国家建设社会主义，既要看到在一定条件下社会主体对先进的社会制度具有一定的选择性，又要看到经济文化比较落后的国家建设社会主义不可以超越生产力高度发展，市场经济充分成熟的自然历史阶段，社会主义必然要经历生产力高度发展，市场经济充分成熟的自然历史阶段。

第四，马克思关于非资本主义道路理论，实际上只是一种审慎的设想，只是一种可能性的分析，尚需经过社会实践的验证。从中可以认识到，"什么是社会主义，怎样建设社会主义"，既是一个理论问题，更是一个实践问题，只有随着社会主义实践的不断深入，随着不断的实践的检验，对这个首要基本问题的认识，才能越搞越清楚，才能不断深化。

一方面，马克思历来反对用历史发展的同一模式去衡量、去预言一切民族或国家的发展道路，在承认历史发展一般规律的普遍性基础上，他始终重视探讨不同地区、不同民族或不同国家发展社会主义的特殊规律。马克思在《资本论》中指出，任何时候，只要分析与某一社会生产力的发展水平相适应的生产条件所有者同直接生产者的关系，进而就能"为整个社会结构……为任何当时的独特的国家形式，找出最深的秘密，找出隐蔽的基础"[①]。另一方面，马克思同样认为，也不能简单地认为只要了解某个具体的国家或民族的

---

① 《马克思恩格斯全集》第 25 卷，人民出版社 1974 年版，第 891—892 页。

生产力发展水平和结构，就一定了解它的社会结构的全部细节，因为它"可以由于无数不同的经验的事实，自然条件，种族关系，各种从外部发生作用的历史影响等等，而在现象上显示出无穷无尽的变异和程度差别，这些变异和程度差别只有通过对这些经验所提供的事实进行分析才可以理解"①。这也就是说，在分析社会历史发展进程时，必须坚持普遍与特殊相结合的分析方法。但是，从普遍原理过渡到对特殊对象的分析，却是一件困难的事情，俄国与东方国家能否跨越资本主义制度的"卡夫丁峡谷"，这是马克思晚年遇到的一个极其困难的理论问题。

在运用普遍原理分析当时俄国的具体国情时，马克思指出："'农业公社'所固有的二重性""也可能逐渐成为公社解体的根源"，②"如果俄国继续走它在1861年所开始走的道路，那它将会失去当时对历史所能提供给一个民族的最好的机会，而遭受资本主义制度所带来的一切极端不幸的灾难"③。马克思在普遍意义上充分估计到俄国社会的资本主义制度发展的可能性。同时，他又深入研究了俄国的国际环境，国内的经济政治状况，清楚地估计到俄国通过公社"公有"制，而不经过资本主义制度直接过渡到社会主义的可能性。但是尽管如此，他关于"跳跃"资本主义制度的"卡夫丁峡谷"的分析也只是一种设想。关于这个问题，他采取了一种极其慎重的态度。实际上，在1877年11月左右给《祖国纪事》编辑部的信中，他并没有对能否"跳跃"的问题给予明确的答复，并且也没有寄出这封信。过了将近四年之后，当查苏利奇来信谈到同样的问题，并焦急地盼望马克思给予明确的答复时，马克思才不得不再

---

① 《马克思恩格斯全集》第25卷，人民出版社1974年版，第892页。
② 《马克思恩格斯全集》第19卷，人民出版社1963年版，第434页。
③ 同上书，第129页。

次处理这个极为困惑和烦恼的难题。马克思给查苏利奇的信前后共有四稿，初稿8000字，中间又写了2—3稿，最后稿只有500字。即使在这500字中，仍然没有对俄国能否"跳跃"给予肯定的答复。马克思在世时，这个公开答复发表在《共产党宣言》1882年俄文版序言中，他说："对于这个问题，目前唯一可能的答复是：假如俄国革命将成为西方无产阶级的信号而双方相互补充的话，那么现今的俄国土地公有制便成为共产主义发展的起点。"① 这个答复表明，马克思以为俄国"跳跃"的可能性是有条件的，如果俄国革命推翻了沙皇的统治并引发了西方革命，而西方的无产阶级革命与俄国革命又联系起来，那么俄国社会才有可能"跳跃"，一切皆取决于条件。

马克思、恩格斯关于俄国农村公社问题的论述对经济文化比较落后的国家过渡到社会主义无疑是有启发和借鉴意义的。但他们认为，要经过哪些"社会和政治发展阶段"才能实现，"只能作一些相当空泛的假设"。关于俄国社会的"跳跃"问题，是马克思、恩格斯在特定条件下的"假设"，是对一般规律特殊性表现的"假设"，这种"假设"是有条件的，能否成为现实必须经过社会实践的检验。对于"什么是社会主义，怎样建设社会主义"的科学回答，来源于实践的不断创新、不断检验、不断证实。

尽管马克思、恩格斯关于跨越资本主义制度的"卡夫丁峡谷"的设想并没有在俄国实现，但是他们所设想的精神实质：在一定条件下，经济文化比较落后的国家可以不经过资本主义制度的充分发展阶段，而实现社会主义的特殊道路却成为现实。马克思关于非资本主义道路理论的实质在于：经济文化比较落后的国家不经过资本

---

① 《马克思恩格斯选集》第1卷，人民出版社1995年版，第251页。

主义的充分发展阶段而走上社会主义道路的设想，不是对人类社会历史发展进程一般规律理论的否定，而是对该理论的深化和丰富。处于资本主义世界体系中的经济文化比较落后的国家，在一定条件下，可能不经过资本主义制度的充分发展阶段，而选择社会主义制度。这就是说，在一定条件下，可以实现资本主义制度的"跨越"，但资本主义发达的生产力以及它所创造的一切优秀文明成果却是不可"跨越"的；先进的社会制度是可以选择的，但社会发展的生产力和经济状况的既定前提却是不可选择的。在建立了先进的社会制度的情况下，人们必须凭借先进的社会制度，大力发展社会生产力，尽快地在经济发展上赶上并超过发达的资本主义国家，只有这样，新生的社会制度才能获得巩固，并且充分地体现出它的优越性来。科学社会主义创始人关于在一定条件下，经济文化比较落后的国家可以不经过资本主义制度的充分发展阶段，而进行社会主义革命，走上社会主义道路的科学预见，是对在经济文化比较落后的国家"能否建设社会主义，建设什么样的社会主义，怎样建设社会主义"科学回答的理论前提，只有解决了这个理论前提，才能进一步说明并搞清"什么是社会主义，怎样建设社会主义"这一首要的基本问题。

不断充实 21 世纪当代中国马克思主义的实践贡献和时代价值*

王伟光

今年是马克思主义的创始人、伟大的思想家和革命实践家卡尔·马克思诞辰 200 周年，也是标志马克思主义诞生的《共产党宣言》发表 170 周年。马克思指出："哲学家们只是用不同的方式解释世界，而问题在于改变世界。"马克思之所以被誉为"千年第一思想家"，不仅因为他创立的学说开创了人类思想革命的新纪元，是迄今为止人类理论思维的最高峰，而且因为马克思主义引导世界无产阶级和进步力量极其深刻地改变了人类历史发展进程，改变了整个世界的面貌。马克思能取得如此大的成就，就在于他首先是一个革命家，始终以满腔的热情，坚韧不拔和卓有成效地进行斗争。

作为马克思主义的坚定信仰者和忠诚践行者，我们怀着万分虔诚的感情，深刻缅怀马克思的伟大思想和历史贡献。习近平总书记在 2018 年 5 月 4 日纪念马克思诞辰 200 周年大会上的讲话中指出："两个世纪过去了，人类社会发生了巨大而深刻的变化，但马克思的名字依然在世界各地受到人们的尊敬，马克思的学说依然闪烁着

---

* 该文发表于《世界社会主义研究动态》2018 年 5 月 29 日第 63 期。

耀眼的真理光芒！""共产党人要把读马克思主义经典、悟马克思主义原理当作一种生活习惯、当作一种精神追求，用经典涵养正气、淬炼思想、升华境界、指导实践。"一定要掌握马克思主义的"看家本领"。这充分体现了以习近平同志为核心的党中央对马克思主义的深刻认识和高度重视，是习近平总书记基于理论逻辑、历史经验和现实发展对全党提出的时代使命，也是对马克思最有价值、最有意义的纪念。我们一定要遵循习近平总书记的要求，高举马克思主义伟大旗帜，真正把马克思主义这个看家本领学精悟透用好，继承和发扬马克思的崇高理想和革命斗志，不断坚持和发展马克思开创的事业，不断充实21世纪当代中国马克思主义的伟大实践贡献和时代意义。

一　马克思主义是与时俱进、颠扑不破的真理体系

科学性，即真理性是马克思主义的本质特征。马克思主义诞生于19世纪。英国文学家狄更斯指出，"这是最好的时代，也是最坏的时代"。资本主义机器大生产的发展，一方面创造了空前的社会财富，另一方面造成并暴露了尖锐的社会矛盾，两极严重分化，经济危机频发，劳动人民备受压迫。马克思和恩格斯深入剖析了当时的社会矛盾，在吸收前人研究成果的基础上，创立了辩证唯物主义和历史唯物主义，第一次把哲学变成了一门完备的科学，在人类认识史上实现了革命性变革；发现了剩余价值学说，揭露资本主义生产和剥削的秘密，说明了无产阶级和资产阶级对立和斗争的根源，创立了马克思主义政治经济学；使社会主义从空想变成了科学，揭示了人类社会发展规律，证明社会主义是资本主义经济发展的必然结果，创立了科学社会主义理论体系。马克思主义为无产阶级革

命、实现社会主义和共产主义提供了科学的世界观和方法论。

19世纪后期到20世纪前期,第二次科技革命使资本主义从自由走向垄断,资本主义列强为重新瓜分世界进行了世界大战,革命风起云涌,出现了马克思、恩格斯不曾预见的新情况、新问题。列宁深入研究了当时的时代特征,指出帝国主义是资本主义的最高阶段,认为在资本主义统治链条最薄弱环节可以率先实现社会主义革命,建立无产阶级政权,实行社会主义制度和劳动人民自己的政权。列宁领导俄国无产阶级和广大劳苦大众成功地在资本主义世界打开了缺口,取得了十月革命的胜利,建立了世界上第一个社会主义国家,使科学社会主义从理想变为现实。列宁主义是无产阶级革命实践经验的结晶,是帝国主义和无产阶级革命阶段的马克思主义。

十月革命一声炮响,给中国送来了马克思列宁主义。中国先进分子从马克思列宁主义的科学真理中找到了解决中国问题的正确出路。马克思列宁主义使中国人在精神上由被动转入主动,极其深刻地改变了中华民族精神面貌和历史命运。毛泽东同志牢牢把握时代发展特征和中国革命实际,创造性地坚持和发展马克思主义,把马克思列宁主义与中国具体实际相结合,带领中国人民找到了一条以农村包围城市、武装夺取政权的正确革命道路,经过28年浴血奋战,建立了中华人民共和国,又成功领导了社会主义革命,确立了符合我国实际的先进的社会主义制度。在伟大的革命实践和国家建设中,毛泽东思想应运而生,并不断丰富发展,实现了马克思列宁主义与中国革命具体实际的第一次伟大结合。

1978年,中国进入了改革开放新的历史时期。邓小平同志精辟地分析了国际国内重大变化,判断"和平与发展"已经成为时代主题,坚持解放思想、实事求是,紧紧围绕"什么是社会主义、怎样建设社会主义"这个根本问题,开辟了中国特色社会主义道路,确立了中国特色社会主义制度，创建了中国特色社会主义理论体系，极大地推进了马克思主义中国化的新进展，实现了马克思列宁主义与中国实际相结合的第二次伟大结合与历史性飞跃。

世纪之交，经济全球化和社会主义市场经济的发展使中国共产党人面临着诸多挑战，焦点集中到"建设一个什么样的党、怎样建设党"这个战略问题上。江泽民同志提出的"三个代表"重要思想回应了时代要求，将马克思主义中国化的最新成果推向了21世纪。党的十六大以来，胡锦涛同志准确把握世界发展趋势，深入分析我国发展的阶段性特征，提出以人为本、全面协调可持续的科学发展观。这一重要思想坚持马克思主义的立场、观点和方法，系统回答了"实现什么样的发展、怎样发展"这一重大课题，实现了马克思主义中国化的又一次与时俱进，进一步丰富了中国特色社会主义理论体系。

进入21世纪，我们党团结带领全国各族人民沿着中国特色社会主义道路砥砺前行，社会主义现代化建设取得辉煌成就。特别是党的十八大以来，以习近平同志为核心的党中央举旗定向、谋篇布局，统筹推进"五位一体"总体布局，协调推进"四个全面"战略布局，提出了一系列治国理政新理念新思想新战略，解决了许多长期想解决而没有解决的难题，办成了许多过去想办而没有办成的大事，推动党和国家事业发生历史性变革，中国特色社会主义进入了新时代。习近平同志以马克思主义政治家、思想家的政治自觉、政治勇气、政治毅力、政治定力，带领全党全国人民统揽伟大斗争、伟大工程、伟大事业、伟大梦想，从理论和实践结合上系统回答"新时代坚持和发展什么样的中国特色社会主义、怎样坚持和发展中国特色社会主义"这一个重大时代课题，为党和国家事业开辟了光明前景，在伟大的社会实践中形成了习近平新时代中国特色社会主义思想。习近平新时代中国特色社会主义思想攀登了马克思主义理论思维的新高峰，开创了当代中国马克思主义的新境界，是马克思主义和中国特色社会主义伟大实践相结合的最新成果。习近平新时代中国特色社会主义思想将马克思主义中国化的理论成果提高到了前所未有的高度，实现了马克思主义中国化的新的伟大结合与历史性飞跃，极大地丰富和发展了21世纪当代中国马克思主义。

马克思诞辰至今200年的世界风云变幻已经雄辩地证明马克思主义是一脉相承，又不断发展的科学理论，是与时俱进、颠扑不破的伟大真理，是始终照耀中国人民和世界人民推进历史前进的永不熄灭的常明灯塔。

二　21世纪当代中国马克思主义的历史性实践贡献

实践性是马克思主义优于人类一切理论体系的鲜明特质。任何科学理论都不是凭空产生的，既是社会实践的产物，又是社会实践的指南。作为21世纪马克思主义，习近平新时代中国特色社会主义思想源于伟大的社会实践，也必将成为夺取中国特色社会主义伟大胜利、实现中华民族伟大复兴的实践指南，必定为全世界的实践发展作出重要贡献。

党的十八大以来，习近平同志准确把握当今世界和中国发展大势，顺应实践要求和人民愿望，推动党和国家事业发生历史性变革。这些变革是深层次的、根本性的，变革的力度之大、范围之广、效果之显、影响之深，在党的历史上、在中华人民共和国历史上、在中华民族发展史上，都具有开创性意义。正是这些伟大的社会实践孕育了21世纪当代中国马克思主义——习近平新时代中国特色社会主义思想，也正是21世纪当代中国马克思主义——习近平新时代中国特色社会主义思想指引了中国人民的伟大社会实践。

实践探索没有止境，理论创新也没有止境。创新的科学理论必须通过伟大的社会实践才能得以创新并展现其真理性。作为21世纪当代中国马克思主义，习近平新时代中国特色社会主义思想具有高度的理论价值和实践意义，其实践要求突出体现在中国特色社会主义的基本方略上。基本方略首先明确了新时代中国特色社会主义实践的领导核心。中国特色社会主义最本质的特征是中国共产党领导，中国特色社会主义制度的最大优势是中国共产党领导。党政军民学，东西南北中，党是领导一切的。党的领导地位是历史的选择、人民的选择。中国革命建设改革的伟大实践表明，没有党的领导，就没有新中国，就没有社会主义在中国的实践，就没有中国特色社会主义的开创和发展，中华民族伟大复兴必然会沦为空谈。基本方略还规划了新时代中国特色社会主义实践的全新格局，全面体现了"五位一体"总体布局和"四个全面"战略布局，明确了以人民为中心、全面深化改革、新发展理念、人民当家作主、全面依法治国、社会主义核心价值体系、在发展中保障和改善民生、人与自然和谐共生、总体国家安全观、党对人民军队的绝对领导、"一国两制"和推进祖国统一、构建人类命运共同体、全面从严治党等"十四条基本方略"。这"十四条基本方略"既是习近平新时代中国特色社会主义思想的重要组成部分，又是夺取中国特色社会主义伟大胜利，决胜全面建成小康社会，进而全面建设社会主义现代化强国的根本遵循，为中国特色社会主义建设作出了极其重要的实践与理论贡献。

马克思主义揭示了人类社会由低级到高级、由简单到复杂的发展规律，即人类社会由原始社会、奴隶社会、封建社会、资本主义社会，经过社会主义的长过程，进入共产主义社会，这是一个不可逆转的历史趋势。20世纪末，世界社会主义运动遭遇挫折，有人妄言历史已经终结，有人认定只有西方发展模式才能实现现代化。然而事实证明，这些观点全是井底之蛙所见。当世界社会主义运动暂时陷入低谷之时，我们党团结带领全国各族人民走上了中国特色社会主义道路的康庄大道。几十年来，我们坚持聚精会神搞建设、一心一意谋发展，创造了人类历史的奇迹。中国人民生活从短缺走向充裕、从贫困走向小康，并将在2020年全面建成小康社会，在2035年基本实现社会主义现代化，在21世纪中期把我国建成富强民主文明和谐美丽的社会主义现代化强国。中国人民的成功实践昭示世人，中国道路、中国方案是通向现代化的光明之路，只要找准方向、确定道路、坚定不移、驰而不息，一定能够到达胜利的彼岸。

中国共产党是为中国人民谋幸福的伟大政党，也是为人类进步事业而奋斗的伟大政党，中国共产党始终把为人类作出新的更大的贡献作为自己的使命。习近平总书记提出的"人类命运共同体"理念既体现出马克思主义宏大的世界视野，又彰显出为世界谋大同的伟大情怀。作为构建人类命运共同体的伟大探索，"一带一路"指明了新型经济全球化发展的方向，使沿线国家能够共同发展、共享繁荣，开创了中国特色社会主义开放发展新实践。在习近平新时代中国特色社会主义思想的引领下，广大发展中国家可以根据本国实际，自愿选择不经过资本主义的"卡夫丁峡谷"，不经过资本主义制度的痛苦而实现现代化，给世界上那些既希望加快发展又希望保持自身独立性的国家和民族提供了全新选择。这是21世纪当代中国马克思主义对全世界全人类最重要的实践贡献。

三 习近平新时代中国特色社会主义思想具有伟大的时代意义

时代是个内涵丰富的概念，有广义和狭义之分，广义的时代概念是指从唯物主义历史观的角度所判定的人类社会形态发展的大的历史时代，狭义的时代概念是指人类社会发展进程中以经济、政治、文化等具体状况为依据所判定的历史阶段。这两个角度的时代概念是深刻理解当代中国习近平新时代中国特色社会主义思想时代意义的两个重要观察维度。

从两个时代维度看，一方面我们仍处在马克思主义所判定的"大的历史时代"，即人类社会处在世界资本主义占统治地位而又由资本主义向社会主义、社会主义向共产主义过渡的大时代。在这一历史进程中，资本主义基本矛盾没有改变，人类社会演进的历史趋势也没有改变；另一方面，经过长期努力，中国特色社会主义进入了新时代，这是我国发展新的历史方位。中国特色社会主义新时代，既符合社会发展的"大的历史时代"，又有别于唯物主义历史观所判定的大的历史时代。习近平新时代中国特色社会主义思想是马克思主义时代化的最新成果，既是人类历史大的发展时代的时代产物，又深深植根于中国特色社会主义新时代实际国情。它紧扣当今中国和世界的时代特征，又准确把握住了党的十八大以来我国社会主要矛盾的变化和社会发展的新特征，从而科学回答了21世纪中国和世界面临的新的时代课题，极大地拓展了马克思主义在21世纪的新的时代视野，极大地丰富了马克思主义世界观和方法论，使科学社会主义在21世纪的中国焕发出强大生机活力，奏响了马克思主义在21世纪的最强音。习近平新时代中国特色社会主义思想是当之无愧的21世纪当代中国的马克思主义，这一重要思想不仅开启了新时代，也必将引领新时代。

中国所处的当今世界，既是一个充满机遇与挑战的时代，又是一个正在深刻变革的时代。一方面，物质财富不断积累，新一轮科技和产业革命给人类社会发展带来新的机遇，人类文明发展到历史最高水平；另一方面，世界两极分化进一步扩大，世界矛盾更加尖锐化，一些国家和地区的人民仍然生活在战争和冲突的阴影之下，很多老人、妇女、儿童依然饱受饥饿和贫穷的折磨，气候变化、恐怖主义、战争流血、各种灾难、重大传染性疾病等依然是人类面临的重大挑战。"面对复杂变化的世界，人类社会向何处去？亚洲前途在哪里？"习近平同志在2018年博鳌亚洲论坛上发出了"时代之问"。世界潮流，浩浩荡荡，顺之则昌，逆之则亡。习近平同志深刻分析了21世纪的世界大势和时代潮流，总结了"和平合作""开放融通""变革创新"三个关键词，明确提出共创和平、安宁、繁荣、开放、美丽的亚洲和世界的中国方案，为世界发展贡献了中国智慧。英国著名学者艾瑞克·霍布斯鲍姆指出，要解决21世纪世界面临的难题，就必须思考马克思所提出的问题。在新世纪，马克思主义愈发显现出跨越时代的真理魅力。作为21世纪当代中国的马克思主义，习近平新时代中国特色社会主义思想在把握历史规律，认清世界大势，顺应时代潮流的基础上，完美地回答了"时代之问"，充分彰显了其伟大的时代意义。

时代是思想之母，实践是理论之源。要聆听时代的声音，回应时代的呼唤，把握历史脉络，在新时代中国特色社会主义伟大实践中坚持和发展21世纪当代中国马克思主义。习近平新时代中国特色社会主义思想是历史性与时代性的辩证统一，是理论性与实践性的高度统一，为马克思主义的发展、世界社会主义运动的发展、全人类的发展作出了极其重要的贡献，具有伟大的时代意义。

从世界社会主义与资本主义前途命运视角看：中国特色社会主义道路联通世界

贺新元

中国共产党人站在前人八十余年（1840—1921年）探索救亡图存之路的不断试错基础上，领导中国人民历经革命、建设、改革开放和正在进行的新时代全面深化改革，实现了从"倒下去"到"站起来"、再到"富起来"和走向"强起来"的历史性飞跃。这是一个中国与世界进行角色关系转换的时空过程，这是中国联通世界、推进人类命运共同体构建的过程。

近代以来中国与世界关系经历五次重大角色转换，这些转换揭示出，中国特色社会主义道路既是实现中华民族伟大复兴的必由之路，同时承载着联通世界、推进人类命运共同体的双重历史使命。中国与世界关系的五次重大角色转换及产生的后果分别是：在挨打中倒下去，不断且深度地被动纳入西方主导的世界殖民体系；在革命中站起来，作为完全主权国家回归国际社会，开始重新屹立在世界民族之林；纵横捭阖、突破围堵，全面探索社会主义建设，在西方主导的世界体系中站稳住了；启动改革开放，开创中国特色社会主义，在主动深度融入西方世界体系中富起来了；进入新时代，坚持全面深化改革，与时俱进，继续拓宽中国特色社会主义道路，必将在强起来过程中，全面实现社会主义现代化强国和民族复兴，实现联通世界，以更加昂扬的姿态屹立于世界民族之林。

一 为什么要联通世界？

联通世界的目的当然不只是物理意义上联通，而是具有改造世界的伟大价值取向的，即推进人类命运共同体的构建，引导世界向着共产主义方向前进。共产主义不是"地域性的"，而是"世界历史性存在"。马克思、恩格斯在《德意志意识形态》一文中特别强调，共产主义"只有作为'世界历史性的'存在才有可能实现"①；"共产主义只有作为占统治地位的各民族'一下子'同时发生的行动，在经验上才是可能的"②；而这些都必须"以生产力的普遍发展和与此相联系的世界交往为前提的"③。这就明确地告诉无产阶级：第一，只要资本主义社会基本矛盾存在，无产阶级和人类解放的任务就没有完成；第二，共产主义不可能是"地域性的"，必须是"世界历史性存在"，一国实现不了共产主义；第三，共产主义实现需要两个前提条件，一是生产力普遍发展和在此基础上的世界联通，二是各无产阶级民族首先要复兴为统治阶级并同时发动行动。文中所讲的联通世界的过程实质上也是交往的过程，"交往的任何扩大都会消灭地域性的共产主义"④，推进共产主义向"世界历史性存在"发展。

---

① 《马克思恩格斯选集》第1卷，人民出版社1995年版，第87页。
② 同上书，第86页。
③ 同上。
④ 同上。

二 为什么能够联通世界？

共产主义是"现实的运动",同时代表着运动的未来。马克思、恩格斯指出,共产主义"是那种消灭现存状况的现实的运动"①。同时,这一"现实的运动"代表着运动的未来。这个未来就是建立一个自由人的联合体。要联合必先有联通,先以联通世界推进人类命运共同体的构建,最后达至自由人联合体。既然共产主义是"现实的运动",那当前最为紧要的就是改变和"消灭现存状况"——资产阶级和资本主义的存在。如何改变资本主义主导的现今世界,无产阶级必须有国际主义视野和情怀,无产阶级也"只有在世界历史意义上才能存在"②,联通世界,在某种意义上讲,就是国际主义表现的一种手段。

历史和现实充分证明,只有中国特色社会主义道路才能发展中国、稳定中国,这是一条通往复兴梦想的康庄大道、人间正道。进入新时代,全党全国各族人民紧密团结在以习近平同志为核心的党中央周围,全面贯彻落实习近平新时代中国特色社会主义思想,统筹推进"五位一体"总体布局,协调推进"四个全面"战略布局,增强对中国特色社会主义的道路自信、理论自信、制度自信、文化自信,坚定不移沿着中国特色社会主义道路,一定会如期全面建成小康社会、实现中华民族伟大复兴中国梦、实现全面建设社会主义现代化强国。在"强起来"过程中,中国特色社会主义道路已经开始主动性地从"地域性现象"走向"世界历史性存在",以中华民族探索出的一种新的发展方式、新的存在方

---

① 《马克思恩格斯选集》第 1 卷,人民出版社 1995 年版,第 87 页。
② 同上。

式来联通世界、改变世界,为解决人类问题贡献中国智慧和中国方案。

三 如何联通世界?

构建人类命运共同体,无疑是习近平总书记在国际问题上提出的一个远大的战略。构建人类命运共同体,最终促进全人类实现共产主义。

好战略必须有好策略。当今世界体系无疑还是西方尤其是美国主导的呈"金字塔"状的世界体系,这个世界体系越来越不平等,越来越充满霸权、剥削、压迫和欺诈。要构建人类命运共同体,必然就要与现在体系产生冲突甚至战争。如何不产生战争,甚至尽量把冲突掌握在可控范围内,这就需要策略。联通世界,就是一个很好的策略。怎样联通?通过"一带一路"建设。

这里所提的联通的世界,是一个扁的、平的"地球村"的世界,这个世界中每个民族、每个国家不分大小、贫富、强弱都一律平等,是一个共商共建共享的世界,联通只是手段、过程,目的和结果就是构建人类命运共同体,最终促进全人类实现共产主义。显然,这两个世界会在发展中并存且相互竞争、冲突。目前,"金字塔"状世界体系依然耸立在国际社会,人类命运共同体还只是一个理念。面对当前的世界怎么了?我们怎么办?"金字塔"状世界体系显得束手无策,提不出有价值的解决理念与办法,这既与西方资本主义制度本身存在的明显缺陷与不足有很大关系,也给我们推行人类命运共同体理念和通过"一带一路"建设来联通世界提供了机遇。党的十八大以来,我们已经在用"一带一路"举措,用正确义利观和共商共建共享的治理理念,用我们的产品和市场以及技术标准，走在了联通世界的路上。随着时间的推移，中国特色社会主义道路必然在空间上通过政策沟通、设施联通、贸易畅通、资金融通、民心相通"五通"把世界联通，在联通中冲垮、坍塌西方"金字塔"状世界体系，使之转变为"地球村"世界——一个人类命运与利益的共同体。

怎样冲垮、坍塌西方"金字塔"世界体系，助推人类命运共同体的构建？我们采取二条团结与分化策略。第一条，通过中国特色社会主义拓展发展中国家走向现代化的途径，把"金字塔"状世界体系的底部广大第三世界国家吸引到中国"朋友圈"，起到釜底抽薪之作用。"二战"后，广大发展中国家总是臆想西方今天的现代化就是自己明天的现代化，于是，一厢情愿地跟着西方现代化道路走，心甘情愿地接受西方为其量身定做的一整套发展理论，把自己的发展捆绑在西方现代化发展轨道上。显然，西方开出的药方是不可能帮助发展中国家实现现代化的，这些国家都没有很好地发展起来，反而成为了西方现代化的附庸。西方现代化完全是"少数人的现代化"，其本身根本不允许发展中国家这个"绝大多数"实现像它们一样的现代化。正如 2010 年奥巴马在澳大利亚就中国发展问题对媒体所说的：如果 10 多亿中国人口也过上与美国和澳大利亚同样的生活，那将是人类的悲剧和灾难。这说得还不直白吗？西方现代化只能是"少数人的现代化"，西方现代化的经典模式是：我现代化了，你们就别想现代化。难道，西方这一"少数人的现代化"道路真的就能堵住广大发展中国家这一"绝大多数人的现代化"道路，让发展中国家无路可走吗？答案是绝对否定的，绝不可能堵住。实践证明，中国特色社会主义现代化道路就是合人类社会发展规律的与西方现代化完全不一样的道路，它不仅拓展了发展中国家走向现代化的途径，而且已经得到多数发展中国家的内心认同。

第二条，通过中国特色社会主义给世界上那些既希望加快发展又希望保持自身独立性的国家和民族提供全新选择，来松动"金字塔"状世界体系中间层的国家，以起到分化资本主义西方"朋友圈"的作用。"二战"后，一些地缘政治非常重要的国家（如日本、韩国、新加坡、北欧国家等）在以美国为首的西方集团的支持下，在经济上获得了长足发展的过程中，在政治上被迫让渡出程度不一的部分主权而失去了一定独立性。2008年爆发的国际金融危机直接导致世界经济"急刹车"，都快10年了，世界经济至今还处在低迷、疲软状态，未能重回正轨。这引起西方世界大面积地对资本主义制度的深度反思。由此，那些一定程度上受制于以美国为首的西方集团的部分发达国家和中等发达国家，希望加快发展又想摆脱受扼，追求国家自由和完全独立自主。无疑，中国特色社会主义现代化道路为它们提供了一个全新选择。今天看来，有些国家已经加入到中国"朋友圈"，有些国家甚至已经搭上了中国经济发展列车，还有些国家正在张望。

从全球范围看，中国主张、中国经验、中国价值越来越得到世界各国和政党在不同层面上的呼应。中国提出的正确义利观、"一带一路"倡议、共商共建共享的全球治理理念、人类命运共同体，等等，不仅得到国际社会广泛的认同，而且共商共建共享的全球治理理念和人类命运共同体都写入联合国会议决议。这是继20世纪50年代中华人民共和国刚成立时提出并成为世界外交基本原则的"和平共处五项原则"之后的又一重大贡献。2020年中国全面建成小康社会，2035年中国基本实现社会主义现代化，2050年中国建成富强民主文明和谐美丽的社会主义现代化强国，中华民族伟大复兴中国梦实现。到那时，实现民族复兴后的中国将"成为世界上综合国力和国际影响力领先的国家"①,中国特色社会主义从理念到行动联通世界的历史使命应该基本完成。到那时,中国特色社会主义道路在完成民族复兴和联通世界的历史任命后,将又承载新的历史使命而整装待发。

新时代标注着中国特色社会主义道路承载民族复兴、联通世界新的历史方位。新时代标注中国特色社会主义道路在承载民族复兴、联通世界的进程中进入一个新的历史方位,这一历史方位既进一步科学判断出目前中国所处的位置,又清晰地指明了发展的方向和前进的路径。

---

① 《党的十九大报告辅导读本》,人民出版社 2017 年版,第 28—29 页。

建设社会主义现代化强国对全球社会主义运动的影响

曾宪奎

习近平同志在党的十九大报告中提出,在2020年实现全面建成小康社会的目标之后,我国将"乘势而上开启全面建设社会主义现代化国家新征程"。根据2020年到21世纪中叶两个阶段的安排,到21世纪中叶我国将全面建成社会主义现代化强国,到时候"中华民族将以更加昂扬的姿态屹立于世界民族之林",我们可以说,这就标志着中华民族伟大复兴的中国梦得到初步实现。而在建设社会主义现代化强国的进程中,我国将给世界广大发展中国家提供由发展中国家向发达国家发展的新模式,特别是为那些长期陷入中等收入陷阱无法自拔的发展中国家提供一个走出泥潭的新思路,而社会主义体制将可能成为更多国家的选择。届时,中国将成为引领全球社会主义发展的力量。

一 建设社会主义现代化强国目标分析

按照党的十九大报告,在我国全面建成小康社会之后的30年内,我国的发展要分为两个阶段,其中,第一个阶段是2020年到

2035年，要基本实现社会主义现代化。而根据原来设计的"三步走"战略，我国要在21世纪中叶，人均国民生产总值达到中等发达国家水平，人民生活比较富裕，基本实现现代化。两相比较，党的十九大提出的建设社会主义强国的第一步其实是将我国之前提出的"三步走"战略的第三步目标提前了15年。第二个阶段是到2050年前后，也就是21世纪中叶，我国将建成富强民主文明和谐美丽的社会主义现代化强国。"我国物质文明、政治文明、精神文明、社会文明、生态文明将全面提升，实现国家治理体系和治理能力现代化，成为综合国力和国际影响力领先的国家，全体人民共同富裕基本实现，我国人民将享有更加幸福安康的生活。"这一目标，其实就是标志着中华民族伟大复兴目标的初步实现。关于这个阶段，主要可以从如下两个方面描述。

一是经济将达到从未有过的发展水平。在此时，我国不仅在经济规模上持续占据全球第一，在人均国内生产总值方面也将取得重要突破。在这里，我们做一个简单预测，按照2017年到2049年我国人均国内生产总值增长率预计在5%左右，这时因为尽管我们近期国内生产总值增长率的目标是6.5%，但是随着我国经济继续发展，经济增长速度将继续下降，在超过30年的时间跨度内，经济增长率很可能从目前的中高速降到中速，有的专家甚至预计我国在新常态下的增速可能在4.5%左右，我们在这里取一个相对折中数字5%，即便这一数字，用30年的目光来看，也是很高的数字。由于我国人口总量在这期间的增长率很低，或者会陷入较低速度的负增长，但是整体变动比例很低，在此忽略不计。而按照每年人均国内生产总值增长5%计算，则我国到2049年人均国内生产总值将达到45000美元左右（2016年我国人均GDP为8100美元左右）。而美国2015年人均国内生产总值为55837美元，按照每年2.5%的较高速度计算，到2049年其人均国内生产总值达到130000美元左右[1]，将仍然是我国的2.9倍左右；而如果按照每年2%的中等增长速度看，到2049年其人均国内生产总值为110000美元左右，是我国的2.4倍。但是，需要考虑到另一个重要因素，即在一个国家持续发展、综合国力不断增强的进程中，其货币的汇率将不断升高。据统计，在"二战"结束不久的1949年，日元汇率是360日元兑换1美元，而随着日本经济的持续发展，汇率不断攀升，到1995年曾经一度达到80日元兑换1美元，而到现在则是110日元左右兑换1美元。照此推算，如果我国经济持续以较高速度推进，则汇率也将有较大的升值空间，在此因素推动下，我国到21世纪中叶，人均国内生产总值完全可能达到甚至超过美国的水平，从而达到发达国家的先进水平。

从技术创新角度看，创新型国家建设将达到新的高度。在基本实现现代化的基础上，我国创新型国家的建设将在这一时期达到前所未有的高度。这一时期，我国在技术创新方面有望实现全面的领先，在多数技术创新领域都处于世界先进水平。当然，由于各国分工的不同，我国不可能在所有技术上都获得领先地位，但是整体来说，在各个领域、各个环节我国的技术创新都处于领先水平，彻底摆脱了技术落后的局面，实现了技术的全面现代化。

二是在建设社会主义现代化强国的进程中，中国的社会主义因素将更加显著。这主要体现在：

首先，公有制经济的规模将不断扩大，对经济发展的控制力持续增强。尽管在改革开放初期，我国公有制经济出现比重下降、经营困难等困境，但是随着国有企业改革的不断进行，现在以国有制

---

[1] 本文数据除特别标明外，均来自《中国统计年鉴》（各年），下同。

为主体的公有制经济已经呈现出企业保值增值能力不断增强、企业竞争力持续提升、对经济的影响力和控制不断加强的趋势。而在建设社会主义现代化强国的过程中，公有制经济的规模将达到空前的水平，而其对经济发展的影响力、控制力也将不断增强。同时，随着以混合所有制为主体的相关改革继续推进，影响国有企业发展的经营效率问题也将有望得到解决，那时候国有企业不但能成为稳定中国经济发展的定海神针，还是带领相关行业持续提升在全球竞争力的火车头，最终成为保证国家长远利益和体现社会主义优越性的强力依托。

其次，党和政府对国家治理的能力将持续提升，国家治理体系达到现代化。在中华民族实现复兴后，党和政府对国家的治理能力将达到一个相当高的水准，国家治理体系将全面实现现代化。在这种情况下，党对各项事业的领导能力将达到比现在更高的水平，我们的事业也将随之达到新的高度，而现在不时出现的一些新自由主义及其他杂音，那时候影响力将不断缩小，而道路自信、理论自信、制度自信、文化自信的水平不断提升。同时，在国家治理能力提升的带动下，社会主义市场经济体制将更加完善，在当前一些暂时没有根治的问题，如部分领域监管不力等，将在那时候得到有效治理，而人民群众将由此受益更大。

再次，人民群众的幸福更加有保障，社会主义的优越性在人民生活中处处体现。让人民生活得更加幸福，是社会主义建设的重要目标，只有老百姓能够生活得比在资本主义体制下更加幸福，社会主义的优越性才能真正体现。而随着中华民族伟大复兴的实现，人民在就业、收入、教育、医疗、社会保障等各方面都将受益，人民群众更加安居乐业，幸福感持续提升。在这种情况下，社会主义因素将体现得更加显著，社会主义将更加深入人心。

最后，环境将更加美好，人们生活环境更加舒适。按照党的十九大报告，到2035年要实现"生态环境根本好转，美丽中国目标基本实现"的目标，在这种情况下，我国生态文明建设将取得巨大进步，在经济发展进程中出现的各种环境污染、生态问题将得到根本性扭转，初步实现山清水秀的美丽中国，使人们的生活环境质量得到明显提升。而到2050年，一方面，我国的生态文明建设将进一步提升，不仅在环境污染的治理方面取得更加突出的成就，在生态建设的其他方面也将取得全面突破，如在森林覆盖率、沙漠化治理等指标方面实现历史性突破，使整个国家生态环境更加优化，人们将在更优美的环境下生活。另一方面，与生态文明相关的产业和技术将大幅进步，例如各种清洁能源将普及到一个较高水平，日常生活用品的环保技术将得到大幅应用，各种环保产业到那时候有望成为支撑我国发展的重要支柱性产业。

二 当前发达的资本主义和发展中国家发展形势

"二战"之后，尽管多数的发达资本主义国家和不少的发展中国家表面上表现出经济持续增长的趋势，但是随着时间的推移，发达资本主义国家的内在矛盾不断积累提升，经济危机所造成的破坏性作用不断增强；发展中国家除了极少数国家在多重因素作用下实现了由落后经济体向发达经济体转变外，多数国家要么陷入中等收入陷阱，整体经济发展陷入停滞状态，部分国家还不时受到各种危机的影响，导致经济剧烈下滑；要么整个经济还停留在经济发展的起飞前阶段，还没有真正进入快速发展的轨道。整体来看，资本主义自身固有的矛盾正在使多数资本主义国家陷入增长乏力、各种危机突出的困境。

从发达国家来看，主要的发达资本主义国家受经济危机影响日益加重，特别是2007年发端于美国的国际金融危机，使各国受到突出影响。尽管危机已经过去10年，现在主要国家依然在受其影响，即便是资源条件最好、技术体系最发达因而经济发展恢复较快的美国，其经济发展速度也依然明显滞后于危机之前。例如，2016年美国经济增长率仅为1.6%，且其经济发展十分不稳定，经济增长表现出较大的波动性。事实上，正如有的学者所断言，美国可能陷入了长达40年到60年的康德拉季耶夫经济周期中的收缩期，在其经济体系中占据重要位置的金融资本元气大伤，其实体经济受到重要影响。① 整体来看，美国在全球经济中的份额不断下降，地位正处于不断衰退进程之中。2004年美国国内生产总值占全球比重约为34%②，而2016年这一比重下降为24.5%。

而从其他国家的发展情况看，欧洲和日本等主要发达国家表现出长期经济低迷的情况。以日本为例，从20世纪90年代开始，日本便陷入了持续的经济低迷，经济发展陷入停滞状态。在20世纪90年代直到21世纪初，日本的人均国内生产总值略微超过美国，如2000年日本人均国内生产总值占美国的比重为105.7%，而到2016年这一比重下降为仅67.7%，下滑趋势较为明显。同时，欧洲的主要国家也陷入经济增长乏力的地步，即便是为了摆脱各自国家实力下滑而组建欧盟，也没有摆脱这一问题。造成这一现象的原因有很多，如在资本主义国家格局中，美国一家独大的局面使这些国家发展受到限制；人均收入的较高水平使这些国家染上"贵族病"，经济发展动力不足；等等。但是归根结底，这些国家的经济增长乏力，还是因为资本

---

① 李慎明：《美国经济极有可能已步入40年到60年的"康德拉季耶夫周期"收缩期中的衰退》，《中国社会科学报》2008年3月18日。
② 资料来源于朱民《全球经济失衡的调整及对中国的影响》，《国际经济评论》2005年第1期。

主义体制已经对这些国家发展构成严重阻碍，固化的经济体制和利益格局已经无法支撑持续快速经济发展，而资本主义政治制度如选举制在很大程度上使部分国家的政府治理措施陷入频繁动荡和更改之中，严重影响了政府调控经济发展的效果。

从发展中国家来看，"二战"以来，能够突破发展的"天花板"，实现由发展中国家向发达国家转变的，仅有韩国、新加坡和中国香港等少数国家和地区。[①] 而多数发展中国家，则依然处于落后状态，其中不少曾经发展较为突出的国家，因为经济发展停滞或者倒退，而无法实现经济进一步发展，阿根廷便是其中最为典型的国家。阿根廷作为一个资源丰富、经济发展条件得天独厚的国家，曾经在"二战"之后经济持续快速发展，而被当时的国际社会看作与日本具有同样发展潜力的国家。然而，由于在发展过程中，阿根廷没有及时发展完整的工业体系，在发达国家—发展中国家的国际分工体系中，没有摆脱对初级工农产品的依赖，加之阿根廷的金融体系学习西方国家保持自由化，就导致本国经济体系极易受到外部冲击产生各种危机。而20世纪80年代，在货币基金组织指导下，阿根廷实行了国有企业私有化改革，及实现了经济的跨国公司化，使经济体系更加依赖国外资本，使得经济控制权不断弱化，进一步冲击了本已脆弱的经济体系。[②] 结果在频繁的债务危机及其他经济危机打击下，阿根廷经济相对地位持续下降，2000年时阿根廷人均国内生产总值为7669美元，为世界平均水平（5483美元）的139.9%，而到2016年人均国内生产总值为12449美元，占世界平均水平（10164美元）的比重下降为116.7%。可以看出，阿根廷

---

① 从收入角度看，日本也是在战后由低收入国家向高收入国家转变的典型。但是由于日本有发达国家的根底，在这里不将其看作发展中国家向发达国家转变的例子。

② 沈安：《阿根廷经济跨国公司化及其后果——阿根廷金融危机探源之一》，《拉丁美洲研究》2003年第2期。

的经济发展在这16年间实际是不断退步的,与发达国家的差距不断加大。另外一个典型的国家则是泰国,作为20世纪90年代经济发展曾经引起全球关注的"亚洲四小虎"之一,其人均国内生产总值早早便达到3000美元,但是由于其金融体系按照西方自由主义标准构建,1998年爆发的亚洲金融危机使其经济陷入严重倒退状态,之后虽然有所恢复,但是经济整体上依然陷入停滞。2000年泰国人均国内生产总值为2008美元,为全球平均水平的36.6%,而到2016年则达到5908美元,为全球平均水平的58.1%。考虑到2000年是其受亚洲金融危机影响最严重的时候,因而其经济数据严重偏低,实际上从相对地位来说,泰国整体上并没有太多改善。

导致广大发展中国家陷入经济发展停滞的原因,部分固然在于其经济体内存在各种不同问题,其经济发展政策也有各种缺点和漏洞。然而,问题的本源在于在现有的发达国家—发展中国家利益分割格局下,发展中国家采用西方国家的发展模式和所推行的相关政策进行经济发展,能够获得成功的可能性很低。一方面,发达国家要拼命维护自身利益,发展中国家实现经济跨越对这些国家而言,便是由有利(存在经济发展落差下的分工格局对发达国家有利)变为不利(变为直接竞争对手),因而会采取各种措施限制甚至阻碍发展中国家经济发展;另一方面,发达国家的发展模式和相关的政策,对于发展中国家并不适合,强行推行这些模式和措施,往往会产生各种问题,这些问题不断相互交织,在一定程度就会使这些国家发展陷入停滞,这就是所谓的"中等收入陷阱"。

三 中国建设社会主义现代化强国对全球社会主义运动的影响

苏联解体、东欧剧变是指发生在20世纪80年代末90年代初,以苏联为首的诸多社会主义国家，最终放弃社会主义制度，而演变为资本主义国家的事件。苏联解体、东欧剧变使社会主义阵营在一夜之间就大幅衰败，社会主义运动也陷入低潮，而到现在为止，全球范围的社会主义国家只有5个，即中国、越南、朝鲜、老挝和古巴。其中，朝鲜和古巴基本上还保持了原来的计划经济模式，而中国则实行了改革开放，越南紧随其后，也模仿中国的改革开放实行了相应的改革。

整体而言，随着中国改革开放所取得的成就为世界所瞩目，全球范围内的社会主义运动正在逐步走出低潮，迎来新的生机。在苏联解体、东欧剧变之后，中国不仅经受住了国际环境的这一剧烈变化，坚持社会主义发展道路，还积极推进社会主义市场经济体制改革，使得中国的发展蒸蒸日上，综合国力持续提升，在全球的地位不断提升。2016年，我国国内生产总值达到了111991亿美元，占全球的比重达到14.8%，高居全球第2位，为排名第一的美国的60.3%；2017年我国国内生产总值进一步增长6.9%，达到827122亿元。[1] 同时，我国已经成为全球第一制造业大国，在世界500多种工业品中，我国有220多种产品产量高居世界第一。[2] 另外，从科技发展的角度看，我国在2011年便成为世界第一专利申请大国，并一直维持这一地位到现在，且与排名第二的美国保持不断拉大的趋势。到目前为止，中国在全球经济中的地位，已经达到甚至超过苏联在全球经济中的最佳历史地位，同时，改革开放使中国依然保持了蓬勃的发展状态，经济增长速度依然保持世界前列，这就决定了中国作为当今社会主义的主要国家，其经济将很快发展到社会主义阵营中主要国家不曾发展到的程度。而从其他方面，当今的中国

---

[1] 2017年资料来源于《中华人民共和国2017年国民经济和社会发展统计公报》。
[2] 资料来源于马建堂《六十五载奋进路 砥砺前行谱华章》，《人民日报》2014年9月24日。

紧密参与了全球化，与全球的主要资本主义国家不搞军事对抗，而是在经济上参与合作，与其他国家采取了平等交往的态度，而不去发动战争或者试图操纵其他国家，因为在国际上的形象要远胜爱搞大国沙文主义的苏联，这成就了中国不同于苏联的，和平与发展的社会主义大国形象。

当前全球资本主义和社会主义格局发生了重大变化，主要体现在 2007 年发端于美国的国际金融危机传导至全球范围，并对全球的资本主义世界产生重大影响，欧美的经济活力与经济地位有所削弱，而以金砖国家为代表的新兴国家对全球经济的影响正不断提高，传统的世界经济格局正在发生深刻变化，而在社会主义阵营中，中国在经历了近 40 年的改革开放之后，经济实力大幅提升，社会、文化等各领域蓬勃发展。这就形成了"西方之乱"和"中国之治"的鲜明对比，证明了中国社会主义发展道路的优势。这就有望逐步改变苏联解体、东欧剧变后社会主义运动低落的局面，重振社会主义阵营。纵观"二战"后全球的发展中国家，多数都采用或者部分采用了西方资本主义国家的发展模式，现状已经证明，这些国家继续采用资本主义发展模式，无法将国家带到光明大道上。而中国的发展道路，将为这些国家提供一个完全不同于西方的发展模式，却具有光辉发展前途的"中国方案"。

在当前阶段，中国发展道路在与资本主义发展对比中，已经表现出相应的优势，进而引起世界的广泛关注，"中国方案"开始引发一些人的思考。而在建设社会主义现代化强国的进程中，中国的社会主义建设成就将更加醒目，社会主义道路的优势将越发凸显，这可能真正引发发展中国家的效仿，从而有可能使世界社会主义格局发生真正的转变。

纵观苏联社会主义发展历程，在其发展早期，社会主义制度之所以引发全球关注和效仿，恰恰在于它能实现资本主义制度无法实现的在短期内成功完成工业化的发展任务。苏联集中力量办大事的制度优势，使得缺乏有效资金积累的发展中国家能够克服发展初期缺乏"启动资本"的问题，不需借助于外资便能实现经济起步，从而有助于步入良性发展循环。但是整个苏联和东欧地区，在发展过程中，并未进行与时俱进的改革，最终导致经济发展无法持续维持在较高水平，没有成功解决如何实现由发展中国家向发达国家转变的历史难题，这是导致其后期对广大发展中国家吸引力下降的重要原因。而我国建设社会主义强国的进程，实际上也是解决一系列发展中国家由不发达向发达飞跃过程中各种难题的关键过程，这一进程将向世界证明，实行社会主义制度将有利于实现经济发展转变这一发展中最为核心的问题。例如，广受关注的中等收入陷阱，其实质是由于整个经济体系、制度体系、治理能力等方面存在的短板问题，而产生发展陷入停滞的问题。作为一个发展起点低、人口众多的大国，中国的发展经验将为全球发展中国家跨越中等收入陷阱提供一个新的样板，而中国之所以能够跨越这个陷阱，最大的制度保障，其实就是社会主义制度。这无疑会引发许多国家的效仿。在中国推进社会主义现代化强国的进程中，全球社会主义运动有可能在陷入低潮几十年后，真正迎来另外一个发展高潮，而这时起引导潮流作用的将是中国。

四 中国建设社会主义现代化强国过程将是一个和平过程

中国建设社会主义现代化强国的过程，在很大程度上便是中华民族伟大复兴的过程，而在这一过程中西方国家很可能会不断强化

"中国威胁论",妖魔化中国和中国的发展模式,从而可能不利于全球社会主义运动发展。因此,我们必须强调,中华民族伟大复兴,是一个和平的进程,中国对全球社会主义运动的影响也是通过示范作用进行的,绝对不是西方国家宣扬的"新殖民主义"方式。

中国社会主义建设的经验表明,中国共产党领导下的社会主义建设,充分利用了"二战"后全球经济发展的形势,通过建立社会主义体制、改革开放等方式,在和平的环境下,实现了快速发展。可以说,中华民族的伟大复兴是和开放分不开的,正是充分利用了全球的资源、市场,中国的发展才会这么迅速,而在这样的环境下中国能够获得自己所需的相应的资源和市场,而不需要通过战争的方式获取这些。同时,无论是在与发展中国家还是发达国家的合作过程中,我们都是本着互利共赢的原则进行合作,而不存在之前西方各国在与非洲、美洲和亚洲等地区的扩展过程中存在的劫掠与殖民行为。相反,中国在与非洲、美洲和亚洲其他国家的合作过程中,给当地带来了充足的就业和发展机遇,成为推动当地经济发展的重要力量,这一点和西方国家崛起过程中所扮演的角色完全不同。

正如习近平同志所说"中国这头狮子已经醒了,但这是一只和平的、可亲的、文明的狮子"①,中国未来建设社会主义强国的进程需要和平的国际环境,而这一目标实现了带给国际的也是和平。当前阶段,在国际上有部分舆论,将中国崛起看作一个扩张型的、具有霸权性质的进程,究其原因,要么是简单地将中国崛起的进程简单等同于历史上其他资本主义国家崛起的过程,要么就是纯粹的敌对性宣传。中华民族自古以来就有爱好和平的特质,中国的崛起过

---

① 《习近平在中法建交50周年纪念大会上的讲话(全文)》,http://news.xinhuanet.com/world/2014-03/28/c_119982956_3.htm,2014年3月28日。

程本身不依赖于对其他国家的扩张，广阔的土地、众多的人口，使中国具备自力更生的基础，同时也使中国具备通过对外贸易获取自身所需的资源和产品的基础。同时，在全球化不断推进的前提下，中国完全可以通过贸易、投资等和平的方式，满足自身发展的需要，而不需要借助于扩张的方式。而在争端的解决上，中国一直强调以对话解决争端、以协商化解分歧的原则，对于战争等极端解决手段持高度戒备态度。事实上，中华民族的伟大复兴，不仅不会给世界带来战争及其他不利影响，相反还会给世界人民带来繁荣。而这种"以德服人"的发展方式，恰恰也有利于全球社会主义运动的发展。

四

世界社会主义国家面临着新的问题与挑战,正在发生新的变化

越南社会主义定向革新：
理论内涵与实践成效

潘金娥

越南革新始于1986年12月召开的越共六大，至今走过了30多年，取得了举世公认的成就。革新前，越南人均GDP不到100美元，属于世界最不发达国家，2018年越南经济总量达到2414亿美元（IMF数据），世界排名第47位，比2016年提升了3位，人均GDP达到2500美元（人口9470万人，世界排名13位），属于中等收入国家。30多年来，越南保持较快发展，政治社会较为稳定、外交成绩显著、综合国力明显上升、人民幸福感较强，被世界多个评级机构认为是最具有发展潜力的国家。越南革新的成就不仅体现在经济社会的实践层面，而且还体现在社会主义理论创新层面。越南将马克思主义创造性地与本国实践相结合，构建和不断充实胡志明思想，并逐渐形成了关于本国社会主义定向的革新与融入的系列理论观点。然而，当前越南社会主义革新也面临一些问题，主要包括：经济发展动力不足、贫富差距加大、社会矛盾加剧、意识形态混乱，尤其是党的领导地位面临严峻挑战等。

中越两国国情相似，越南的革新与融入对我国的改革开放有一定的借鉴和启示意义。本文将就越南革新的内涵与特征、发展历程、实践成效、理论成果、当前面临的问题与前瞻等方面做简要介绍，最后做简要总结。

一 越南革新的基本内涵与性质特征

（一）越南革新的含义

越南革新原文为"đổi mới"，英译为 innovation，这并非"改革开放"的直译，也并非完全是为了避免效仿中国改革开放的嫌疑。革新，本义就是革除旧的、创造新的事物的行为或过程。而我国的改革，越文译为 cải cách，英文译为 reform。一般认为：中越两国改革或革新没有根本性的不同，越南之所以称为革新，只是为了显示其独特性。然而越南理论家杨富协教授认为："革新"与"改革"不完全等同，"革新"包含了"改革"的内容，但范围更广程度更为深入。尽管"改革"也会致使社会生活的性质发生一定的变化，但只是个别和局部的变化，因此某部门领域的变革称为"改革"，例如"行政改革"。而"革新"是全面的改变，其结果是引起发展模式的变化。越南在革新的过程中，借鉴了苏联东欧的"改组"、中国以及其他国家的"改革"的经验和教训，但并非照搬照抄、机械地采用，而是有不同的主张和做法。[1]

（二）越南革新的性质、特征与目标

回顾越南革新三十多年的历程，革新的重点和政策措施虽有不同，但迄今为止，革新的总体目标和方向依旧是对越共六大的坚持。

1. 越南革新的目标

越南革新的目标随着革新的深化而不断变化。从越共六大提出

---

[1] ［越］杨富协：《越南革新过程的一些特点》，载郑一明、潘金娥主编《中越两党马克思主义理论创新比较研究》，社会科学文献出版社 2011 年版，第 100—115 页。

"民富、国强、社会文明"三个目标,七大在"文明"之前加上"公平",九大在"社会公平"之后增加了"民主",越共十大在总结革新20周年时,把革新的目标体系确定为越南社会主义的总体特征的第一个,即:"我们党、国家和人民建设的社会主义社会是一个民富、国强、公平、民主和文明的社会";到越共十一大把"民主"提到了"公平"之前,变成"我们人民建设的社会主义社会是一个民富、国强、民主、公平、文明的社会"。可见其革新的趋势是越来越强调社会的民主、公平。

2. 越南革新的性质

越共八大报告指出:革新不是自我取消社会主义的目标,而是为了取得社会主义的胜利;革新不是远离马克思列宁主义和胡志明思想,而是为了重新认识马克思主义奠基人学说的正确性,以他们的学说作为越南共产党和越南革命事业的思想基础和行动指南;革新不是对过去的认识和做法的全部否定,而是为了肯定正确的认识和正确的做法,放弃错误的理解和错误的做法,并采取新的认识和新的做法,满足新形势下提出的要求。在2006年召开的越共十大上,越共中央再次强调:革新和发展不是摈弃社会主义目标,而是正确地认识社会主义和有效地建设社会主义。报告强调,革新是全面的革新,但革新和发展有中心和重点,必须把三大任务紧密结合起来,即经济发展是重心,党的建设是关键,文化发展是社会精神的基础;革新和发展必须依靠人民,发挥人民的主动性和创造性,不断总结人民的丰富实践,最终实现民富国强,社会公平、民主、文明的目标;革新和发展必须充分发挥内部力量,这是经济发展的决定性因素,同时要重视调动外部力量,通过融入区域经济和国际经济,促使经济可持续发展;革新和发展必须提高党的执政能力和战斗力,不断进行政治体制改革,逐步完善社会主义民主,确保人民的权力,建设属于人民的、来自人民和为了人民的越南社会主义法权国家。

3. 越南革新的特征

概括起来，越南的社会主义定向的革新有以下三个突出特点。

第一，这是一场自下而上和自上而下相结合的改革，是基层群众实践经验与党的领导方针相结合的过程。

越南的革新经历了自下而上的一个过程。在革新前，一些地方的农民偷偷地进行产品承包、家庭承包，直到后来通过越共中央书记处的100号指示正式承认了其合法性。而在推进改革的过程中，领导集体和领导人个人也发挥了至关重要的作用。作为越共中央总书记，长征派人到基层调研，深刻把握形势，并逐渐形成了自己的系列观点，最终形成了越南党关于越南革新的路线和主张，从而完成了一个自下而上的环节。越共六大以后，尤其是九大之后，每次党代会召开前都要总结地方实践经验，之后形成党的政治报告，提出党关于革新的路线和主张，再由各级政府下达并落实到基层，从而完成了一个自上而下的过程。可见，越南的改革进程，是群众的创见与党的主张互动的一个过程，也是一个自下而上和自上而下相结合的过程。

第二，这是一场渐进式的全面综合改革，也是越南对外逐渐融入国际的过程。

越南的革新是由点到面逐步全面推开的过程，是一场由内及外内外结合的全面的革新。越南著名理论家杨富协教授认为：越南的革新以经济革新为开始，发展到政治、文化和社会的革新；是从路线到政策、从国内政策到对外政策的革新；是从思维、认识、思想的革新到实践的革新。总之，越南革新并非同时全面铺开，而是有重心、有重点地经过精心规划，有步骤地逐一推进的过程。[①]

---

① 参见潘金娥《越南革新与中越改革比较》，社会科学文献出版社2015年版，第3—4页。

除了国内各个领域的改革外，越南革新在对外关系方面也有一个打破国际社会孤立和封锁，逐渐被国际社会接纳到积极主动融入世界并谋求在国际舞台发挥越来越大的作用的过程。越共六大改变了此前将中国视为敌人的主张，提出：争取有利的国际条件，在和平共存的原则上与世界各国发展关系。此后，越共七大到九大先后提出：增友减敌；希望成为世界共同体中所有国家的朋友；发展多样化、多方化的对外关系；在独立自主的基础上融入国际和进行国际合作、愿意成为国际社会的朋友和可以信任的合作对象等外交路线。越共十大提出"主动积极地融入国际"，越共十一大强调要"积极主动地参加到国际事务中，并在国际舞台上发挥重要作用"；越共十二大强调"继续提高越南的威信和国际影响力，成为国际社会负责任的成员"。与此同时，更多地用"革新与融入"来代替了此前的"革新"。可见，越南的革新是先从对内改革开始，越共九大后逐渐强调对外融入国际，或者说与国际接轨的过程。

值得注意的是，越南"融入国际"与中国的"对外开放"是有所区别的。作为主体，越南是一种被接纳的姿态，而中国则是打开国门接纳外来的姿态。在具体的实践中，随着中国越来越强调本国话语权，而越南越来越采用西方话语体系，中越两国的这一区别越来越凸显。

第三，这是一场坚持社会主义方向的变革，整个过程充满了曲折和斗争。

越南共产党始终强调，越南的革新事业在越南共产党的领导之下，而越南共产党以马克思列宁主义和胡志明思想为思想基础和行动指南。越共多次强调越南的革新是"变革而不变色""融入而不是溶化"，革新不是改变社会主义的性质，而是对社会主义制度的完善。可见，越南革新是一场社会主义性质的改革。然而，每次党的代表大会前，从越共六大召开到目前即将召开越共十三大之际，在越南思想理论界都会出现各种思潮，抛出类似越南"道路选择错误"、主张实行所谓的西方"民主制度"，多党制、多元化等，攻击党的路线、抹黑党的领袖等各种思想舆论的斗争。这些斗争既有来自国内各种利益集团之间的争夺，也有来自西方敌对势力和南越西贡流亡政权的各种颠覆活动，内外敌对势力相互勾连。各种势力企图利用越共召开党的代表大会制定路线方向和安排高层人事职务之机进行渗透，最终改变越南革新的方向和社会主义道路。对此，越共始终敲响防止"和平演变"的警钟，在20世纪90年代初安全度过了苏联东欧社会主义解体的冲击，目前正以积极姿态应对融入国际过程中的各种消极影响，巩固党的领导。

（三）越南"社会主义定向革新"的含义

越南把革新限定为"社会主义定向的革新"，这是越共六大进行"思维革新"之后做出的调整，其含义是指越南按照社会主义方向进行变革，变革的最终目标是建立和完善的社会主义社会。所谓"思维革新"，就是转变思想认识，重新认识马克思列宁主义和现实社会主义。当认识到现有生产力水平与社会主义生产关系并不相符，就找回了列宁的新经济政策主张，重新利用商品货币和市场来发展物质生产，为建立完善的社会主义生产关系奠定经济基础。越共八大报告指出：革新事业是按照社会主义定向进行的。越共十大上再次强调：革新是要正确地认识社会主义和有效地建设社会主义，实行社会主义定向的市场经济。随着革新深化，越南对革新的社会主义定向性又有了新的理解。越南理论家阮文邓在解读越共十二大报告时指出："经济体制的社会主义的定向性体现在五个方面：按照社会主义法权国家进行管理；在越南共产党领导下；在经济社会发展过程中发挥人民当家作主的作用；确立了与推动生产力快速发展为目标相适应的生产关系；在发展的每一个过程、每一项政策中都要落实社会进步和公平。"①

二 越南革新的背景与发展历程

（一）越南革新的背景与原因

越南是在经济社会全面陷入困境的背景下启动革新进程。

1. 原有发展模式陷入困境，经济结构严重失衡，社会陷入危机

在经历了数十年的长期战争之后，1976年7月，越南完成了国家的南北统一，并改国名为越南社会主义共和国。此后，越南在全国范围内发动了一场对"工商业进行社会主义改造、农业实行合作化"运动，目的是迅速建立单纯的国有经济和集体经济两种成分的社会主义经济制度，旨在按照苏联模式建立起社会主义生产关系——即经济上实行高度集中和计划化，同时强调优先发展重工业；在政治上实行无产阶级专政。

1976年召开的越共四大继续延续了战争时期的思维，强调优先发展重工业，忽视轻工业和农业生产。由于轻工业和农业生产被忽视，企业和工厂开工不足而纷纷关门倒闭，粮食也满足不了本国需要，每年需进口粮食100多万吨。粮食和生活用品严重缺乏，百姓生活极度困难，社会陷入危机状态。

2. 农业和工业领域萌动变革，基层闯关成功

穷则思变。为了解决生活困难，一些地方开始偷偷寻求出路。

---

① ［越］阮文邓：《十二大文件草案中关于经济的新内容》，越南共产党电子报十二大文件专栏，http://daihoi12.dangcongsan.vn/Modules/News/NewsDetail.aspx?co_id=28340644&cn_id=401886。

在农业领域，20世纪70年代末，越南海防市永富地区的农民自发性地偷偷实行了土地承包制。1979年9月，在越共四届六中全会上，越共中央开始对计划经济体制进行调整，实行经营权和管理分离，引入市场因素。会议决定，推行以促进粮食生产和消费物资生产为中心，以物资刺激为主要手段的"新经济政策"。因此，四届六中全会被誉为越南经济体制革新的里程碑和转折点，开启了越南经济改革的探索之门。四届六中全会后，越南出台了一系列新的政策，给农民、企业和非国有经济放权、松绑。农业方面，1981年1月，越共中央书记处发布第100号指示，允许农民以个人和劳动组的形式对农产品进行承包。1988年4月5日，政治局召开会议后，颁布了《关于革新农业经济管理的决议》（简称"10号决议"），确认了合作社作为自主、自管的经济单位，以农户家庭社员为单位从合作社进行承包。

在工业领域，20世纪70年代末，时任胡志明市市委书记的阮文灵选择胡志明市的一些企业作为试点，允许这些企业在完成国家计划任务之外，可以到市场上寻求原料进行生产，之后将其产品在市场上销售。1981年，越南政府颁发了第25号决定，允许把经营自主权下放到企业，企业的产品可以分为三个部分（完成中央的指令性生产的产品、企业间自主性经营产品、可在自由市场上销售的产品）。上述两个文件的颁布，大大地激发了农业和企业生产者的积极性，生产逐渐得到恢复。1981—1985年，某些国民经济指标开始恢复到战争前的水平。

3. 流通和分配领域联动改革失败，经济陷入混乱

从1981年开始，越南隆安省制定了按照协商价格进行买卖的政策，代替此前按照国家定价标准进行买卖的政策，废除了按票证供应的制度。之后，在越南其他一些地方开始实行价格双轨制，即

生产资料除了按国家供给的较低价格购买以外,还有一部分按市场价格购买,二者的差价由国家财政进行补贴。这种补贴机制让国家财政难以为继。1985年6月召开的越共五届八中全会决定,进行第二次价格—工资—货币政策改革。价格方面,商品价格从双轨制变为单一市场价格,取消国家配给价格;取消商品购买票证,对全部商品价格进行重新定价。工资方面,以1985年8月大米价格为基准,制定新的工资标准。货币方面,从1985年9月起进行新旧货币的兑换工作,以1000个旧币兑换1个新币。上述价格—工资—货币联动改革是在很短时间全面铺开,造成了全社会从未有过的震动。1985年,通货膨胀率飞速上涨到191%,1986年更是飞升到775%。价格—工资—货币联动改革宣告失败,负责货币改革的政府副总理和其他官员受到撤职等纪律处分。越南经济陷入了严重的混乱状态。

4. 外交备受孤立,经济遭到封锁

越南在抗法和抗美战争时期,获得了中苏等国以及其他国家的大力支持。然而,在统一后不久,由于黎笋执行反华路线,越南与中国关系恶化。越南还在1978年年底出兵柬埔寨,其他国家也逐渐停止了援助,只有苏联给予每年不到20亿美元的援助,也主要用于购买武器弹药。军费开支占国家财政预算的50%以上。而美国等西方国家对越南进行封锁和严厉的经济制裁。1979年越南经济出现了严重的负增长(1979年工业总产值同比下降4.52%,1980年又比1979年下降了8.7%),经济几乎走到崩溃的边缘。在国内经济生产基础还未建立而又失去外援的情况下,越南人民生活比抗美战争时期还要艰难。

5. 外部改革风云波及,促越南领导层内思变革

20世纪80年代末,国际局势发生了巨大的变动。苏联东欧等

国家开始寻求变革。尽管此时越南与中国还处于敌对状态，但中国的改革开放通过间接途径对越南产生了触动。1978年召开的中共十一届三中全会的政治报告被翻译成越南语上报给越共中央，有关中国在沿海设置经济特区、实行家庭联产承包责任制解决了中国人吃饭问题等信息，经香港媒体传入越南，对越南领导层产生了强烈的冲击，长征和阮文灵等越共党内高层领导，越来越关注中国的改革开放，希望越南也能通过变革走出危机。与此同时，亚洲的"四小龙"在崛起，这些信息触动了越南的有识之士的神经，越来越多的人开始有了变革的思考。

6. 领导层的更迭给越南革新带来重要契机

1986年7月，越共中央总书记黎笋去世，长征出任越共中央总书记。8月，长征组织召开越共中央政治局会议，就经济问题做出了结论性意见。会议提出必须从越南和世界的实际出发，独立自主地制订自己的路线、方针和政策，选择适合于越南国情的发展模式，并强调这是"新与旧"之间的一场斗争。此后，长征牵头改变黎笋的路线，重新组织撰写越共六大政治报告草案。1986年12月，越共六大召开，这被认为是越南革新正式全面开始的标志。越共六大报告可以说是越南开始新时期革新的宣言书。

在越共六大上，长征主动退出越共中央总书记职位，把阮文灵推上了越共中央总书记职位。阮文灵上任后开始了大刀阔斧的改革，包括调整人事、调整经济政策和外交路线，带领越南从危机和被封锁状态逐步走了出来。长征在六大上的全力引退，从此开启了越共领导班子轮换制度的先河，并且提出了干部年轻化的思想，从而奠定了越南政治革新的基础。领导人的更替，长征和阮文灵等有改革魄力的领导人上台执政，可以说是越南革新的一个重要契机。

（二）越南革新的发展历程

回顾越南社会主义革新的发展历程，大致可以分为四个阶段。

第一阶段为革新前的试点和探索阶段。本阶段起始于1979年8月越共中央召开的四届六中全会，结束于1986年12月召开的越共六大。在此期间，越南经历了发自于民间实践逐渐上升到中央并得到中央首肯进而形成国家决策的自下而上的探索路径，期间出现了一些反复，但最终推动了越南社会主义体制革新的整体进程。

第二阶段为1986年至1991年的启动与转折阶段。1986年12月召开的越共六大到1991年的越共七大召开前，越南革新开始正式启动，并随着苏联、东欧社会主义阵营的解体和国际格局的变幻出现了重要转折。在此期间，越南的思维革新和思想理论经历了激烈的斗争，最终确定了继续坚持社会主义方向的革新道路，对越南社会主义革新最终走向成功具有至关重要的影响。

第三阶段为1991年至2006年的全面深化阶段。越共七大到十大在继承越共六大的革新精神的基础上，通过了许多决议，这些决议主要是把越共六大的革新路线加以具体化和落实，并做了一些补充和发展。在此期间，革新在各个领域逐步全面铺开，越南经济社会发生了巨大变化，是越南社会主义革新的全面深化发展阶段。

第四阶段为2006年以来的积极主动融入国际阶段。2006年越共十大提出主动融入国际，一年后越南正式加入世界贸易组织，并积极主动地参加到地区和国际多边合作组织中，谋求在联合国和其他国际组织上发挥作用，不断提高越南的国际影响力。2011年越共十一大以来，越南提出要更加主动而积极地融入国际。尤其是2012年后，在美国主动邀请越南加入其主导的跨太平洋伙伴关系协议（TPP）后，越南开始按照TPP的标准来推进各项改革，积极地投身到这项高标准的国际开放系统中。然而，在2016年越共十二大召开前，美国新任总统特朗普宣布退出TPP，这对越南来说是一个非常意想不到的结果，因此对其原先积极推进经济自由化和民主化改革的进程产生了很大触动。

越共十二大后，越南革新的进程逐渐出现了一些新的态势，主要表现在：强调党的领导地位，加强干部队伍建设和反腐败，加强意识形态和媒体的管控，重视对华合作等。在这样的背景下，一方面，中越两党两国交流和经贸关系有所提升，对越南2018年的经济增长作出积极贡献，越南经济走出过去10年低谷，经济增长率超过了7%，出现了新的增长态势；另一方面，美国也频繁向越南伸出橄榄枝，提升越南在其"印太战略"中的地位，增加了经济援助、教育支持和战争后果的补偿和处理，尤其是军事领域的合作进一步加强，派出航空母舰访问越南并加强在南海地区巡航。当前，在中美两个大国角力格局中，越南国内政局两派力量摇摆不定。2021年越共即将召开十三大，目前已经开展新一轮人事布局，筹划新的发展规划，越南国内在意识形态领域斗争、反腐败和权力斗争再次趋紧。越共高层人事变动将再次左右越南革新的方向和前景。

三　越南革新的实践成效

（一）越南革新的主要成就

越共十二大报告总结了越南革新30年的得失，肯定越南革新30年来，在建设社会主义和保卫社会主义祖国道路上取得具有历史性意义的重大成果。主要成就体现在：越南已经从经济社会危机和最不发达状态走出来，成为一个中等收入的发展中国家，并且正在大力推进工业化和现代化、积极融入世界。经济增长较快，社会主义方向的市场经济体制逐步形成；政治和社会总体稳定，国防和安全得到加强；

文化和社会有所发展，国家的面貌和人民的生活发生了很大的变化；社会主义民主得到弘扬并且日益发展；民族大团结得到巩固和加强；党的建设、社会主义法权国家和整个政治系统的建设正在大力推进；国家各个方面的实力都得到提升，独立、主权、统一、领土完整和社会主义制度得到保障；对外关系日益扩大并且向纵深发展，越南的国际地位和威信得以提高。这些成就，为越南今后继续推进革新和发展奠定了重要前提条件，肯定了党的革新路线的正确性和创造性，证明了越南走社会主义道路符合本国的实践和历史发展趋势。

笔者认为，越南革新与融入30多年来取得的实践成就体现在如下几个方面：

第一，确立了越南社会主义定向的发展目标和方向。

经过30多年的改革实践探索，越南进一步明确了今后继续坚持社会主义定向的革新。在越共十二大政治报告中，越共中央明确提出建设和完善社会主义方向的市场经济是越南经济体制改革的目标，明确了越南对社会主义方向的市场经济的各种组成部分、市场的地位、国家的地位、人民的地位以及在发展过程中实现社会进步和公平目标的认识。而在政治制度方面，越南确立把建设"社会主义定向的法权国家"作为政治制度建设的目标和方向。

经过几十年的实践探索，向社会主义过渡时期的越南政治体制已经从强调无产阶级专政的政治路线转变为努力建设"属于人民、来自人民和为了人民的越南社会主义法权国家"。为了实现社会主义法权国家的目标，越南进行了行政改革、国会的改革、司法改革和转变党的领导方式等几个方面的政治系统革新，最终实现以"法治"代替"人治"或"党治"。在实践中，上述政治系统改革也卓有成效，尤其是越南国会的作用得到提升，人民当家作主的权利得以落实。越南采取的政治体制改革措施主要包括：试点直选党的代表、简化党的机构、提出党员19条禁令、实行党内质询制度、加大差额选举比例等。尤其是2014年越共中央通过了新的《党内选举规则》，把党各级领导干部的选举法制化，其中包括对中央政治局和总书记的选举都逐一明晰规定。越共十二大的选举正是在新的规则下进行的，更加民主化、公开化和具有竞争性，在某种程度上已经具有了竞选的意义，从而开启了越共党内选举的新历程。越共十二大报告中，对越南政治体制改革提出了总体要求，即：在党的领导下，继续把建设社会主义法权国家作为政治系统革新的中心任务。

第二，越南的国家综合实力大幅提升。主要体现在如下五个方面[①]：

一是经济实力显著增强。过去30年来，越南经济基本保持快速增长。国民经济规模达到了30年前的7000倍，人均GDP从1986年不到100美元增至2018年的2500美元，使越南从最底层跃升为经济总量世界排名第47、东盟排名第6的中等收入国家。

二是宏观经济基本稳定，经济结构积极转变。越南农业占GDP比重从1985年的40%，降至16%左右；工业占GDP比重从1985年的27%提高至2018年的42%。生产力有了很大进步。全要素生产率（FTP）逐步提高：2001—2005年只有21.4%，2011—2015年达到28.94%。宏观经济基本稳定，通货膨胀得到控制。目前，越南的大米、咖啡、胡椒和水产品出口量居世界前列。

三是政治和社会保持稳定。在政治方面，越共十大以来，党内民主和社会民主不断得到加强。在选举、信息公开、质询制度等方

[①] 《革新30年来经济发展的突出成就》，越南共产杂志网站，http://www.tapchicongsan.org.vn/Home/kinh-te-thi-truong-XHCN/2016/36946/Nhung-thanh-tuu-noi-bat-trong-phat-trien-kinh-te-qua-30.aspx。

面有较为突出的表现，因而受到外界高度关注。越南国会和越南祖国统一阵线发挥的作用越来越大，在处理好党政关系和发挥人民群众当家作主方面发挥了重要作用。越南国会已经被认为甩掉了"橡皮图章"的帽子，不再是举手表决机器。公民社会对党和政府的管理进行了较为有效的监督，对防治贪污腐败和揭露社会弊端发挥了越来越大的作用。2012年11月，越南国会通过了《防治贪污腐败法》（修正案），该法律规定越南国家公职人员必须填报个人财产申报表，并在一定范围内公示，从而使得国家公职人员财产和收入申报开始变得更加严肃和有法可依。越共政治改革的决心得到了国内外舆论的普遍正面评价。

四是外交成绩斐然。革新以来，越南逐渐改变其一边倒的对外路线，按照多样化、全方位的原则不断调整其外交政策，积极而主动地融入全球化进程中。伴随着革新推进，越南从被国际社会孤立和封锁变为逐渐被国际社会接受，到主动积极融入国际，再到越来越重视在国际舞台上发挥更大的作用。至今，越南已经与世界190多个国家建立了外交关系，160多国家和地区有经贸往来，与十多个国家和地区签订双边或多边自由贸易协定，外贸依存度达到180%以上，外资企业对GDP贡献率达20%，占社会总投资的20%以上，占越南工业总产值的50%，占出口的2/3，为200多万人提供了就业。越南已成为亚洲最为开放的国家之一。越南还承办了包括两次亚太经合组织非正式领导人会议、世界各国议会大会和东盟地区峰会等多种层次的国际大型会议，参加了联合国人权理事会、担任了联合国安理会非常任理事国等多个国际组织的重要成员。

五是文化和社会建设取得显著成果。30年的革新，经济增长与文化和人的发展、社会进步与公平、环境和资源保护相联系，经济增长与社会进步与公平平行发展。尤其是在消饥减贫问题和解决就业、发展社会保险、对国家有功人员的优抚、社会扶助、全民医疗保险政策等方面，为老百姓享受更多的文化、医疗和教育提供条件。在经济面临困难的背景下，越南加强社会政策扶持力度，提前完成了联合国千年发展目标的多项指标。总体上看，越南总体社会治安良好，人民满意度较高，越南还被一些国际调查机构评选为世界上幸福指数最高的国家之一。

（二）不足之处

越共十二大报告总结越南30年革新的不足之处包括如下几个方面：一是实践总结工作和理论研究跟不上发展要求，未能对革新过程中出现的问题作出解释和对实践进行指导，未能为党制定方针路线和国家制定政策提供理论依据。二是经济发展不够持续稳定，产能未能有效发挥。存在社会不稳定的潜在因素和可能性。人民还未能充分、公平地享受到革新事业的成就。政治革新未能与经济革新同步，政治系统的能力和工作成效未能与其任务相匹配。三是为实现"到2020年把越南基本建设成为一个面向现代化的工业国奠定基础"目标的各项指标未能完成。四是在1994年召开的越共七届中期会议上提出的"四大危机"依然未能消除，并且有些方面更加复杂化。其中，敌对势力对越南进行"和平演变"危机出现了新的形式，特别是通过互联网媒体来进行各种颠覆活动；党内出现了"自我演变""自我转化"的现象。党员干部和人民群众对于党、社会主义制度的信心有所下降。

四 越南革新的理论成果

越南共产党以马克思列宁主义、胡志明思想为指导思想和行动指南，强调要创造性地将马克思列宁主义运用于越南的实践，并通过实践总结，形成关于越南本国社会主义定向革新的理论认识。革新以来，越共通过加强理论研究和实践总结，形成了具有本国特色的理论观点。一方面，确立了胡志明思想，并不断挖掘和充实其内容；另一方面，逐步形成了关于越南社会主义道路和建设的系列观点，包括以下几个方面：一是关于越南社会主义的内涵和特征的认识；二是越南向社会主义过渡的理论观点；三是越南社会主义定向的市场经济理论；四是越南社会主义法权国家理论；五是关于党的建设的理论观点；六是关于对外关系的战略和认识；七是关于文化建设与人的发展的观点；等等。此外在社会建设等其他方面也有一些新的认识。

（一）确立并不断发展和充实胡志明思想

在1991年召开的越共七大上，越南首次正式提出了"胡志明思想"。此后，越南开始对胡志明思想进行广泛深入的研究、挖掘和充实。越共九大和十一大对胡志明思想的内涵不断丰富和充实。越南理论家双成认为："胡志明思想是一个宏大的体系，覆盖诸多领域，涉及众多学科。对它有多种分类方法，按照从党的二大至今的传统分类法，可以把胡志明思想分为：胡志明思想、胡志明道德、胡志明方法和胡志明风格。其中，胡志明思想包括涵盖胡志明的人文思想、经济思想、政治思想、军事思想和文化思想等。"[①] 基于这样的观点，越南学者从政治、党建、经济、文化教育、外交和军事等各个领域挖掘胡志明的论点，并结合历史背景和实践加以论述和发展，从而逐渐发展成为胡志明在各个领域的思想理论。双成认为："胡志明思想、胡志明道德、胡志明方法和胡志明风格构成

---

① ［越］双成：《胡志明思想的概念和体系》，越南《共产主义》杂志1993年第1期；转引自谭志词译文，《东南亚纵横》1995年第2期。

了胡志明思想体系，它是一个有机的整体，互为辩证关系。"越共理论家杨富协认为，胡志明曾经说过：孔子提倡修身，耶稣天主教提倡人道、马克思的辩证哲学思想以及孙中山的民生思想，这些思想都有"爱民"的成分，胡志明曾自称是这些人的学生。他认为，通过"爱民"这条线把几种思想流派汇集在一起，从而建立"属于人民、来自于人民、为了人民"的越南社会主义。据此，有人提出：胡志明思想应包含了以上各种思想成分，与此同时也有部分人对此持反对意见，批评这是一种"汇集理论"。[1] 越共《共产主义》杂志主编、越南理论家左玉晋认为："胡志明从一个爱国主义者成为一个社会主义者，正是因为从马克思列宁主义得到感悟，把握了时代的精神和发展趋势，坚定地把民族独立和社会主义的目标相结合。可以明确的是，胡志明思想不仅仅是把马克思列宁主义创造性地运用于解决越南革命任务，而且还进一步发展了马克思列宁主义，他能够解决国家在新的历史时代条件下在实践中出现的新问题，是我们党和我们民族的无比宝贵的重大思想和理论成果。"[2]

越南共产党认为，胡志明思想源于马克思列宁主义，但并不局限于马克思列宁主义。越共十一大上通过的《越南社会主义过渡时期国家建设纲领》（2011年增补）指出，"胡志明思想是关于越南革命的基本问题的全面而深刻的系统观点，是创造性地运用和发展马克思列宁主义于我国的具体条件的结果，它继承和发展了我国民族的优良传统价值，吸收了人类文明的精华；它是我们党和我国人民无比巨大而宝贵的精神财富，永远照亮我国人民争取革命事业胜利的道路"。

---

[1] 潘金娥：《越南共产党的政治革新》，《中共中央党校学报》2010年第4期。
[2] ［越］左玉晋：《在越南向社会主义过渡时期坚持和创造性运用马列主义和胡志明思想》，http：//www.baomoi.com/Kien－dinh－va－van－dung－sang－tao－chu－nghia－Mac－－Lenin－tu－tuong－Ho－Chi－Minh－trong－thoi－ky－qua－do－len－chu－nghia－xa－hoi－o－nuoc－ta/122/5557436.epi。

越共十二大报告并未对胡志明思想进行论述，但强调越南共产党长期把学习和践行"胡志明道德榜样"作为党风建设的主要内容。

目前，越南理论界继续对胡志明思想进行丰富，预计今后有可能以胡志明思想为核心，构建一整套越南关于社会主义和越南的社会主义道路的思想体系。

（二）越南社会主义过渡时期理论

越南共产党认为，当前时代依然是1917年俄国十月革命开创的从资本主义向社会主义过渡的时代。越南共产党根据越南的情况和当今时代的特点，发展了马克思列宁主义关于过渡时期的理论，尤其是社会主义发展阶段的理论，把当前越南的发展阶段定位为向社会主义过渡时期。

越南理论家遵循马克思历史唯物观，认为马克思所述的五种社会经济形态是人类社会发展的一般规律，而每个国家民族可在时代和民族的历史条件下跳过某一种形态，越南跨越了奴隶制社会经济形态及资本主义社会经济形态。① 越共认为，当前越南为跨越资本主义发展阶段向社会主义过渡时期。在越共九大上，越共把本国的发展阶段定位为"跨越资本主义制度"向社会主义过渡时期，即跨越了资本主义生产关系和上层建筑占统治地位的阶段，从半殖民地半封建社会不经过完全的资本主义制度占统治地位时期，就直接向社会主义制度跨越。

针对那些认为越南过早地进入社会主义道路的错误思想，原越共中央委员、越南社会科学院原院长阮唯贵指出：要正确地认识马克思关于人类社会的发展是一个循序渐进的自然历史过程的观点，它是指人类社会的历史从总体上看，经过了原始共产主义社会、奴

---

① ［越］武文福：《马列主义是否"外来且来源于西方所以不再符合越南"？》，越南《共产主义》杂志2014年1月（第855期）。

隶社会、封建社会和资本主义社会，目前正在从资本主义社会向共产主义社会过渡的第一个阶段，即社会主义社会过渡，而非指每一个国家都需要经历这些发展阶段；根据社会发展动力不平衡的规律，在一定的特定历史条件下，有一些国家不经过某个发展阶段，如意大利和西班牙等国的封建主义直接就在奴隶制度中生长，而美国不经过封建主义社会阶段，越南则没有经历奴隶社会阶段，也可以跨越资本主义阶段而直接向社会主义过渡。因此，必须与那些攻击列宁的学说、攻击越南走社会主义道路过早而妄图实行资本主义的思想坚决作斗争。[①]

2011年1月，越共十一大通过的《社会主义过渡时期国家建设纲领》（2011年增补）再次明确指出："我国正向社会主义过渡……当前阶段的一个显著特点就是，不同的社会制度和不同发展水平的国家并存，既合作又斗争，为了国家利益和民族利益而进行剧烈的竞争。各国人民为了和平、民族独立、民主、发展和社会进步的斗争，尽管遇到了很多困难和挑战，但是将有新的发展。按照历史进化的规律，人类一定会到达社会主义。"[②] 该纲领还明确了越南社会主义过渡时期的任务和方向，即经济上要发展多种所有制形式、多种经济成分、多种组织经营方式和多种分配方式的社会主义定向的市场经济；文化上要建设先进而富有民族特色，全面发展，多样化而统一，富有人文、民主、进步精神的越南文化；政治上要建设和不断完善社会主义民主，保证民主能够在各级、各部门的现

[①] ［越］阮唯贵：《经济社会形态学说的永恒价值》，载［越］范文德等主编《马克思主义哲学与时代》，越南社会科学出版社2009年版，第333—337页。

[②] 越南共产党：《第十一次全国代表大会文件》，越南国家政治出版社2011年版，第70—71页。

实生活中得以体现。① 越共十二大报告继续坚持越南处于向社会主义过渡时期的观点。然而，越共并未明确越南何时完成社会主义过渡时期，也未明确是否"社会主义过渡时期"结束就意味着进入马克思、恩格斯所说的共产主义第一阶段，只提出到21世纪中叶把越南建成现代化方向的工业化国家。关于越南是否还应把当前发展阶段定位为向社会主义过渡时期，至今依然是理论界争论的一个问题。

《共产主义》杂志副总编范必胜认为，在跨越资本主义向社会主义过渡时期，在经济上，应该发展多种经济成分，调动资金、技术、管理等一切生产潜能，提高人民收入和生活水平。政治上，应该在独立自主的基础上保持政治稳定。其中，越南已经承认了在向社会主义过渡时期要发展社会主义定向的市场经济并取得了成功，但在国家、文化、社会等其他领域仍都强调社会主义性质，如此造成了理论与实践脱节，难以协调和落实。因此，他建议：越南在过渡时期应集中建设四大支柱：社会主义定向的市场经济、社会主义定向的法权国家、社会主义定向的先进文化、社会主义定向的民主社会。②

也有学者提出：工业化并非马克思主义理论话语体系，过渡时期才是马克思主义的经济社会形态理论，二者不可混淆。还有学者提出，列宁所说的过渡时期是指从资本主义向共产主义过渡过程中的一个特殊阶段，社会主义改造、阶级斗争和无产阶级专政是该阶段最重要的特点，这显然不符合越南当前的状况，因而不应再把当

---

① 越南共产党：《社会主义过渡时期国家建设纲领》（2011年增补），越南共产党电子报，2011年3月4日。

② ［越］范必胜、阮灵啸编：《当前越南跨越资本主义制度向社会主义过渡》，越南真理国家政治出版社2017年版。http://www.tapchicongsan.org.vn/Home/Thong-tin-ly-luan/2017/46678/Qua-do-len-Chu-nghia-xa-hoi-bo-qua-che-do-tu.aspx。

前定位为社会主义过渡时期。然而，越共十二大继续把越南社会主义发展阶段定位为过渡时期，并修改了"到2020年把我国基本建设成为一个现代化方向的工业国"的目标，提出"早日将我国基本建设成为一个现代化方向的工业国"。①

关于中国社会主义初级阶段与越南社会主义过渡时期发展阶段定位的区别，越南理论家杨富协曾做过比喻："如果把建设社会主义比喻为建设一座大厦，那么，中国的社会主义已经建完一层，越南的社会主义则还在打地基。"

（三）对什么是社会主义和怎样建设越南社会主义的认识

什么是社会主义？这是越南长期以来探讨并将继续探讨的一个重大理论问题。一些学者认为，社会主义最重要、最基本的质量特征就是比资本主义具有更高的发展阶段、具有许多优越性的品质，如：更加富裕、更加公平、人民更加幸福。② 越南社会科学院副院长范文德教授说，革新前，胡志明在继承马克思观点的基础上，对社会主义的实质提出了一些简明的解释："例如，社会主义是'不断发展的社会，物质越来越丰富，精神越来越好'；'所有的人都吃饱、穿暖、生活幸福、自由'；'所有的人都能温饱、幸福和学习进步'；'每一个人、每一个民族都越来越温饱，我们的子孙越来越幸福'；'劳动人民摆脱了贫穷，从而使每个人都有了工作，享有温饱和幸福生活'；'社会主义就是如何使民富、国强'。"③

从越共六大、七大、九大、十大，越南共产党对于本国的社会主义的认识越来越贴近现实。越共十一大最终将过渡时期的越南社

---

① 参见潘金娥《从越共十二大看越南革新的走向》，《当代世界与社会主义》2016年第1期。
② ［越］黎友层：《关于社会主义的本质》，载李慎明主编《社会主义：理论与实践》，社会科学文献出版社2001年版，第55页。
③ ［越］范文德：《越南社会主义革新的理论创新》，潘金娥译，《马克思主义研究》2011年第4期。

会主义的基本特征概括为八点："我们正在建设的社会主义社会是一个民富、国强、民主、公平、文明的社会；人民当家作主；建立了以现代生产力和与之相适应的先进的生产关系的高度发达的经济体制；建立了浓郁民族特色的先进的文化体制；人们生活温饱、自由、幸福，并具备了全面发展的条件；全体越南各民族平等、团结、互相尊重、互相帮助，共同发展；建立了在共产党领导下的属于人民、来自人民和为了人民的社会主义法权国家；与世界各国人民建立了友好与合作关系。"①

越共十一大报告提出了建设越南社会主义的八个基本方向和需要处理好的八大关系。八个基本方向是：第一，大力推进国家的工业化现代化，使之与发展知识经济、保护资源和环境相结合。第二，发展社会主义定向的市场经济。第三，建设先进的、富于民族特色的文化；提高人口的素质，提高人民生活水平，实现社会的进步和公平。第四，保证国防牢固、国家安全以及社会秩序的安定。第五，实行独立、自主、和平、友好、合作和发展的对外路线；主动而积极地融入国际。第六，建设社会主义民主，实行民族大团结，加强和扩大民族统一阵线。第七，建设属于人民、来自于人民和为了人民的社会主义法权国家。第八，建设廉洁、坚强的党。十一大报告指出，在落实上述基本方向的过程中，必须特别注意把握和解决好八大关系。包括：革新、稳定和发展之间的关系；经济革新和政治革新之间的关系；市场经济与社会主义定向之间的关系；生产力发展与建设和逐步完善社会主义生产关系之间的关系；经济增长与文化发展、实现社会进步与公平之间的关系；建设社会主义与保卫社会主义祖国之间的关系；独立、自主和融入国际之间的关

---

① 越南共产党：《社会主义过渡时期国家建设纲领》（2011年增补），越南共产党电子报，2011年3月4日。

系；党的领导、国家管理和人民做主之间的关系。① 在此基础上，越共十二大补充了一对新的关系，即"政府与市场"的关系。② 因此，我们可以把处理好上述九大关系看成目前越南对"怎样建设社会主义"这个问题给出的答案。

值得注意的是，越共十一大通过的纲领中概括的越南社会主义特征，删除了1991年纲领中提出的"把人们从压迫、剥削和不公中解放出来，各尽所能，按劳分配"半句话，以及"主要生产资料以公有制为基础"的表述。很明显，修改后的纲领更加淡化了传统社会主义特征中所强调的"公有制""按劳分配"的基本特征，去掉"压迫""剥削"和"不公"等被认为不适合越南当前实际的表述，从而使"越南的社会主义"更加脱离传统定义。

对于上述修改，越共内部也存在不同意见。越共中央总书记阮富仲和黎有义（原越共中央党校校长、新任越共中央理论委员会副主席）等理论家就认为，应保留"主要生产资料以公有制为基础"。然而有人认为：上述改动是十一大取得的"突破性"胜利，这一改动将保证"从今往后，将再不会发生公有化运动，因为不仅党的纲领不允许，并且持这种观念的人会越来越多"。③ 十一大报告和纲领编撰小组常务组长、原越共中央经济委员会常务副部长阮文邓在谈到十一大的创新点和重要内容时，也指出："十一大关于建设和完善生产关系的重要主张和政策强调，在各种混合所有制形式中，要以股份制企业为主并鼓励它们发展，目的是使这种经营组织形式在国

---

① 越南共产党：《第十一次全国代表大会文件》，第70页。
② 潘金娥：《越共十二大提出革新发展"九大关系"》，《中国社会科学报》2016年3月31日第5版。
③ 参见潘金娥《当前越南共产党面临的问题与挑战》，《当代世界与社会主义》2014年第6期。

民经济中得到推广，进而推动生产经营和所有制的社会化。"① 由此可见，越共关于社会主义所有制的观点，已经从实行生产资料的"公有制为主体"转变为"社会所有制"，并逐渐提升了私人经济的地位，越共十大提出"私人经济是经济发展的动力"。越共十二届五中全会决议，提出了要把私人经济发展成为社会主义定向的市场经济中的重要动力的目标，要促进私人经济快速、持续增长。关于国有经济的主导作用，越南不少理论家认为应该废除这一点，或者将其限制在一定范围内。《共产主义》杂志副总编贰黎认为，主导作用应该被理解为对市场的引领作用和克服市场的固有缺陷。如果说强调国有经济的主导作用就是维持国有经济的垄断地位，那么这就在无形中背离了市场的本质，是"一个致命的错误"。②

（四）越南社会主义定向的市场经济体制理论认识

越南经济体制革新的目标是建立社会主义定向的市场经济体制。所谓社会主义定向的市场经济体制，就是越南共产党领导下的按照社会主义方向发展的市场经济体制。

在2001年召开的越共九大上，越共明确提出了"越南跨越资本主义制度，但可以接受和继承资本主义制度下的人类文明成果，包括一定程度上的资本主义生产关系和上层建筑，但不让其占有统治地位"的观点，并正式提出了"社会主义定向的市场经济"的概念，即"社会主义定向的、由国家管理的、按市场机制运行的商品经济就是社会主义定向的市场经济"。越共十大上把建立社会主义定向的市场经济体制作为本国经济体制改革的目标。

---

① 参见越共电子报访谈记录："十一大文件中的重要内容和创新"的在线访谈，http：//www.dangcongsan.vn/cpv/Modules/News/NewsDetail.aspx? co_ id =30110&cn_ id =453758。

② ［越］贰黎:《当今越南大力发展和不断完善社会主义定向的市场经济》,《共产主义》杂志，2017 年，http：//www.tapchicongsan.org.vn/Home/Nghiencuu - Traodoi/2017/44490/Phat - trien - manh - me - va - khong - ngung - hoan - thien - nen - kinh - te.aspx。

2008年3月，越共十届六中全会通过了关于经济体制改革的重要决议：《继续完善社会主义定向的市场经济的决议》。决议提出："市场经济是人类文明的成果，在资本主义社会得到高度发展，但是它本身并不等同于资本主义……要把市场经济作为建设社会主义的手段"；现代市场经济是建设社会职能的手段，是建设社会主义的本质和目标的手段。[①] 至此，越南共产党对社会主义和市场经济之间的关系的认识发生了根本性的变化，充分肯定了市场经济的地位和作用。

越共十一大报告继续强调：继续完善社会主义定向的市场经济体制是推动经济结构重组、改变增长方式、稳定宏观经济的重要前提，是未来十年的"三个战略突破"之一。至越共十一大，越南对本国社会主义过渡时期的经济体制的理论认识更加丰富。在此基础上，越共十二大对越南的社会主义定向的市场经济给出了明确的定性。越共十二大政治报告提出："越南社会主义定向的市场经济是完全和同步按照市场经济规律运行的经济体制，同时保证社会主义的方向与国家的每个发展阶段相符合。它是现代且融入国际的市场经济体制，在社会主义法权国家的管理下、由越南共产党领导，旨在实现'民富、国强、民主、公平、文明'的目标；具有与生产力发展水平相符的进步的生产关系；它有多种所有制形式、多种经济成分，其中国家经济占主导地位，私人经济是经济的重要动力；各种经济成分的主体是平等的，按照法律进行合作和竞争；市场在有效调配资源方面发挥主要作用，是解放生产力的主要动力；国家的资源要根据战略、规划和计划并按照市场机制进行分配。国家发挥定向、建设和完善经济体制的作用，创造平等、透明和良好的竞争环境；通过使用国家资源、各种工具和政策来定向调节经济，推动

---

① 越共中央宣教部：《十届六中全会决议研究资料》，越南国家政治出版社2008年版，第68—69页。

生产经营和环境保护；在发展的每一个过程和每一项政策中，都要落实社会进步和公平。在经济社会发展过程中发挥人民的当家作主的作用。"① 以上表述已经明确概括了社会主义定向的市场经济的相关基本问题。其中，关于社会主义的定向性，体现在五个方面：有社会主义法权国家的管理、由越南共产党领导、在经济社会发展过程中发挥人民当家作主的作用、确定了适当的生产关系以推动生产力的快速发展、在发展的每一个过程和每一项政策中都要落实社会进步和公平等。②

（五）越南社会主义法权国家的理论观点

越南的政治革新与经济革新同时启动于越共六大。1994年越共中央七届中期会议上，会议文件第一次正式使用了"社会主义法权国家"这个概念，提出："继续建设并逐步完善社会主义法权国家，即属于人民、来自人民、为了人民，用法律来管理社会生活的各个方面的国家。"③ 经过20年的摸索，在2006年召开的越共十大上，越南把建设"社会主义法权国家"作为越南政治系统革新的目标和方向，表明越南致力于探索出本国政治革新的独特思路。在2011年新通过的过渡时期纲领的增补中，对越南国家的性质和内涵再做明确表述："我们国家是在党的领导下的属于人民、来自人民和为了人民的社会主义法权国家，国家所有权力属于人民，其基础是在越南共产党领导下的工人阶级、农民阶级联盟和知识分子队伍。国家权力是统一的，国家在行使立法、行法和司法权时，有分工、配

---

① 越南共产党：《第十二次全国代表大会文件》，越南国家政治出版社2016年版，第102—105页。
② 潘金娥：《越共十二大提出革新发展"九大关系"》，《中国社会科学报》2016年3月31日第5版。
③ ［越］冯友富、阮文邓、阮日通主编：《党的第十二次全国代表大会文件中的术语解读》，越南国家政治出版社2016年版，第228页。

合和监督。国家颁布法律，并通过法律来组织和管理社会，不断加强社会主义法制。"① 2016年1月召开的十二大的报告中援引越南2013年新版宪法表述："越南社会主义国家是属于人民来自人民为了人民的社会主义法权国家"；报告强调，继续建设和完善在党的领导下的社会主义法权国家是政治系统革新的重心。②

所谓"社会主义法权国家"，简单地说就是"法律至上的社会主义国家"，旨在通过建立一整套完备的法律制度，把越南共产党对国家和社会的领导纳入法律框架内，实际做到"党通过宪法和法律来领导国家和社会"。越南理论家冯友富、阮文邓、阮曰通在他们主编的《党的第十二次全国代表大会文件中的术语解读》一书中指出："社会主义法权国家是一种社会主义国家的模式，是在工人、农民和知识分子联盟的基础上在越南共产党的领导下而建立起来的属于工人阶级和劳动人民的国家。在越南社会主义法权国家，每个人在法律面前一律平等。越南社会主义法权国家逐渐形成过程中，具有以下特征：国家属于人民、来自人民和为了人民；国家的所有的权力属于人民，其基础是工人阶级与农民阶级和知识分子的联盟；社会主义法权国家承认法律的至高无上地位，法律支配国家和社会，国家不能在法律之上或者法律之外颁布法律；国家的权力是统一的，国家在行使立法、行法和司法权时，有分工、配合和监督；越南社会主义法权国家具有工人阶级的本质，同时具有深刻的人民性和民族性；社会主义法权国家的经济基础是社会主义定向的市场经济体制、政治基础是社会主义民主政治、社会基础是民族大团结，并在越南共产党的领导下。社会主义法权国家必须保证彻底的社会主义民主，而在经济生活中发挥社会主义民主具有决定意

---

① 越南共产党：《社会主义过渡时期国家建设纲领》（2011年增补）。
② 越南共产党：《第十二次全国代表大会文件》，越南国家政治出版社2016年版，第175页。

义。国会是人民最高的代表机构、是国家权力的最高代表机构，决定国家重大事项，并且是最高的监督机构，尤其是对国家资源的管理和使用进行监督。政府执行对国家的各项政治、经济、文化、社会、国防、安全和外交等任务进行统一管理。司法机关的中心是法院系统，要按照'独立地进行审判、会审、判决，并且只遵循于法律'的原则活动；人民法院集体判决并且按多数来决定；当事人和被告的权利得到保障。"① 越南社会科学院副院长范文德认为，法权国家要被视为一个政治系统的环境和组织行使国家权力的方式，包括一个民主社会的要求、原则和组织运行方法等的体系。②

越南政治体制改革的目标是建立越南社会主义法权国家，这是越南共产党在"民主"与"集中"之间找到的一个新的契合点。建立越南社会主义法权国家的主要内容就是把越南共产党对国家和社会的领导权力用法律框架来加以约束，从而实现"法治"而非"人治"。目前，关于社会主义法权国家的理论还不完善，尤其是如何处理党的领导和国家的管理方面，无论是理论还是实践中都还存在问题，越南学术界至今也还在争论中。③

（六）关于党的建设的实践与总结

在开启越南革新进程的越共六大（1986 年）上，越共提出了党首先要进行自身的革新。党的革新包括四项内容，即思维革新、组织革新、干部队伍革新、领导和工作作风革新等。④ 在苏联解体、东欧剧变背景下召开的越共七大（1991 年）尤其重视党的思想建设问题，

---

① ［越］冯友富、阮文邓、阮曰通主编：《党的第十二次全国代表大会文件中的术语解读》，越南国家政治出版社 2016 年版，第 229—231 页。

② ［越］范文德：《革新 30 年来越南共产党对社会主义法权国家的认识》，潘金娥、周增亮编译，《党政研究》2018 年第 1 期。

③ 潘金娥：《越南政治权力结构特征探析》，《当代世界与社会主义》2017 年第 6 期。

④ 越南共产党：《越共六大文件》，越南真理出版社 1987 年版，第 124 页。

会议首次提出了"胡志明思想",强调越南共产党要以马列主义和胡志明思想作为思想基础和行动指南。大会还明确提出:党的自我革新要与党的自我整顿相结合;把"革新领导和工作作风"修改为"革新领导方式和工作作风";要求"将政治和道德蜕化变质、制造分裂、拉帮结派、贪污、受贿、欺压群众的党员开除出党;以适当的形式,将那些对党不忠诚、战斗意志不坚定的党员清除出党"。① 七大通过的《社会主义过渡时期国家建设纲领》明确提出:"为发挥领导作用,党要在政治、思想和组织上牢固和强大,要经常自我革新,自我整顿,努力提高智慧水平和领导能力。"② 越共七届中期会议(1994年1月)指出,越南正面临"经济落后于本地区其他国家的危机、贪污腐败的危机、偏离社会主义方向的危机以及'和平演变'的危机"等"四大危机"。③ 实际上,这"四大危机"至今一直存在,越共在十一大和十二大会议上依然重申这一观点。

越共八届三中全会(1997年6月)通过了《关于推动国家工业化、现代化时期干部战略的决议》,并且要求落实好干部工作有关机制,包括评议、规划、培训、培养、轮换、任命等。越共八届六中全会(1999年2月)做出的《关于当前党的建设工作的若干基本和紧迫问题的决议》指出:有为数不少的党员干部政治思想、道德和生活方式蜕化,引发贪污腐败和官僚主义问题。④ 越共九大(2001年)要求把"建设纯洁、强大的党"视为关系到越共生存和

---

① 越南共产党:《越共七大关于党建和修改党章的报告》,1991年6月27日,越南共产党电子报网站,http://dangcongsan.vn/tu-lieu-van-kien/van-kien-dang/van-kien-dai-hoi/khoa-vii/doc-41012201511360346.html。
② 越南共产党:《社会主义过渡时期国家建设纲领》,越南真理出版社1991年版,第21页。
③ 越南共产党:《越共七届中期会议文件》,越南共产党电子报网站,http://dangcongsan.vn/tu-lieu-van-kien/tu-lieu-ve-dang/dai-hoi-dang/lan-thu-vii/doc-492620158454046.html。
④ 越南共产党:《越共八届六中全会关于当前党的建设工作的若干基本和紧迫问题的决议》,1999年2月2日,越南共产党电子报网站,http://dangcongsan.vn/tu-lieu-van-kien/van-kien-dang/nghi-quyet-hoi-nghi-bch-trung-uong/khoa-viii/doc-4925201510201546.html。

发展的关键任务，也是保证工业化、现代化事业取得胜利的决定因素。九大提出党的建设的四大重要任务。① 越共十一大（2011年）继续要求建设廉洁、强大的党，提高党的领导能力和战斗力，并提出党建工作的八项任务，一是加强党的政治建设；二是提高思想理论工作的质量和效果；三是培养革命道德品质，反对个人主义；四是继续革新党的组织机构和政治系统；五是健全基层党组织和提高党员质量；六是革新干部工作，注重内部政治保卫工作；七是革新提高检查监督工作效果；八是继续革新党的领导方式。② 越共十一届四中全会（2012年1月16日）通过的《关于当前党建工作的若干紧迫问题的决议》提出，当前要重点解决三大迫切问题：一是坚决反对和遏制不少党员干部，尤其是各级领导和管理干部思想政治、道德和生活作风蜕化现象，提高党的领导能力和战斗力，巩固党员和人民对党的信心；二是建设能够满足工业化、现代化和融入国际事业要求的各级领导干部队伍，特别是中央级的领导管理干部队伍；三是继续革新党的领导方式，明确党委和行政负责人在党委、机关、单位关系中的权限和责任。③

越共十二大报告指出："开展执政党建设，既是一个新的问题也是一个难题，需要边干边探索、总结经验、革新完善。"④ 会议强调，建设政治上、思想上、组织上和道德上纯洁、强大的党，积极革新党的领导方式，这是基本问题，也是建设满足新形势下

---

① 越南共产党：《越共九大政治报告》，越南共产党电子报网站，http：//dangcongsan. vn/tu-lieu-van-kien/van-kien-dang/van-kien-dai-hoi/khoa-ix/doc－592420154233656. html。
② 越南共产党：《越共十一大政治报告》，越南共产党电子报网站，http：//dangcongsan. vn/tu－lieu－van－kien/van－kien－dang/van－kien－dai－hoi/khoa－xi/doc－292420154490856. html。
③ 越南共产党：《越共十一届四中全会关于当前党建工作若干紧迫问题的决议》，2012年1月16日，越南共产党电子报网站，http：//dangcongsan. vn/tu－lieu－van－kien/van－kien－dang/nghi－quyet－hoi－nghi－bch－trung－uong/khoa－xi/doc－4221201710293446. html。
④ 越南共产党：《越共十二大政治报告》，越南共产党电子报网站，http：//dangcongsan. vn/tu－lieu－van－kien/van－kien－dang/van－kien－dai－hoi/khoa－xii/doc－3331201610175046. html。

任务要求的基础。而2016年10月举行的越共十二届四中全会通过的《关于加强建设和整顿党，制止和打击思想政治、道德、作风蜕化以及内部"自我演变""自我转化"现象的决议》指出：越共存在思想政治蜕化、道德、生活作风蜕化以及内部"自我演变"和"自我转化"等现象；为数不少的党员干部在思想政治、道德、生活作风的蜕化的情况不但没有得到遏制，而且变得更加隐蔽、复杂；贪污腐败、浪费等消极现象仍较严重，且主要集中在国家机关中层以上党员干部身上。这些问题损害了党的领导地位，降低了人民对党的信任，直接威胁到党和社会主义制度的生死存亡。决议还明确指出党员政治思想蜕化的9种表现，道德和生活作风蜕化的9种表现和"自我演变""自我转化"的9种表现。其中，政治思想蜕化的9种表现主要包括：革命意识淡薄、对理论和政治理论学习的意义和重要性的认识有偏差、没有严格执行党的组织原则、工作中没有发挥模范带头作用；奋斗精神消退、隐瞒缺点，不诚恳不自觉接受纪律监督；在批评与自我批评时，逃避矛盾，见到对的不维护，见到错的不与之斗争，利用批评来相互讨好或诬陷指责他人，抱着个人不光彩的动机来批评他人；说的话或写的文章违背党的观点、路线，违反国家的法律政策；言行不一，主观唯心、武断、保守；受制于"任期思维"，只解决眼前的短期的问题，只做那些对自己有利的事；任人唯亲，哪怕这些人达不到条件和标准；等等①。

越共十二届七中全会在干部建设规划方面做出了重要安排。七中全会决议规定分三步走。第一步，到2020年，将上述各项决议

---

① 越南共产党：《越共十二届四中全会关于加强建设和整顿党，制止和打击思想政治、道德和生活作风蜕化以及内部"自我演变""自我转化"现象的决议》，2016年10月30日，越南共产党电子报网站，http：//dangcongsan.vn/tu‑lieu‑van‑kien/van‑kien‑dang/nghi‑quyet‑hoi‑nghi‑bch‑trung‑uong/khoa‑xii/doc‑111120169135346.html。

内容纳入党和国家关于干部工作、干部队伍建设和干部管理的相关规定中，并制定相关法律，完善权力管控机制；彻底遏制"跑官要官""道德堕落"现象；基本落实省委书记、县委书记非本地化制度，将干部考核工作与各级干部队伍调配、建立健全精简高效机构等工作有效结合起来。第二步，到2025年，继续完善并促进干部工作的有关规定、规则、流程的协调和标准化，力争完成省委书记、县委书记非本地化工作，同时鼓励对其他领导职务也推行非本地化制度，干部、党员"道德堕落""自我演变""自我转化"等现象得到遏制，建成一支领导职务、工作岗位与能力要求相一致的干部队伍。第三步，到2030年，建成一支专业化、有素质、数量和结构合理的干部队伍，基本建成一支有能力、有品质和有威望的干部队伍，尤其是战略级干部队伍。七中全会提出了干部队伍建设的"两个重点""五个突破"和"八项任务"。"两个重点"就是：一是继续大力全面、同步、有效地改进干部工作，按照标准化推进，加紧纪律整顿，同时为那些敢想敢干、为集体利益敢于突破的干部创造机会、环境和条件；二是加强战略级干部、各级党委书记、各级领导队伍的建设，并实行分级分权管理，以发挥干部的主动性和创造性，同时加强对权力的检查、监察和监督。"五个突破"包括：一是依据标准和绩效，通过考察、公布工作成绩的方式来改革干部评价工作。二是管控好权力，认真仔细地选拔干部、轮换干部；消除"跑官要官"现象。三是贯彻落实"省委书记、县委书记非本地化"规定。四是有力推动薪酬制度和住房制度改革，旨在为干部能全心投入工作制定合理的政策制度，营造平等、健康的竞争环境，吸引人才。五是进一步完善各种机制，让干部、党员真正与人民建立密切联系，推动人民参与到干部队伍建设工作中来。

反腐败工作是党的建设的一项重要内容。越南革新30多年来取得举世瞩目的成就。越共十一届四中全会通过了"关于当前党建工作若干紧迫问题的决议",决议提出,贪污腐败是其中一个重要表现。十二大以来,越共进一步加强党建工作。十二届四中全会重点讨论加强党的建设和整顿工作,会议决议强调,党内风气日渐蜕化,贪污腐败现象越来越严重;越南共产党在人民心目中的地位和形象被严重削弱,危及了政权的稳定。越共中央反腐指导委员会常务副主任潘庭镯撰文指出,腐败将造成公共资源的损失,损害国家组织机构的正当活动,扭曲社会公平和正义,侵蚀人民群众的信心,阻碍国家的发展。① 实际上,贪污腐败问题的严重性得到越南全国上下的高度认可,一致认为腐败已经成为"内寇",要想保住社会主义国家的建设成果,就必须铲除这一"国难"。在2018年6月召开的越南第十四届国会第五次会议期间,在谈到反腐败斗争工作时,阮富仲再次对选民将腐败视为"内寇"的说法表示赞同,他呼吁全民积极参与反腐败斗争工作。他说,这是一场很艰难的长期斗争,必须下大决心和努力去做。② 针对贪污腐败问题,越共总书记阮富仲在2014年召开的全国反腐工作会议上就已提出,要通过建立一整套政策制度来预防腐败、依靠法律来威慑惩治腐败、通过提高思想水平来根除腐败的反腐路径和目标,即"通过长期坚持努力,打造不能贪的预防机制、不敢贪的威慑惩治机制和不必贪的保障机制"。③

---

① [越]潘庭镯:《在党的十二大决议精神指引下展开反腐败斗争》,越南《共产主义》杂志2017年2月第892期。

② http://tapchiqptd.vn/vi/tin-tuc-thoi-su/hoi-nghi-toan-quoc-ve-cong-tac-phong-chong-tham-nhung/11988.html.

③ 《阮富仲总书记在全国反腐工作会议上的总结讲话》,越南《共产主义》杂志网站,2014年5月5日,http://www.tapchicongsan.org.vn/Home/Tieu-diem/2014/27141/Phat-bieu-cua-Tong-Bi-thu-Nguyen-Phu-Trong-ket-luan-Hoi.aspx。

目前，反腐的深度还在深化开展过程中。虽然越共的做法在很多方面借鉴了中国反腐目标，即打造"不能腐、不敢腐、不想腐"的反腐制度建设和"苍蝇老虎一起打"的做法，但也有其自身特点。了解越共在反腐问题上的体制建制建设及其实践方面的成败得失，对深化中国共产党的反腐倡廉工作有一定的借鉴和启示意义。

（七）关于对外关系的战略和认识

越南革新前，处于被美国封锁和国际社会孤立的状态。革新后，越共六大提出：争取有利的国际条件，在和平共存的原则上与世界各国发展关系。1988年5月，越共中央政治局13号决议提出了"增友减敌"、在尊重独立、主权、互利的原则上实行多样化的国际关系；2001年召开的越共七大报告提出：越南希望成为世界共同体中所有国家的朋友，为和平、独立和发展而奋斗；越共八大报告强调：对外工作重心转向服务于经济社会；1997年12月召开的八届四中全会决议指出：要最大程度地动员和发挥内力，提高国际合作效率，提高自立自强的意志，在融入国际的过程中保持本民族特色，多样化、多方化发展对外关系，要在独立自主的基础上融入国际和进行国际合作；越共九大报告指出：越南愿意成为国际社会的朋友和可以信任的合作对象，为和平、独立和发展而奋斗；越共十大报告提出：越南要主动积极地融入国际，同时在其他各个领域扩大国际合作；越共十一大报告继续强调要积极主动地参加到国际事务中，并在国际舞台上发挥重要作用；越共十二大报告强调"继续提高越南的威信和国际影响力，成为国际社会负责任的成员"。

（八）关于文化建设与人的发展的观点

越南共产党还提出"建设富有浓郁越南民族特色的文化"的观点。《社会主义过渡时期国家建设纲领》（2011年增补）明确提出了建设越南文化与人的思想的观点。报告提出，建设有民族特色，全面发展，多样而统一，富有人文、民主、进步精神的先进文化，使文化与社会生活全面紧密相连，成为发展的坚实精神基础和重要的内在力量。越共十一届九中全会决议指出了文化发展与人的建设与发展、完善人格、满足可持续发展要求的密切关系。决议确定了富有民族特色先进越南文化的四个基本特征，即民族性、人文性、民主性和科学性，要求把文化摆在与经济和政治并重的地位，使文化渗入一切生活领域。

在革新和融入国际背景下，为了发展和现代化，越共十二大提出了建设越南文化价值观的要求。在研究文化价值体系的基础上，要从各基本角度，深入了解越南人的价值观；要继续研究明确文化与人的辩证关系。

越南常常把文化建设与人的发展问题相联系。胡志明主席所强调的"十年树木，百年树人""要建设社会主义首先就要有社会主义的人"等观点已经成为贯穿越南共产党全部革命事业的思想。因此，越共的所有主张、路线、政策都贯彻了对人的关注、培养和发展的观点。30多年革新事业过程中，经济领域取得的成就已经为越南人的发展作出巨大贡献。在革新的初始阶段，越共七大文件提出了关于人的发展的观点，即把人既视为发展的目标，同时又视为发展的动力。随后的越共八大、九大、十大、十一大继续强调："人是发展战略的核心，同时也是发展的主体。"[1] 特别是，在"建设全面发展的越南人必须是发展战略的目标"[2] 的观点基础上，越共十二大文件补充和强调以下目标："把越南人建设成具有完美的人格、道德、精神，具有高超的智慧、能力、创造技能，具有坚强的

---

[1] 越南共产党：《第十一次全国代表大会文件》，国家政治出版社2011年版，第76页。
[2] 越南共产党：《第十二次全国代表大会文件》，国家政治出版社2016年版，第126页。

体魄,重视社会责任、公民义务、尊重和遵守法律,在建设和保护祖国事业中能够发挥创造性的主体作用。"①

(九) 关于发展的理念

在《2011—2020年经济社会发展战略》中,越南提出了5个关于发展的理念,即坚持快速发展和可持续发展相结合;坚持经济革新与政治革新相结合;坚持以人为本;坚持发展生产力和完善生产关系相结合;坚持经济独立自主与扩大开放相结合。

越共中央理论委员会秘书长阮曰通认为,要继续认识和妥善处理革新与发展的几大关系。

一是在对各关系及其有机、内在联系的认识上实现重要转变;注重全面性、平衡性,而不能将其割裂,轻视任何一个关系。必须以复合的观点、系统的思维深入认识关系的本质,注重系统中各观点、各关系的联系,最关键的是维护民族独立自主、国家主权和领土完整。

二是重视和推动理论研究、理论与实践总结活动,切实解放思想,鼓励自由创造,以此作为使革新理论、社会主义理论,以及社会管理理论、各领域发展理论、越南文化和人的发展理论取得突破的动力。

三是努力切实有效地开展政治革新,对推动经济、社会、文化、环境、国防、安全、外交事业发展产生积极的影响。

四是在国际关系中,在党的外交路线和国家的双边、多边外交政策中,制定正确、灵活的战略、策略。

除了上述几方面的理论观点外,越南对社会建设和社会管理方面也在不断探索过程中。

---

① 越南共产党:《第十二次全国代表大会文件》,国家政治出版社2016年版,第29页。

从总体上看，越南理论研究较为活跃，各种思潮和思想斗争经常伴随着越共各次党的代表大会的召开显得异常激烈。由于意见分歧较大，迄今为止，还未能像中国一样形成一整套关于本国社会主义建设的系统的思想体系。然而，越南理论家也在不断努力。预计，今后越南将以胡志明思想为核心，加上时代因素和越南特色，形成一套越南共产党在把马克思列宁主义运用于越南的实践中总结得出的关于社会主义和越南的社会主义的理论体系。

五 越南社会主义革新面临的问题与前瞻

（一）越南革新面临的问题

在经济方面，革新以来一直采取速度优先的粗放式的经济增长方式。这一增长方式对于越南迅速增加财富改善人民急需的物资需求有明显效果，但也留下了一些后患，包括资源浪费严重、经济结构不合理、生态环境恶化等。与此同时，21世纪以来，越南为了准备和适应加入世界贸易组织并与国际接轨，加大开放和融入国际的步伐。2006年入世前后，越南经济对外依存度急剧上升。2008年，越南消费者物价指数（CPI）全年接近23%，引起了国内恐慌和周边国家的高度关注，担心其将引发第二次亚洲金融危机。尽管越南政府迅速采取补救措施取得了一定短期效果，但实际上，越南的经济问题并未因此而从根本上得到解决。经济发展的不均衡还带来了越南社会贫富差距加大、社会不稳定因素增加等问题。越共十一大把越南社会主义特征中"以生产资料公有制为主体"这一重要特征放弃，而提出"社会所有制"才是社会主义应有之义。然而，究竟怎样才能实现"社会所有制"？私有制是否也属于"社会所有制"？越南的理论家却未能给出答案。在经济体制改革的实现路径方面，越南把推进国有经济的股份化改革作为重要内容,然而实践表明,越南国有企业改革效果并不理想。目前越南国有企业占比大约为30%,且大多数亏损严重。为此,社会上对国有企业实行私有化的呼声越来越高,两届政府总理都表示要加快推进国有企业改革并进行股份化改革,但困难重重。越共十二大后,新一届政府继续按照建立和完善社会主义定向的市场经济体制的目标,大力改变经济增长方式和调整经济结构,加大对国有经济的改革,提出只要能够按照市场原则经营的企业,不管是盈利还是亏损,都要进行股份化改革,目标是国有企业的比例要下降到大约10%。

在行政和政治体制改革方面,实际效果并不理想。目前,办事效率、效果差,政策变动多、前后矛盾和扯皮问题依然突出。尤其是近几年来越南加快民主政治改革步伐,对重大事项需要通过民主征求意见方式加以表决,因此,越南政府制定的一些长远战略性规划项目,如高速铁路的修建,因短时间难以让群众见到成效而最终被国会通过投票方式否决,而这些项目被阻止,导致越南基础设施建设难以满足经济快速发展的需要。而随着越南革新党的领导方式的推进,越共领导层内部意见分歧越来越大,在越共十二大前出现了明显的对立和权力斗争,致使在越共十二大即将召开之前,领导层的人事安排都具有很大的不确定性。

在党的建设方面,伴随着开放程度的加深,党内风气日渐蜕化,贪污腐败现象越来越严重,严重削减了越南共产党在人民心目中的地位和形象,甚至危及了政权的稳定,腐败问题这一"国难"长期难以消除,越南依然面临很多严峻的、互相交错和错综复杂的挑战。而越共十二大认为越南面临的"四大危机"继续存在,因此继续把建设廉洁坚强的党作为今后5年工作的主题之一。越共存在思想政治蜕化,道德、生活作风蜕化以及内部"自我演变"和

"自我转化"等现象;为数不少的党员干部的思想政治、道德、生活作风的蜕化状况不但没有得到遏制,而且变得更加隐蔽、复杂;贪污腐败、浪费等消极现象仍较严重,且主要集中在国家机关中层以上的党员干部身上。这些问题损害了党的领导地位,降低了人民对党的信任,直接威胁到党和社会主义制度的生死存亡。[①] 可见,越共认为腐败问题已对政权的稳定和社会主义制度构成了严峻挑战。

在社会舆论方面,伴随着民主政治体制的改革,各种思想鱼龙混杂,导致越南出现了各种不同的社会思潮,其中夹杂了实行西方民主化、实行多党制和三权分立主张。由于南海主权争议问题突出,越南国内舆论对华不友好气氛越来越浓厚,在某些越共反对势力的推动下,他们以反华为借口,打击越南共产党的领导,分化对华友好人士,通过计划中越矛盾而达到削弱越共的外部支持力量和内部思想基础的目的,从而实现分化和瓦解越共政权的企图。在这样的背景下,越南党内出现了各种明争暗斗。越共中央总书记阮富仲在越共十二大闭幕式上总结时提出:越南面临着很多困难和挑战,他希望新一届中央领导班子,能够团结一致,克服重重困难,挑起越南人民和历史交给他们的重任。

在理论建设方面,越南共产党在总结成就与问题时坦言,越南的理论创新明显滞后于实践发展的需要。越共十二大上,越南中央总书记也强调加强对实践的总结和研究工作,为党和国家的决策提供理论指导和科学依据。马克思主义政党尤其注重理论的武装,因此,由于越南的理论未能跟上实践的发展要求,从而对越南共产党

---

① 越南共产党十二届四中全会:《关于加强建设和整顿党,制止和打击思想政治、道德、生活作风蜕化以及内部"自我演变"、"自我转化"现象的决议》,越南共产党电子报网站,2016年10月30日,http://dangcongsan.vn/tu-lieu-van-kien/van-kien-dang/nghi-quyet-hoi-nghi-bch-trung-uong/khoa-xii/doc-111120169135346.html。

的执政地位和今后的发展方向带来了不确定性。

由此带来的结果是,越南共产党的执政安全变成重大问题。越共十大以来,越南共产党不断加深融入国际,把注重意识形态和周边国家的外交优先方向调整为全方位、多变化的外交路线,提出"积极主动融入国际",并成为在本地区和国际舞台上发挥重要影响力的成员。虽然从实践结果来看,越南过去十多年的外交为其获得了较大的活动空间,推动了美越关系的提升,同时与日本、印度和欧洲等西方国家的关系不断密切,但这种淡化意识形态的外交战略,为国外敌对势力对越南的"和平演变"以及原南越政权流亡西方的反共势力对越南进行渗透提供了方便。过去几年的实践表明,越共政权的稳定受到前所未有的冲击。因此,对于在全面开放条件下如何稳定领导权和执政地位,越共实际上并不十分有把握。但越共十二大继续坚持把"全面积极融入国际"作为今后深化改革的方向。因此,权衡好国家政权掌控的度,巧妙把握好革新融入中权力的"收"与"放",这将是越南共产党需要认真研究的课题。

(二) 越共提出了继续革新的目标和方向

在越共十二大报告中,提出了越南未来5年的发展目标和方向。即:加强建设纯洁、坚强的党;发挥全民族和社会主义民主的力量,全面、同步推进革新事业;坚决捍卫祖国、维护和平稳定的环境;为早日将越南基本建设成为面向现代化的工业国而奋斗。

政治上,加强党的领导,发扬民主。在党的领导下,继续把建设社会主义法权国家作为政治系统革新的中心任务。建设精简、廉洁、坚固的国家机构;完善法律系统,推动行政和司法改革,提高干部公务员的素质和能力以胜任工作任务的要求,发扬民主,加强责任、纪律和纪纲;加大反对贪污腐败和浪费,反对官僚主义、社会弊端和犯罪的斗争力度;完善社会主义民主,发挥人民当家作主的权利，不断巩固和弘扬民族大团结精神，加强社会共识；继续革新祖国阵线和各人民组织的活动内容和方式。

经济上，继续完善社会主义方向的市场经济体制，继续革新增长方式。要在保持宏观经济稳定的基础上，使经济增长速度高于前5年；重新调整经济结构，大力推动工业化和现代化；重视农业和农村的工业化和现代化，使之与建设新农村相结合；发展知识经济，提高各行业的科技水平，提高经济的效能、质量、效果和竞争力。未来5年，越南经济社会发展的具体指标如下：年均经济增长速度达到6.5%—7%，到2020年，人均GDP达到3200—3500美元；工业和服务业比重占GDP的85%；全社会总投资年均占GDP的比重为32%—34%；国家财政赤字不超过GDP的4%；全要素生产率（FTP）对增长的贡献率达到25%—30%；社会劳动生产率年均增长4%—5%；GDP能源消耗比年均减少1%—1.5%；到2020年，城市化比例达到38%—40%。

在文化与社会管理体制方面，强调继续推进文化和社会管理体制改革。强调弘扬越南民族文化，扩大社会民主，加强社会监督，落实好"民知、民议、民办、民检查、民监督"的方针，并使之体制化。提高人民生活水平。到2020年，每1万人口拥有医生10名，病床26个；医疗保险覆盖率占总人口的80%以上；贫困户每年减少1.35%—1.5%。

对外关系上，继续深入发展与各国的合作关系。主动而积极地为建设和制定各种多边机制作出贡献；坚决挫败干涉内政，侵犯民族独立、主权、统一和领土完整的各种阴谋、行动；继续完成陆地边界划界，在遵守国际法基本原则、《1982年联合国海洋法公约》和地区行为规则的基础上，促进海上问题的解决；注重发展与邻国的传统友好和合作关系，促进与各大国和重要伙伴的关系；以主动、积极并且负责任的态度,与东盟各国一道建设强大的共同体;扩大、深化和加强党的对外关系、国家外交和人民外交。继续提高越南的威信和国际影响力,成为国际社会负责任的成员。

(三) 越南革新的前景

越南 30 年来取得的成功经验,最重要的一点是坚持了正确的路线和方向,始终强调越南共产党作为党的领导力量需要不断提高自身的战斗力和执政能力。然而,过去几年来,随着越南政治革新的推进,越南共产党的决策权明显受到限制。尤其值得注意的是,2015 年 11 月 25 日,越南国会以超过 86% 赞成票,通过了《征求民意法》,该法从 2016 年 7 月 1 日开始生效。从内容上看,该法可以对宪法全文或其中重要条款或国家重大事项进行表决,因而具有了一般"全民公投法"的性质。尽管该法对举行民意征求的条件较为严格,例如:必须有 1/3 以上国会代表提议,或得到国会常务委员会或国家主席或政府的提议才可以进行征求民意,并且有 3/4 以上的选民参与,且得票超过半数以上的表决才有效,在国家宣布进入紧急情况下不可举行等,因而在当前条件下,该法几乎没有启动的可能性。然而,从法律上来说,这已经具有否定宪法的某些条款从而否定越南共产党的领导和改变越南社会主义的国家制度的可能性,并且在某种特定的情况下这种可能性还有可能成为现实。[①] 可见,越南能否坚持党的领导和社会主义方向的革新的风险进一步提高。

当前,国际格局发生了新的剧烈变化。南海主权纠纷尚难以解决,对华关系存在不确定性,这无疑将对越南革新的各项政策产生巨大影响。尽管越共十二大以来加强了党的建设和强调党的地位,

---

① 潘金娥:《从越共十二大看越南革新走向》,《当代世界与社会主义》2016 年第 1 期。

但越南继续强调积极主动融入国际的方向没有发生变化，越南民主化思潮难以扭转。可以预见，今后越南的发展走向将会继续受到外部环境的较大影响。因此，越南的外交路线尤其是能否处理好南海问题和与大国的关系，包括美越关系、中越关系、俄越关系乃至日越关系、澳越关系和印越关系等，将对越南今后的发展道路和革新成败起着至关重要的作用。当然，越南共产党的领导地位是否能够巩固和加强，是越南是否能够继续坚持社会主义方向的革新的关键。

六　结语

中国的改革开放和越南的革新融入都是以建设和完善社会主义制度为目标，与苏联和东欧国家的全盘西化的改革或"改组"有着本质上的不同。由于中越两国有大体相似的历史背景和文化传统，以儒、释、道为代表的越南传统文化基本上源于中国。两国的民族民主革命都是在共产党领导下取得了胜利，独立与建国后都选择了社会主义的发展道路。两国的社会制度与意识形态基本相同，中国的改革起步较越南早，越南在经济革新的过程中，十分注意汲取中国改革的经验与教训。越南在政治体制改革方面走的步伐较快，其中有些做法也值得我们借鉴。中越两国的改革开放与革新融入有许多可以彼此吸收与借鉴之处。

从新宪法和新选举法看古巴社会主义政治现代化的进程

徐世澄

一 古巴社会主义民主政治制度的建立和运行

1959年1月1日古巴革命胜利后,革命政府于同年2月7日颁布实施《1959年根本法》。这部起临时宪法作用的法律规定,共和国主权在于人民,一切权利属于人民,将立法权和行政权均赋予部长会议。根本法一直实行到1975年,它的颁布和实施为当时保证古巴人民的基本权利发挥了重要作用。

古巴革命胜利初期,曾尝试使用直接民主。如20世纪60年代初,著名的《哈瓦那宣言》(1960年9月2日通过)和《第二个哈瓦那宣言》(1962年2月4日通过)就是以直接民主的方式,即在哈瓦那举行的100多万人参加的全国人民大会上,以民众集会、直接表决通过的形式产生的。

随后,古巴革命政府所颁布的各项重要法律,都事先组织全民性的讨论,广泛征求意见。古巴的群众组织如中央工会、共产主义青年联盟、妇女联合会、全国小农协会、大学生联合会和保卫革命委员会等群众组织等和社会团体直接参与法律的制定和国家重大政策的实施。

20世纪70年代，古巴实行制度化建设参照苏联的模式，开始进行政治机构的体制化。1976年2月15日，经全民公决，以97.7%的支持率通过了古巴共和国第一部社会主义宪法，同年2月24日生效。① 同年10月，进行了全国大选。12月，召开了第一次全国人民政权代表大会。从1977年开始实行新体制，不再使用革命初期的直接民主的办法，而是建立人民代表大会制度，即建立人民政权机构。

1976年通过的宪法规定，古巴共和国是工人阶级领导的、以工农和其他劳动者联盟为基础的社会主义国家。人民通过全国人民政权代表大会和地方人民政权代表大会行使国家权力。古巴共产党是古巴社会主义革命和建设的领导力量，"指导思想是无往不胜的马克思列宁主义学说"。古巴的一切权力机构都是建立在社会主义民主、权力的统一和民主集中制的基础上的。古巴的社会主义经济制度以生产资料的社会主义全民所有制为基础，在社会主义生产关系基础上实行计划经济。古巴共和国占统治地位的是以生产资料社会主义全民所有制和消灭人剥削人的制度为基础的社会主义经济制度。实行各尽所能、按劳分配的社会主义原则。全国人民政权代表大会是国家最高权力机关，行使国家立法权，其常设机关是国务委员会。规定国务委员会主席是国家元首和政府首脑，即国务委员会主席和部长会议主席由1人担任。部长会议，即共和国政府，是最高执行机关和行政机关。省、市人民政权代表大会是地方国家权力机关，其常设机关是省、市人民政权代表大会执行委员会。1976年

---

① 古巴1976年宪法的译文，参见姜士林等主编《世界宪法全书》，青岛出版社1997年版，第1517—1538页。

宪法确定了古巴国家的社会主义性质，确定了古巴共产党的领导地位，明确马克思主义和列宁主义是古巴党和国家的指导思想，1976年宪法的制定和执行对古巴的社会主义革命和建设起了重要的历史作用。

这部宪法规定，古巴的政体是人民政权机构制。全国人民政权代表大会（简称人代会）是古巴最高权力机关和唯一的立宪和立法机关。其代表由市（县）人民政权代表大会选举产生，任期5年。人代会每年召开两次会议，闭会期间由其常设机构国务委员会行使其权力。除修改宪法外，人代会的一切法律和决议均以简单多数通过。在全国人代会之下设地方人民政权代表大会，即省、市（县）两级人代会。地方人代会是在其管辖区内行使国家职能的权力机关。每届任期为两年半。市（县）人代会代表由选民直接选举产生，而省和全国的人代会代表则是间接选举产生的。这部宪法规定，国务委员会主席和部长会议主席由一人担任。

这部宪法规定，在省和市（县）两级政权组织中，实行"议行合一"制度，即地方人民政权代表大会是代表人民履行国家职能的唯一的政府机构，即省、市人大主席兼任省长、市长的职务。1982年8月，古巴人代会颁布了选举法，这一选举法的特点是：1. 人大代表的提名不是来自党派或团体，而是来自每个公民。是否是党员并不是选举代表的条件。2. 人大代表的职责和权限有明确的规定。以市（县）级代表为例，每个代表每月应拿出一天时间来接待选民的来访；代表除在人代会上述职外，每4个月还应在本选区的选民大会上报告其工作。各级代表都是没有任何报酬的。

古巴共产党自1965年成立时起，就贯彻和发扬群众路线，坚持"四个一切"的原则：一切立足于群众，一切依靠群众，一切重大决定要广泛听取群众的意见，一切活动要由群众配合。这体现在：1.中央和省市领导经常深入基层，倾听群众的意见，改进工作。2.制定和实施重大决策前在全国进行广泛的群众大讨论。3.重视群众组织和团体在国家政治体制中的作用。积极参与国家大事，已成为国家政治体制中的重要组成部分。4.发展新党员和选拔党的领导干部都要征求群众意见。5.加强群众对党政干部，包括政治局委员的监督。6.关心群众疾苦，及时解决群众的紧迫问题，如食品、交通、住房等问题。

古巴共产党一直坚持并十分重视民主集中制的原则。1975年12月，古共中央第一书记菲德尔·卡斯特罗在古共一大中心报告中说："党章是党内生活的根本法"，"我们的党章非常明确郑重地规定，民主集中制是我党的组织指导原则，其特点是各级领导机关须经选举产生；各级领导机关有义务向选举人和上一级领导机关汇报工作，遵守党规定的少数服从多数的纪律；服从上级机关的决定。为保证民主集中制准则的全面贯彻执行，各级支部和党委必须具备开展自由讨论以及批评和自我批评的一切条件，作出的决议必须真正是集体研究和同意的结果"。①

1997年10月，古共五大修改通过的党章第15条规定："古巴共产党是根据民主集中制组织起来并进行工作的，这一原则规范全部党内生活，并且是保证党的意识形态、政治和行动一致的根本条件。"②在2011年4月古共六大召开前，从2010年11月至2011年2月，古巴党和政府组织全党和全国民众对六大的主要文件《经济社会政策的纲要（草案）》进行了为期3个月的广泛讨论，约有800万人参加了讨论，提出了数百万条意见和建议。2016年4月召开的

---

① 菲德尔·卡斯特罗：《在古巴共产党第一、二、三次全国代表大会上的中心报告》，人民出版社1990年版，第182—183页。

② Estatutos del Partido Comunista de Cuba con Las Modificaciones Aprobadas en el V Congreso, Editora Política, La Habana, 1998, p. 12.

古共七大原则通过了《古巴社会主义经济和社会发展模式的理念》等三个重要文件，会后又广泛征求广大党员和民众的意见，160万人召开了4.7万次会议，提出了意见和建议，最后由2017年5月先后召开的党中央全会和全国人大特别会议通过。①

古巴社会主义民主政治有以下特点：1. 充分发挥群众组织的作用。古巴的主要群众组织和团体等都定期召开全国代表大会，从各自的岗位上，为社会主义革命和建设而建言献策。2. 召开直接对话会。领导人同群众坦诚地交换意见，沟通思想，取得了良好效果。3. 全民讨论党和国家的重要文件和包括宪法在内的各种法律。4. 20世纪80年代，古巴提出并实践社会主义政治制度的创新理论"参议制民主"，主要体现在：人大代表的提名来自各个基层选区，而不是来自政党；涉及公众的一切事务，大至党和国家的大政方针，小到本街本村的具体问题均需通过普通民众的讨论，征求意见后才做出决定。

1976年的古巴宪法经过了1992年和2002年两次修改。② 20世纪90年代初，由于国际形势的变化和发展，特别是东欧剧变、苏联解体和社会主义阵营的不复存在，1992年古巴全国人大对1976年宪法141条中的76条作了修改，还增加或删去了近30条。主要修改的内容是：在序言部分，原来提"我们的指导思想——无往不胜的马克思列宁主义学说"，改为"在何塞·马蒂思想和马克思、恩格斯、列宁的政治社会思想的指引下"，加上了古巴本国民族英雄马蒂的思想；原来提"我们依靠无产阶级国际主义，苏联和其他社会主义国家的兄弟情谊、援助与合作、拉美和世界各国劳动者与

---

① http：//www.granma.cu/cuba/2017－05－31/mas－cerca－del－proyecto－de－pais－que－queremos－31－05－2017－14－05－10。

② 经1992年和2002年两次修改后的古巴宪法的译文，参见《世界各国宪法》编辑委员会编译《世界各国宪法·美洲大洋洲卷》，中国检察出版社2012年版，第482—496页。

人民的同情",删去了"苏联和其他社会主义国家的兄弟情谊、援助与合作",改为:"我们依靠无产阶级国际主义,世界各国、特别是拉美和加勒比各国人民的兄弟情谊、援助、合作与声援";在关于共产党的指导思想和性质的第5条中,将原条文"古巴共产党——工人阶级有组织的马克思列宁主义先锋队"中"马克思列宁主义"之前加上"马蒂主义";增加了"国家承认合资企业的所有权";将1976年宪法规定的全国人大代表由间接选举产生改为"由选民自由、直接和秘密投票选举产生"。

2002年5月20日,美国总统小布什发表讲话,大肆攻击古巴社会主义制度,要求古巴进行"自由"选举,并以此作为解除对古巴封锁的先决条件。与此同时,古巴国内持不同政见者也提出了要求进行所谓民主改革的"巴雷拉计划"。为了回击国内外的攻击,同年6月15—18日,古巴进行全民公决和修宪,98.97%的选民赞同在宪法中增加了以下这条"特别条款":"古巴几乎全体人民,于2002年6月15日至18日表示,强烈支持该月10日由全国人大特别会议的各机构起草的共和国宪法修正案的各部分,强烈支持建议将社会主义性质和政治、社会体制宣布为不可更改,以此作为对美帝国主义政府威胁的庄严回应。"该条款进一步确定宪法规定的古巴社会主义制度的不可更改性。

从1976年宪法的颁布和实施和1992年和2002年两次修宪以来,古巴国内外的形势发生了很大的变化。从古巴国内来看,2006年7月,古巴共产党第一书记、国务委员会主席兼部长会议主席菲德尔·卡斯特罗因病将古巴党和国家的重任暂时移交给劳尔·卡斯特罗,2008年和2011年劳尔又先后正式接替卡斯特罗所担任的国家和党的最高职务。劳尔任内,古巴开始进行"经济和社会模式的更新",即改革。劳尔主政后,古巴的社会主义民主进一步发扬。

如在 2011 年 4 月古共六大召开前，从 2010 年 12 月 1 日至 2011 年 2 月底，古巴党和政府在全国范围内，组织党内外群众讨论准备在古共六大上讨论通过的主要文件《经济和社会政策纲要》草案，征求意见和建议。随后，在全国各地组织 5000 多名专家对群众提出的意见和建议进行归纳、整理。之后，将意见和建议提交党政高层领导人领导的 12 个工作组进行分析，对《纲要》草案进行修改补充，提交六大讨论通过。如此开展的大调查、大讨论，其深度和广度都是空前的，这种古巴式的社会主义大民主，即使在社会主义国家中也是绝无仅有的。

从国际来看，古巴与美国虽然已于 2015 年 7 月恢复外交关系，但是，美国依然对古巴实施经济贸易和金融的封锁。与此同时，拉美地区的政治形势也发生了"左退右进"的变化。原有的宪法显然已不能适应国内外形势的变化，制定一部新宪法势在必行。

二 新宪法和新选举法的制定和通过使古巴政治现代化迈出了新的一步

2018 年 4 月，古巴第 9 届全国人民政权代表大会成立会议选举 58 岁的迪亚斯 - 卡内尔为国务委员会主席兼部长会议主席，接替劳尔的行政最高领导职务。劳尔仍继续担任古巴共产党中央第一书记。同年 6 月，古巴全国人大召开特别会议，决定正式开启修宪进程，并成立以劳尔为主席的、以迪亚斯 - 卡内尔为副主席的，由 33 名人大代表组成的修宪委员会。

经过一个多月紧张工作，修宪委员会根据古共六大和古共七大重要文件的精神并根据古巴实际情况，在 1976 年修改后的宪法基础上，参考了其他一些国家的宪法，制定了《古巴共和国宪法草案》(简称《草案》)。同年7月21—22日,召开第9届全国人大第1次会议,会议讨论并通过了《草案》①。8月13日至11月15日,古巴全民讨论《草案》并提出修改意见和建议。

2018年12月18日,修宪委员会成员、古巴国务委员会秘书阿科斯塔在全国人大会议上对全民讨论的情况作了说明。他指出,在8月至11月的古巴全民讨论中,古巴全国各地各阶层民众共召开了133681次讨论会,有近900万人次与会,有1706872人发言,提出了783174条意见和建议,境外侨民也提出了2125条意见和建议。随即召开的古巴第九届全国人大第二次会议,在民众所提意见的基础上,对《草案》进行了必要的修改。

民众的意见主要集中在以下几个方面:1.民众要求恢复被《草案》在序言和第5条中删去的"共产主义"或"共产主义社会"的提法。2018年7月公布的《草案》曾删去了原宪法《序言》中"并且在共产党的领导下,为建立共产主义社会而继续前进"和"当人们从奴隶制度、封建制度和资本制度等一切剥削制度中解放出来以后,只有在社会主义和共产主义制度下,才能使人类获得全部尊严"这两段话,同时删去了第5条中"向共产主义未来推进的崇高目标"的提法。在全民讨论中,有不少民众反对删去"共产主义"的提法。在民众的强烈要求下,古巴第九届全国人大第二次会议在通过的新宪法的序言和第5条中又恢复了"共产主义"的提法。

2.《草案》对国家主席任期不能超过两届的限制、首任年龄不得超过60岁的规定和国家主席产生办法提出不同意见。在全民讨论《草案》的过程中,有74450人要求取消《草案》对国家主席

---

① 古巴新宪法草案原文参见:http://www.cubadebate.cu/noticias/2018/07/30/descargue - el - proyecto - de - constitucion - de - la - republica - de - cuba - pdf/。

任期不得超过两届的限制，24365人要求取消《草案》对国家主席首任年龄不得超过60岁的规定，11080人要求国家主席由直接选举产生。但是，最后，全国人大会议决定，新宪法维持《草案》的有关规定不变。

3. 一些民众要求省长应由本省选民直接选举产生。《草案》第170条规定，"省长由国家主席提名，全国人大任命"。在全民讨论过程中，有11289人主张，省长应由所在省的民众直接选举产生。在民众意见的基础上，新宪法第175条改为省长由国家主席提名，由该省所管辖的（若干个市）市人大代表选举产生。

4. 民众还对《草案》中关于婚姻的定义提出了意见。古巴1976年宪法第36条规定"婚姻是男女之间有法律根据的自愿结合，目的是为了共同生活"。新宪法《草案》第68条曾改为"婚姻是两个拥有法律能力的人的自愿结合，目的是为了共同生活"，《草案》取消了"男女之间"的限制，实际上是允许同性恋结婚。在全民讨论过程中，古巴不少天主教信徒（古巴多数民众信奉天主教）及部分民众对此提出不同意见。最后，新宪法部分地吸收了民众的意见，采取折中办法，新宪法第82条规定："婚姻是一种社会和法律的制度。是家庭的一种组织形式。它建立在自由同意和权利和义务平等和配偶法律能力的基础之上。"

以上情况充分说明，古巴新宪法的制定过程是民主、透明的，是顶层设计与广泛征求民众意见相结合的。

2018年12月21日至22日，古巴第9届全国人大第2次会议在吸收广大民众意见和建议的基础上，对《草案》的134条、约60%条文作了修改补充，通过了新宪法的定稿。新宪法包括序言、11篇、24章、18部分，共226条，比原宪法增加了89条。

2019年2月24日，古巴就"是否通过新宪法草案"进行全民公决。3月1日，全国选举委员会主席阿莉娜·巴尔塞依罗公布最终选举结果，全国16岁以上选民总数8705723人，参加投票人数为7848343人，投票率为90.15%。投赞成票6816169人，占全部选民的78.30%，占投票选民的86.85%。投否决票706400人，占全部选民的8.11%，占投票选民的9%。4月10日，古巴新宪法正式生效。①

新宪法重申古巴政治、经济和社会制度具有社会主义的特性，新宪法重申古巴是社会主义国家（第1条），强调古巴共产党是古巴社会有组织的先锋队，是社会和国家的最高政治领导力量（第5条），重申古巴人民遵循"马克思、恩格斯和列宁社会解放思想"（序言），重申古巴共产党是马克思主义和列宁主义的政党（第5条）；重申古巴共和国实行以全民所有制为主要形式和以经济计划领导为基础的社会主义经济制度（第18条），重申全国人民政权代表大会是（古巴）最高国家权力机关，它代表并反映全体人民的主权意志（第102条）。

与此同时，新宪法对原宪法作了全面的修改，主要修改和增加的内容有：1. 有关指导思想的部分，增加了"菲德尔（卡斯特罗）"思想和"菲德尔主义""古巴、拉美和世界的马克思主义思想""马蒂、菲德尔的思想和榜样"（序言）；2. 强调"古巴共产党是唯一的、马蒂主义、菲德尔主义的、马克思主义和列宁主义的政党"（第5条）；3. 增加了"法治和社会公正"定义（第1条），这表明，新宪法强调要依法治国；4. 增加了"为了社会的利益考虑、调节和控制市场"的内容（第18条）；5. 首次承认私有制和个人所有制（第22条）；6. 新宪法肯定外资的作用（第28条）。

---

① 古巴2019年新宪法原文参见：http://www.granma.cu/cuba/2019-01-05/en-pdf-nueva-constitucion-de-la-republica-de-cuba。

7. 新宪法规定设立国家主席、总理制，国务委员会成为全国人大的常设机构，国务委员会主席不再是国家元首和政府首脑，规定"全国人民政权代表大会主席、副主席和秘书同时是国务委员会主席、副主席和秘书，再加上由全国人民政权代表大会决定的其他成员组成国务委员会"（第121条）。这表明，新宪法实施后，国务委员会将成为全国人大的常设机构，国务委员会主席兼全国人大主席不再是国家元首兼政府首脑。新宪法规定国家主席是国家元首（第125条）；8. 国家主席由全国人大选举产生，任期5年，可以连任一届（第126条）；国家主席年龄须满35岁，首次当选时，年龄不得超过60岁（第127条）；9. 新宪法规定，总理是政府首脑（第140条）；部长会议由总理、副总理、部长和秘书组成。总理、副总理、部长和秘书的职务由总统任命（第141条和第142条）。这意味着，古巴将改变国务委员会主席（国家元首）兼任部长会议主席（政府首脑）的体制，今后古巴的国家主席不再兼任总理，也不再是国务委员会主席，并首次限定国家主席任期不得超过两任（10年），首任年龄不得超过60岁。10. 新宪法取消了省一级的人民政权代表大会，成立人民政权省政府，省政府由省长和省理事会组成（第170条）。新宪法改为省长由总统提名，由该省所辖（若干）市的市人大选举产生（第175条）。新宪法规定，省理事会由省长、副省长、所辖市的市人大主席、副主席和市长组成，这意味着，古巴地方政府不再实行"议行合一"的制度（第182条）。

2019年7月13日，古巴第9届全国人大第3次会议通过了新的选举法[①]，自通过之日起，新选举法便开始生效。同一天，全国人大选举产生了由21人组成的新的全国选举委员会。新选举法是

---

① 古巴新选举法原文参见：http://www.cubadebate.cu/noticias/2019/06/24/proyecto-de-ley-electoral-de-la-republica-de-cuba-en-pdf/#.XT5RjtLOkZQ。

新宪法颁布后，第一部与之配套的法律。新选举法分16篇、45章、32部分，共290条。规定从下届第10届人大（2024年）起，全国人大代表按照每3万居民选举产生1名代表，全国人大代表将从目前的605名减少到474名，减少131名。国务委员会人数将从31名减少到21名，减少10名。国务委员会主席、副主席和秘书将由全国人大主席、副主席和秘书兼任。国务委员会主席将不再是国家元首。国家主席、副主席（1人）由全国人大代表选举产生，总理、副总理由国家主席提名，全国人大代表投票选举产生。新选举法规定，全国各省省长、副省长由国家主席提名，由该省下属市人代会投票选举产生，省一级不再设立人大。市人大代表由该市选民选举产生。全国人大代表的候选人由古共监督下成立的由全国中央工会、小农协会、大学生联合会等群众组织和团体代表组成的人大候选人提名委员会提名产生。据现任人大主席拉索宣布，2019年10月，古巴将选举国家主席和副主席，全国人大主席、副主席和秘书，国务委员会委员，年底前将选举产生总理、副总理。

2019年8月27日，古巴成立全国提名委员会，委员会由全国中央工会、妇联、小农协会、全国创新和合理化协会、大学生联合会、中学生联合会、保卫革命委员会7个群众组织推举的7名代表组成，委员会主席是古巴中央工会书记处书记玛丽娅·孔苏埃洛·巴埃莎（María Consuelo Baeza）。委员会将提名国家主席、副主席，全国人大主席、副主席和秘书，国务委员会委员。

古巴新宪法肯定了古巴革命60年来的胜利成果，特别是肯定了最近十多年古巴模式"更新"（改革开放）的成果，再次确认古巴国家的社会主义性质、古巴共产党的领导地位、马列主义思想是古巴党和国家的指导思想，这对世界社会主义运动具有重要意义。与此同时，古巴新宪法又根据变化了的国内外形势和古巴改革十多年来的进展,对国家的政治领导体制做了一定的调整。古巴新宪法和新选举法的制定和通过的过程是民主、透明的,是顶层设计与广泛征求民众意见相结合的,使古巴政治现代化迈出了新的一步。

劳尔·卡斯特罗主政以来古巴共产党的新变化[*]

杨建民

从 2006 年 7 月接替病中的菲德尔·卡斯特罗担任古巴国务委员会主席兼部长会议主席,到 2011 年 4 月当选古巴共产党中央委员会第一书记,再到 2018 年 4 月卸任古巴国务委员会主席兼部长会议主席职务,留任古共中央第一书记,劳尔·卡斯特罗已经在古巴主政 12 年。这期间,古巴共产党顺应社会发展要求,实现党和国家工作重点转移,努力探索新的社会主义发展模式,积极出台改革措施,开展全方位外交,使党、国家和社会发生了很多新的变化。

一 实现党和国家工作重点转移,探索新的社会主义发展模式

第一,实现党和国家工作重心转移,强调党和国家当前主要任务是发展经济。长期以来,古巴共产党一直把革命当作党和国家的

[*] 该文发表于《世界社会主义研究》2019 年第 9 期。

首要任务，并强调优先发展社会福利和公共服务部门，经济不是重点工作，还常常受到各种客观和主观因素的影响和干扰。苏联解体、东欧剧变后，古巴失去了苏联和东欧社会主义国家的援助、市场以及政治依托，经济陷入严重困难，进入近20年的"和平时期的特殊阶段"。劳尔主政后，努力把党和政府的工作重点转移到经济上来，强调古巴当前面临的主要任务是发展经济，只有搞好经济，才能坚持和发展社会主义。他在2008年"七·二六"讲话中指出："最早我们说芸豆与大炮同样重要，形势恶化后我们说芸豆比大炮更重要。现在国家面临的问题也是如此。"由此揭开了古巴"模式更新"的序幕。

第二，坚持社会主义制度，进行"结构变革"和"观念变革"。古巴长期实行计划经济体制，劳尔主政后开始强调"模式更新"。2010年10月31日，他在古巴中央工会第86届全国理事会扩大全会闭幕式上说："古巴不抄袭任何其他国家（的模式），在更新古巴经济模式的进程中，绝不会放弃社会主义建设。"他强调，古巴的做法是根据本国特点的"土生土长的产物"。2010年12月18日，他在人民代表大会上说："我们正在采取的措施和所做的修改都是更新经济模式所必需的，是旨在维护和巩固社会主义，使社会主义不可取代。""社会主义建设应该根据各国的特点来进行。这一历史的教训我们已经很好地吸取。我们不会照抄任何国家，过去我们照抄给我们带来了不少问题，很多时候是因为我们照抄照搬得不好，尽管我们并不是不了解别人的经验。我们学习别人的经验，包括学习资本主义国家的好的经验。"2011年4月古共六大通过了作为劳尔改革顶层设计的《党和革命的经济和社会政策的纲要》（以下简称《纲要》）。文件提出，今后5年甚至更长时间，古巴将实现经济和社会模式的"更新"。文件确定了改革目标和基本原则，规定古巴经济模式的目标是巩固社会主义制度、促进国家经济的发展、人民生活和道德水平的提高。

第三，坚持社会公平，反对平均主义。古巴长期实行计划经济，相应地在思想上比较强调平均主义，导致了严重的"大锅饭"现象。劳尔主政后，对平均主义提出严厉批评，认为平均主义严重曲解了社会公正和平等这一重要的社会主义原则。他指出："社会主义意味着社会公正和平等，但这是权利的平等，机会的平等，而非收入的平等。平等不是平均主义。归根结底，平均主义也是一种剥削形式，勤劳的劳动者受到不勤劳的劳动者甚至好吃懒做者的剥削。"尽管如此，2011年4月出台的《纲要》依然强调，古巴在社会保障方面不会放弃任何一个人。

第四，坚持计划经济，承认市场作用，放宽经济政策，促进经济发展。在相当长的一段时期里，古共认为市场经济、商品价值规律是资本主义制度的根本属性。菲德尔·卡斯特罗认为，市场规律造成了人类最自私、最无情的制度，即资本主义制度。而社会主义的本质特征是计划经济和公有制。市场经济与计划经济之相互区别，正如资本主义与社会主义之相互对立。因此，直到劳尔改革之前，古巴利用市场方式进行改革在理论上仍然停留在对资本主义的"让步"方面，反对利用各种经济杠杆调解社会经济。

劳尔主政后，提出变革"思想和观念"。2011年4月出台的《纲要》强调，古巴在更新社会主义经济模式的进程中将继续以发展生产资料社会主义公有制为主，同时也发展个体经济；在分配制度方面，实行"按能力和劳动"进行分配的原则；在市场与计划的关系方面，要以发展计划经济为主，同时注意市场因素的作用，考虑市场的趋向，建立各种市场。2013年7月，劳尔在八届人大一次会议上的讲话中，将古巴变革的总体方向概括为"维护和推动社主义在古巴的发展，推动建设繁荣和可持续的社会主义；确保基本生产资料的社会所有制，承认其他非国有经营形式发挥的作用；在不否认市场存在的同时重申计划是管理经济不可或缺的手段"。2016年4月古共七大后出台了《古巴社会主义发展的经济社会模式的理念》（以下简称《理念》）等重要文件，认为国家承认市场的客观需要，引进供需规则（市场）与计划原则并不冲突，两者可以共存、互为补充，造福国家。该文件还特别指出中国的改革开放和越南的革新进程就已经成功地证明了这一点。在变革"思想和观念"的同时，古巴还采取了发展个体经济、将闲置土地分给农民等放宽经济政策的举措。

现在，古巴允许市场在国家计划的框架内发挥资源配置作用，在坚持基本生产资料社会所有制的基础上实现所有制和经营方式的多元化；更加有效地通过宏观经济手段和计划对经济进行调节；在分配方式上开始使用物质激励和精神激励相结合的方式。应当说，古巴对社会主义本质的认识有所突破，但是对私营经济发展依然持谨慎态度。如2016年4月出台的《理念》禁止所有权和财富集中在非国有制形式的自然人和法人手中，提出利用税收手段保护低收入者，对非公经济的利润进行调控。2017年7月，劳尔在全国人大通过新的《经济社会政策纲要》时指出，古巴不允许产权和财富集中到私人部门。鉴于同一个古巴人已经有人拥有三四家甚至五家餐馆的现实，该文件明确不允许古巴人拥有多种生意。总体上讲，古巴对市场的认识还在不断发展，而且这个过程还远未结束。

二 坚持党在国家中的领导地位，加强党的组织和制度建设

第一，坚持党在国家中的领导地位，坚决捍卫一党制。为了客

观评估党的工作，并以革新的精神实施必要的变革，使党的工作能够与时俱进，加强对"更新"进程的领导，古共在党的历史上第一次在六大召开后不到一年的时间里召开了第一次全国代表会议，通过了《古巴共产党的工作目标》和《第一次全国代表会议关于党的工作目标的决议》两个重要文件。《古巴共产党的工作目标》指出，古共是古巴社会和国家的最高领导力量，是革命的合法成果，是有组织的先锋队。古共是马克思主义、列宁主义的党，是马蒂思想的党，是古巴唯一的政党，其主要使命是团结所有的爱国者建设社会主义，保卫革命的成果，并为在古巴和全人类实现公正的理想而继续斗争。劳尔在第一次全国代表会议闭幕式上指出，古巴必须坚持共产党的领导，必须坚持一党制。他强调："古巴共产党是古巴社会和国家的最高领导力量，是革命的合法成果，是有组织的先锋队，党与人民一起，确保革命的历史进程。我们将永远不会放弃这一条。"他指出："放弃一党制意味着使帝国主义在古巴的一个或多个政党的合法化，从而牺牲古巴人民团结的战略武器。"他还指出："我并不忽视任何其他国家实行的多党制，我严格尊重联合国宪章规定的自决权和不干涉他国内政的原则。但是，根据古巴为独立和民族主权长期斗争的经验，面临蛊惑人心和政治商品化，我们捍卫一党制。"

历史表明，在古巴革命的各个重要复杂时刻，古共一直处于斗争的最前沿。而如今在古巴更新社会经济模式的改革过程中，古共依然走在时代的前列。

第二，加强和改进党的建设，实现组织生活正常化。一是定期召开党的代表大会。古共曾于1975年、1980年、1986年、1991年和1997年举行过党的代表大会，但在1997年至2010年的14年里，没有召开一次全国代表大会，党内组织生活很不正常，中央领导层老龄化问题越来越严重。古共六大决定，今后每年应至少召开两次中央委员会全会，讨论更新经济模式和经济计划的实施情况。2012年1月，古共召开了第一次全国代表会议，专门讨论党的工作。2016年4月，古共又如期召开了七大。党内组织生活的正常化不仅有利于党的建设，还有利于党更好地发挥对国家"模式更新"进程的领导作用。二是改革高级领导干部任职制度。2011年4月，劳尔在当选党的第一书记的古共六大讲话中，提出对包括国务委员会主席和各部部长在内的高级领导人任职制度进行改革，指出今后五年是自己的最后一个任期。2012年1月古共第一次全国代表会议就此作出了明确规定。2016年，劳尔在古共七大上提出新当选的中央委员不超过60岁，新当选的政治局委员不得超过70岁。按照这一原则，古共七大选举产生了第七届中央委员会。2018年4月古巴第九届全国人民政权代表大会选举迪亚斯-卡内尔担任国务委员会主席和部长会议主席职务，劳尔不再担任上述职务。古巴最高领导层换届迈开了重要步伐。

第三，加强干部队伍建设，改进工作方法和作风。由于长期执政，古共党员干部在工作作风上出现了一些问题，比如官僚主义和教条主义等。针对这些问题，劳尔提出了严厉的批评。他在2011年8月1日全国人民政权代表大会例会开幕式上强调必须"改革工作方法和作风"，指出过去的方法和作风已经不符合现实需要，在很多情况下阻碍了对错误的纠正。他向全体国民宣布，进行社会和政治改革的时候到了，呼吁各级领导克服官僚主义恶习。为了从制度上克服官僚主义，古共决定弱化国家在农业、零售业、运输业、建筑业等行业中的作用，增加私营企业主、合作社和租赁业主对经济的参与程度。劳尔还带头表示承认并纠正错误，吸取经验教训。他说："我们十分清楚我们所犯的错误，我们现在讨论的《纲要》

标志着纠正错误的道路和必须更新我们社会主义经济模式的开始。""要么我们纠正错误，不然我们在悬崖边徘徊的时间已告结束，我们就会沉没下去，并且会葬送几代人的努力。"他还呼吁古巴人要对一些领导人身上存在的"狭隘的、排斥（改革）的观念"加以彻底分析和纠正。他指出古巴革命的"最大敌人"不是美"帝国主义"，而是古巴人"自己的错误"，如果对这些错误进行深入分析，就会将之转化为经验。

为了加强干部队伍建设，2011年10月，古巴成立国家和政府干部高等学院，其宗旨是培养高质量的、有真才实学的、具有科学态度的干部，以落实党的《纲要》。目前该学院有公共管理班和企业管理班，学员在该校脱产学习8周，毕业后授予证书。授课的教员来自哈瓦那大学、高等理工学院和各政府部门等。学院还将陆续开设其他班，并将在哈瓦那各区和全国各地设立分校。2012年古共第一次全国代表会议通过的《古巴共产党的工作目标》对工作方法和作风、政治思想工作、干部政策和党团关系等方面进一步提出了目标和要求。

三　开展全方位外交，对外关系出现新变化

劳尔主政十多年，古巴的对外关系方面发生了重大变化。全方位多元外交、加强外交的经济功能是当前古巴外交的新特点，外交要为国内改革提供良好的外部环境，获得援助、贸易与投资，有利于国内通过模式更新进一步改善投资环境，在提高经济内生动力的同时也吸引外资，实现经济发展。在恢复与原苏联、东欧国家关系的基础上，古巴的外交重点是与西方国家关系的正常化和保持与中国和拉美左翼国家的紧密关系。这也是古巴适应国内"模式更新"

和国际形势变化的结果。

第一,实现美古关系正常化。2014年12月17日,美古两国领导人宣布启动邦交正常化进程,使一直处于敌对状态的两国关系出现了历史性转折,实现了美古关系正常化第一阶段的三大目标,即将古巴从"支恐名单"中删除、恢复外交关系和实现高层互访。两国首脑在2015年4月的美洲峰会上实现了首次会晤,并于同年7月20日正式恢复外交关系。2016年3月,奥巴马访问古巴,成为88年来首次访问古巴的美国总统。双方就人权、赔偿、移民等问题展开对话,达成了有关环保、恢复直邮等方面的协议。美国方面还放宽了对贸易和侨汇的限制。2017年1月,奥巴马在卸任前发表声明,宣布美国即刻终止"干脚湿脚"政策。自2014年年底美古启动两国关系正常化进程以来,这一政策一直是美古关系正常化面临的障碍之一。但这一切在特朗普总统上台后发生了逆转,特朗普宣布撤销奥巴马时期"完全不公平"的协议,开始重新加强对古巴的封锁,同时借口"声波攻击"减少驻古外交人员,颁布对古巴制裁的企业名单。2018年年底再次追加制裁名单,美古关系再次回到冰点。

第二,改善对欧关系。2014年2月,欧盟外长会议就与古巴启动政治谈判达成一致,并得到古巴的积极响应,标志着欧古关系正常化进程的正式启动。2015年双方的高层互动举世瞩目,先是负责欧盟外交政策的负责人莫盖里尼访古,接着是时任法国总统奥朗德访问古巴,成为美古改善关系以来首位访问古巴的西方大国元首。2016年3月11日,古巴和欧盟签署旨在推动双边关系正常化的框架协议。11月,欧古签署"政治对话与合作协议",为古巴的模式更新提供助力。2017年11月,该协议正式生效,开启了古巴与欧盟关系的新阶段。

第三，仍然视拉美左翼国家、中国和俄罗斯的关系为古巴外交的重要依靠力量。由于委内瑞拉陷入政治经济危机，对古巴的援助大幅减少，中国再度成为古巴第一大贸易伙伴。但由于古巴经济长期低迷，中古贸易始终维持在十多亿美元左右，而且主要内容是援助，在双方投资和贸易方面难有突破。这有待于古巴方面"模式更新"进程取得重要成果时才可能改善。

俄罗斯与古巴的合作也不断深入。2017年5月，俄罗斯石油公司宣布向古巴提供25万吨石油及其衍生品，俄罗斯对古投资显著增长。

截至2016年，古巴的全方位多元外交取得重大成果，已与世界180多个国家建立了外交关系，派驻了123个使团。全方位多元外交为古巴领导层权力交接和"模式更新"创造了良好的外部环境。

四 支持拉美左翼运动，巩固古巴在世界社会主义运动中的地位

古巴在世界社会主义运动中的地位十分重要。俄国十月革命胜利后，社会主义思潮在拉美得到广泛传播，成为影响拉美政治发展的重要思潮之一。1959年革命胜利后，古巴主动将民族民主革命转变为社会主义革命，成为第一个走上社会主义发展道路的拉美国家。从此，古巴共产党就成为拉美各国共产党的召集人，古巴就成为拉美左翼与社会主义思想的策源地。冷战时期，古巴直接支持了拉美和非洲的社会主义运动。21世纪初，拉美左翼在批判新自由主义和资本主义声音中纷纷上台执政，实现群体性崛起。这一批左翼政党虽然与共产党和社会主义没有直接关联，但借鉴和吸收了马克思主义和本土社会主义的思想。拉美新左翼实现群体性崛起，组织

"世界社会论坛",与"世界经济论坛"分庭抗礼,指出"另一个世界是可能的","一个社会主义的新世界是可能的"。委内瑞拉的查韦斯率先打出了"21世纪社会主义"的旗号,其思想就受到了菲德尔·卡斯特罗的重要影响。

劳尔主政后,古巴利用拉美左翼崛起的新形势,继续在思想和策略方面发挥重要作用,支持拉美左翼进步运动,与委内瑞拉、玻利维亚等国家建立战略联盟。作为古巴党和国家最高领导人,劳尔像卡斯特罗一样,积极参加拉美左翼的各种活动,经常为拉美左翼执政的国家站台助威。查韦斯在委内瑞拉执政后,古巴和委内瑞拉建立了联盟,并一起组织了美洲玻利瓦尔联盟,试图摆脱市场至上和赤裸裸的资本主义,寻求新自由主义的替代方案。拉美左翼的替代方案和古巴的社会主义"模式更新"发生在同一时期,它们互相影响、相互支持,甚至在反对美国的帝国主义政策方面都保持了一致。当前,委内瑞拉玻利瓦尔社会主义革命遇到了严重的危机,还遭到了以美国为首的西方国家和利马集团在国际上的孤立和打压。而古巴仍然坚定不移地支持委内瑞拉等左翼执政国家对本国发展道路的探索,其方式不仅限于派出医生、教师等社会服务人员,还包括提供国家治理经验和执政党建设方法等智力支持以及一体化合作。

综上可见,古巴社会主义对西半球乃至世界社会主义运动的发展至关重要,其模式更新的成败亦非常关键。作为世界上唯一一个在西方文化背景下建设社会主义的国家,古巴不仅拥有得天独厚的自然环境,还有受教育程度普遍比较高的高素质人口,当然也面临着人口老龄化日益严重、投资不足等发展瓶颈,其发展模式完全有可能和东方社会主义模式有所不同。因此,古巴通过"模式更新"探索符合自身国情的社会主义发展模式,不仅可以解决长期以来困扰古巴的经济发展问题,还必将丰富世界社会主义运动的发展经验。

"模式更新"以来古巴的新变化*

杨建民

古巴共产党成立于1965年10月，由古巴革命的三支领导力量改组而成，不同于20世纪20年代成立的古巴共产党。① 古巴共产党执政期间不仅捍卫了社会主义国家主权，在教育和医疗等方面取得了举世瞩目的成就，而且在执政党的建设方面积累了丰富经验。劳尔主政后，适应模式更新的形势，古巴共产党发生了很多新的变化，这些变化值得总结和研究。

一 推动思想和观念的变革

2006年7月，劳尔·卡斯特罗接替病中的菲德尔·卡斯特罗担任国务委员会主席和部长会议主席，古巴共产党开始出现一系列新的变化。

第一，提出"结构和观念的变革"，经济工作成为党和政府工

---

* 该文系国家社科基金一般项目"古巴社会主义模式'更新'研究"（16BGJ061）的阶段性研究成果。

① 1959年古巴革命的三支领导力量是"七·二六运动"、人民社会党和"三·一三"革命指导委员会。1925年8月，古巴共产党成立，1940年古共与革命联盟合并，组成共产主义革命联盟，1944年改称人民社会党，后成为1959年古巴革命的三支领导力量之一。

作的重点。苏联解体、东欧剧变后，由于失去了苏联和东欧地区的援助、市场以及政治依托，古巴陷入了近20年的"和平时期的特殊阶段"，经济困难一直困扰着古巴。劳尔提出进行"结构变革"和"观念变革"，强调经济是当前古巴面临的主要任务，只有搞好经济，才能坚持和发展社会主义。古巴向来优先发展社会福利和公共服务部门，经济工作常常受到各种客观和主观因素的影响和干扰。劳尔努力把党和政府的工作重点转移到经济上来，揭开了古巴"模式更新"的序幕。

第二，提倡发扬批评精神和创新精神，反对僵化和教条主义。鉴于长期以来平均主义导致的"大锅饭"现象严重曲解了社会公正和平等这一重要的社会主义原则，劳尔将社会公正和平等概念与平均主义相区别。他指出，"社会主义意味着社会公正和平等，但这是权利的平等，机会的平等，而非收入的平等。平等不是平均主义。归根结底，平均主义也是一种剥削形式，勤劳的劳动者受到不勤劳的劳动者甚至好吃懒做者的剥削"[1]。在2008年的"七·二六"讲话中，他指出："最早我们说芸豆与大炮同样重要，形势恶化后我们说芸豆比大炮更重要。现在国家面临的问题也是如此。"[2]

第三，反对官僚主义。古巴共产党执政50年来，在党员干部的工作作风方面有官僚主义倾向。在2011年8月1日召开的全国人民政权代表大会例会开幕式上，国务委员会主席劳尔·卡斯特罗（以下简称"劳尔"）强调了"改革工作方法和作风"的重要性，指出过去的方法和作风已经不符合现实需要，在很多情况下阻碍了

---

[1] Raúl Castro, *Discurso pronunciado en las conclusiones de la primera sesión ordinaria de la VII Legislatura de la Asamblea Nacional del Poder Popular*, Palacio de las Convenciones, La Habana, 11 de julio de 2008. http：//www.cuba.cu/gobierno/rauldiscursos/2008/esp/r110708e.html. 2019年2月12日检索。

[2] 指20世纪90年代初开始的经济困难时期。

对错误的纠正。劳尔还向全体国民宣布,进行社会和政治改革的时候到了,呼吁各级领导克服官僚主义恶习。

古巴现已对官僚主义宣战,弱化国家在农业、零售业、运输业、建筑业等行业中的作用,增加私营企业主、合作社和租赁业主对经济的参与程度。① 劳尔还呼吁古巴人要对存在于一些领导人身上的"狭隘的、排斥(改革)的观念"加以彻底分析和纠正。他指出古巴革命的"最大敌人"不是美"帝国主义",而是古巴人"自己的错误",如果对这些错误进行深入分析,就会将之转化为经验。②

二 坚持党的领导和社会主义原则和方向不动摇

古共六大颁布的《纲要》明确了改革的目标和要坚持的基本原则。《纲要》规定,古巴经济模式的目标是巩固社会主义制度、促进国家经济的发展和人民生活与道德水平的提高。在不放弃社会主义的前提下,古巴经济模式将继续以发展生产资料社会主义公有制为主,同时也发展个体经济;在分配制度方面,实行"按能力和劳动"进行分配的原则;在市场与计划的关系方面,以发展计划经济为主,同时注意市场因素的作用;在社会保障方面,古巴不会放弃任何一个人。

为了以客观和批评的眼光来评估党的工作,并以革新的意志实施必要的变革,使党的工作能够与时俱进,加强对"更新"进程的领导,古巴共产党破天荒地在六大召开后不到一年的时间里召开了

---

① 俄罗斯《独立报》,2011 年 8 月 3 日,转引自 http://news.xinhuanet.com/world/2011-08/04/c_121812705_2.htm。
② 委内瑞拉《宇宙报》,2011 年 8 月 2 日,转引自 http://news.xinhuanet.com/world/2011-08/04/c_121812705_2.htm。

第一次全国代表会议,通过了《古巴共产党的工作目标》和《第一次全国代表会议关于党工作目标的决议》两个重要文件。《古巴共产党的工作目标》指出,古巴共产党是古巴社会和国家的最高领导力量,是革命的合法成果,是有组织的先锋队。古共是马克思主义、列宁主义的党,是马蒂思想的党,是古巴唯一的政党,其主要使命是团结所有的爱国者建设社会主义,保卫革命的成果,并为在古巴和全人类实现公正的理想而继续斗争。

在第一次全国代表会议闭幕式上,劳尔指出古巴必须坚持共产党的领导,必须坚持一党制。劳尔在讲话中强调:"古巴共产党是古巴社会和国家的最高领导力量,是革命的合法成果,是有组织的先锋队,党与人民一起,确保革命的历史进程。我们将永远不会放弃这一条。"劳尔认为"放弃一党制意味着使帝国主义在古巴的一个或多个政党的合法化,从而牺牲古巴人民团结的战略武器"。他还指出:"我并不忽视任何其他国家实行的多党制,我严格尊重联合国宪章规定的自决权和不干涉他国内政的原则。但是,根据古巴为独立和民族主权长期斗争的经验,面临蛊惑人心和政治商品化,我们捍卫一党制。"①

三 加强组织和制度建设,实现党内组织生活的正常化

首先,古共提出应定期召开党的代表大会。古巴共产党曾于1975年、1980年、1986年、1991年和1997年举行过党的代表大会,但自1997年至2010年的14年里,古共没有召开全国代表大

---

① Raúl Castro, *Discurso pronunciado en la clausura de la Primera Conferencia Nacional del Partido, en el Palacio de Convenciones*, el 29 de enero de 2012.

会，党内组织生活很不正常，中央领导层的老龄化问题越来越严重。2011年召开的古共六大决定每年应至少召开两次中央委员会全会，讨论更新经济模式和经济计划的实施情况。2012年1月，古共召开了第一次全国代表会议，专门讨论党的工作。2016年4月，古共又如期召开了七大。党内组织生活的正常化不仅有利于党的建设，还有利于党更好地发挥对国家的"模式更新"进程的领导作用。

其次，实行高级领导干部任期制。劳尔在古共六大讲话中提出要限制干部的任期，高级领导人的任期最多为两届，每届五年，包括国务委员会主席和各部部长。2012年1月召开的古共第一次全国代表会议对此作出了明确规定。2013年2月，劳尔在第八届全国人民政权代表大会召开期间透露，他的任期到2018年结束。2016年古共七大召开时，劳尔提出新当选的中央委员不超过60岁，新当选的政治局委员不得超过70岁。古共第七届中央委员会就是按照这一原则选举产生的。在2018年4月召开的古巴第九届全国人民政权代表大会上，劳尔按照规定不再担任国务委员会主席和部长会议主席职务，大会选举迪亚斯-卡内尔担任上述职务，古巴最高领导层换届迈出了重要步伐。

最后，重视干部培训。2011年10月，古巴正式成立国家和政府干部高等学院。其宗旨是培养高质量的、有真才实学的、具有科学态度的干部，以落实党的《纲要》。时任古共中央第二书记、国务委员会和部长会议第一副主席的布图拉主持了学院成立典礼，古共中央政治局委员、高等教育部长贝穆德斯在开学典礼上致辞。目前学院有公共管理班和企业管理班，学员在该校脱产学习8周，毕业后授予证书。授课的教员来自哈瓦那大学、高等理工学院和各政府部门等。学院还将陆续开设其他班，并将在哈瓦那各区和全国各地设立分校。

此外，古共还通过2012年第一次全国代表会议通过的《古巴共产党的工作目标》提出了党在工作方法和作风、政治思想工作、干部政策和党团关系等多方面的目标要求。

四 提倡精神文明，反对官僚主义和奢靡之风

2007年7月26日，劳尔·卡斯特罗在纪念攻打蒙卡达兵营54周年大会上发表了富有批评与自我批评精神的讲话，对他当政一年的形势做了客观分析，在肯定成绩的同时，指出了古巴所面临的困难和不足。他指出："我们必须承认近些年来所取得的成绩，但是，应该明白我们的问题、不足、错误和官僚主义和怠惰的态度。"

在经济模式"更新"时期，古巴共产党对奢靡之风等行为尤其警惕。2013年7月7日，劳尔·卡斯特罗在第八届全国人民政权代表大会第一次会议闭幕式上指出，要猛烈抨击社会上出现的违法行为以及道德沦丧行为，号召古巴民众积极与这些恶行做斗争。劳尔对反腐和不道德问题进行详细阐述，小到大声喧哗、乱丢垃圾等陋习，大到侵吞国家财产及受贿等违法行为。劳尔说，这些违法行为及陋习对民众的物质和精神生活造成巨大伤害。劳尔指出，虽然古巴革命后取得了举世瞩目的成就，但社会价值不断被腐蚀，文化和道德水平出现下滑，一部分人甚至认为侵占国家财产是理所当然的。劳尔号召行政、司法等部门以身作则，加强这些机构在社会中的权威，为公民树立典范。

古巴反对消费主义模式，限制高档消费品市场。只有劳动模范和有突出贡献的人，才能获得购买汽车等高档消费品的机会。2013年8月，古共中央呼吁要抵制在经济社会改革中出现的新富人群的

不合理消费现象，警惕不合理消费给古巴社会主义未来造成的危险和严重后果，努力恢复逐渐消失的传统道德观念。《格拉玛报》就曾刊文指出，单纯的物质增长将给制度根基造成严重危害，助长不合理消费。文章严厉抨击了消费主义，指出道德缺失同样表现在审美观念上，批评新富人群注重名牌甚于服装质量，追捧北欧和美国动画小说，身居热带却用壁炉装饰自己的房子等不良现象。古巴共产党根据新时期模式"更新"的要求规定了对党员、党组织的目标要求，提倡精神文明，抵制贫富分化和西方消费模式的侵蚀。其应对的效果如何，尚待观察，也需要古巴党和政府不断地在实践中总结经验，完善和发展自己。

五　承认在过去工作中的不足，探索新的社会主义发展模式

劳尔主政后，一方面承认党和政府以前在工作中的不足，同时进行了大规模的调研工作，为改革做思想上的准备；另一方面积极出台一些改革措施，放宽政策，缓解经济困难。

2010年10月31日，劳尔在古巴中央工会第86届全国理事会扩大的全会的闭幕式上说，"古巴不抄袭任何其他国家（的模式），在更新古巴经济模式的进程中，绝不会放弃社会主义建设"，他强调古巴的做法是根据本国特点的"土生土长的产物"。2010年12月18日，劳尔在人代会上说："我们正在采取的措施和所做的修改都是更新经济模式所必需的，是旨在维护和巩固社会主义，使社会主义不可取代"，"社会主义建设应该根据各国的特点来进行。这一历史的教训我们已经很好地吸取。我们不会照抄任何国家，过去我们照抄给我们带来了不少问题，很多时候是因为我们照抄照搬得不

好，尽管我们并不是不了解别人的经验，我们学习别人的经验，包括学习资本主义国家的好的经验"。劳尔表示要承认并纠正错误，吸取经验教训。劳尔说："我们十分清楚我们所犯的错误，我们现在讨论的《纲要》标志着纠正错误的道路和必须更新我们社会主义经济模式的开始"，"要么我们纠正错误，不然我们在悬崖边徘徊的时间已告结束，我们就会沉没下去，并且会葬送几代人的努力"。①

六　承认市场作用和私人产权，促进经济发展

在过去相当长的一段时期，古共认为市场经济、商品价值规律是资本主义的根本属性。菲德尔·卡斯特罗认为，市场规律造成了人类最自私、最无情的制度，即资本主义制度。而社会主义的本质特征是计划经济和公有制。市场经济与计划经济之相互区别，正如资本主义与社会主义之相互对立。因此，直到劳尔改革之前，古巴利用市场方式进行改革在理论上仍然停留在对资本主义的"让步"方面，反对利用各种经济杠杆调解社会经济。②

劳尔主政后，在"思想和观念"变革的同时采取发展个体经济、将闲置土地分给农民等放宽经济政策的举措。2011年古共六大出台了作为劳尔改革顶层设计的《党和革命的经济与社会政策纲要》（以下简称《纲要》）③，古共中央清醒地认识到效率和市场的关系，虽然《纲要》强调在更新社会主义经济模式的进程中计划优先，而不是市场，但《纲要》明确提出在计划优先的同时，要考虑

---

① 徐世澄：《劳尔·卡斯特罗有关古巴经济变革的论述和古巴经济变革的最新动向》，《当代世界》2011年第3期。
② 参见宋晓平《古巴关于社会主义理论和实践的探索》，《红旗文稿》2009年第9期。
③ Partido Comunista Del Cuba, *Lineamientos del la Politica Econmica y Social del Parido y la Revolucion*, aprovadospor el VI Congreso, el 18 del abril de 2011.

市场的趋向，要建立各种市场。2013年7月，劳尔在八届全国人大一次会议上的讲话中，将古巴变革的总体方向概括为"维护和推动社会主义在古巴的发展，推动建设繁荣和可持续的社会主义；确保基本生产资料的社会所有制，承认其他非国有经营形式发挥的作用；在不否认市场存在的同时重申计划是管理经济不可或缺的手段"①。2016年古共七大后出台的《古巴社会主义发展的经济和社会模式的理论化》（以下简称《理论化文件》）提出国家承认市场的客观需要，引进供需规则（市场）与计划原则并不冲突。两者可以共存，互为补充，造福国家。还特别提出中国的改革开放和越南的革新进程就已经成功地证明了这一点。②

古巴允许市场在国家计划的框架内发挥资源配置作用，在坚持基本生产资料社会所有制的基础上实现所有制和经营方式的多元化；更加有效地通过宏观经济手段和计划对经济进行调节；在分配方式上开始使用物质激励和精神激励相结合的方式。应当说，古巴在社会主义本质的认识方面有所突破，但相对于要真正搞活经济来说，仍显不足。如《理论化文件》禁止所有权和财富集中在非国有制形式的自然人和法人手中。在控制财富集中方面，古巴提出利用税收手段保护低收入者，对非公经济的利润进行调控。2017年7月，劳尔在全国人大通过新的《经济社会政策纲要》时指出，古巴不允许产权和财富集中到私人部门，鉴于同一个古巴人已经有人拥有两个、三个、四个甚至五家餐馆的现实，明确不允许古巴人拥有

---

① Intervencion del General de Ejercito Raul Castro Ruz, Primer Secretario del Comite Central del Parido Commiunista de Cuba y Presidente de los Consejos de Estado y de Ministros, en la Primera Sesion Ordinaria de la VIII Legislatura de la Asamblea Nacional del Poder Popular, en el Palacio de Convenciones, el 7 de Julio de 2013.

② Partido Comunista Del Cuba, *Conceptualizcion del Modelo Economico y Social Cubano de Desarollo Socialista*, http://www.pcc.cu/pdf/congresos_asambleas/vii_congreso/conceptualizacion.pdf, 2017年10月16日检索。

多种生意。①

从《纲要》要求发展个体经济和各类市场的举措到 2013 年劳尔的讲话，再到 2016 年《理论化文件》明确承认市场的作用，再到 2018 年的修宪把更新措施固定下来，展现了古巴对市场的再认识过程，当然这个过程远未结束。

总之，古巴在建设社会主义的过程中，也有许多不足，有不少教训可以吸取，这正是当前的"模式更新"进程所要解决的问题。首先，长期高度集中的计划经济，官僚主义、人浮于事乃至腐败现象严重，国有部门效率低下，国有企业和农村生产基层组织积极性不高，从根本上制约着经济的发展，需要改革工作方法和作风，探索适应古巴国情的社会主义发展模式。其次，在马克思主义与古巴国情相结合方面，古巴全党对社会主义的本质、对市场的性质在理论上创新不够，认识不足，需要在社会主义模式更新的进程中不断探索、创新，走出一条适合古巴国情的社会主义发展道路。

---

① The Economist Inteligence Unit, *Government Cracks Down on Private Sector*, August 3rd 2017, http：//www.eiu.com/index.asp? layout = displayIssueArticle&issue_ id = 525755436&article_ id = 2005754984，2019 年 1 月 2 日检索。

金正恩执政下的朝鲜劳动党唯一领导体制

朴键一

一 金正恩对党的唯一领导体制的继承及其背景

2010年9月,在金正日总书记亲自提议和部署下,旨在选举党的最高领导机关的朝鲜劳动党第3次代表会议在平壤举行。由朝鲜劳动党朝鲜人民军代表会议和各道、政治局代表会议选出的与会代表,讨论决定了三项议程。

第一,通过了关于继续拥戴金正日为朝鲜劳动党总书记的决议。第二,通过了新修改的朝鲜劳动党章程。该党章规定了将已故金日成主席拥戴为党和革命永远的领袖;反映了金日成主席和金正日总书记创立、强化、发展党的业绩;提出了按照以金正日总书记为核心的党的组织思想统一体特点,从党的最高领导机关构成及其地位和作用等方面加强党,提高其领导作用;规定了党的当前目标为在共和国北半部建设社会主义强盛国家,在全国范围内履行民族解放民主主义革命任务,最终目标是实现全社会的主体思想化,完全实现人民群众的自主性。① 第三,选举产生了朝鲜劳动党中央领

---

① 《金正日同志革命历史》(汉语版),朝鲜·平壤,主体104(2015)年,第368页。

导机关。会议宣布朝鲜劳动党的缔造者、领导党和革命不断走向胜利的金日成主席，永远是党的最高领导机关成员；推戴金正日总书记为党中央委员会政治局常务委员会委员、党中央政治局委员、党中央委员会委员、党中央军事委员会委员长。

在金正日总书记特别关心的革命事业继承问题上，会议反映全党、全军和全国人民绝对信赖和服从具备特殊政治实力、领导人资质和风貌的金正恩，并一致希望将其拥戴为金正日总书记唯一接班人的强烈愿望，在所有与会者支持和赞同下，将金正恩推举为党中央领导机关成员、党中央军事委员会副委员长。①

这样，在朝鲜主体革命和先军革命事业处于重大历史转折时期的背景下，作为金正日总书记的唯一接班人，年仅27岁的金正恩正式开始了继承党的唯一领导体制的过程。而此时金正恩开始接班，具有非常复杂的国内外背景。

1994年7月金日成主席去世后，针对美国和韩国亲美保守冷战势力以"核疑惑"为借口，对朝鲜不断进行战争挑衅和政权颠覆活动，金正日总书记领导党、军队和人民，全面彻底地实行先军政治领导，从政治思想和军事技术上不断强化人民军队，使之承担起保卫国家和建设国家主力军的双重任务，在艰苦卓绝的"艰难行军"和"强行军"中发挥冲锋在前的模范带头作用，有效地捍卫了金日成主席开创的主体社会主义事业。

从1998年起，在金正日总书记提出的"建设社会主义强盛国家"的国家发展战略下，朝鲜全面、深入、持续地推进了利用本国自然资源替代进口石油、炼焦煤、橡胶等战略物资，并依靠发展高新科学技术重构国民经济运行机制的事业。从2002年起，朝鲜采

---

① 《조선을 이끌어 70년》，조선·평양，외국문출판사，주체104(2015)년，第181—183页。

取并不断完善工业"企业责任制"、合作农场"分组管理制"等具有本国特色的经济管理方法，促使工农业生产不断提高，国民经济步入了持续稳步回升的轨道。

经过上述努力，到 2010 年年底，朝鲜通过数次进行人造卫星、导弹试射和地下核试验，在增强自卫核遏制力量方面取得了重要进展；在电力、钢铁、化纤等重工业生产部门，基本上完成了进口替代的战略任务，为农业和轻工业生产能够在较短时间内实现根本好转，打下了坚实的物资基础。于是，2009 年金正日总书记又提出了准备进行"新世纪产业革命"的战略任务，并且把金日成主席诞辰 100 周年的 2012 年，确定为"打开建设社会主义强盛国家大门"之年。

但一方面，随着东西方冷战结束，朝鲜赖以进口石油、炼焦煤、橡胶等战略物资的东欧和苏联社会主义市场消失，加上金日成主席去世和连年遭受严重的海啸、洪涝、干旱等自然灾害，20 世纪 90 年代中期朝鲜不仅国民经济运行机制几近瘫痪，而且人民生活急剧下滑到了被迫进行"艰难行军"和"强行军"的非常严重的地步。

在此后电力、钢铁、化纤等重工业部门基本完成进口替代战略任务的十多年内，虽然整个国民经济运行在持续稳步回升的轨道上，但其速度因受到国际经济制裁而比较缓慢，重工业对农业和轻工业的反哺力度仍显薄弱，人民生活尚未得到根本改善。在此情况下，面对进口的大众消费品长期充斥各地市场，包括一些中层干部在内的不少居民，不免对其国家发展前景的信心产生了动摇。

更严峻的是，随着 2008 年金正日总书记"卧病说"不胫而走，同年上台的韩国李明博政府不仅同美国一道，不断加大了针对朝鲜的战争挑衅规模，而且加紧了对朝鲜政权的颠覆活动，在不断诱拐信心动摇的朝鲜居民出逃到韩国的同时，还暗地里组建了特别机构，专门等待接管金正日总书记病故后政权崩溃的朝鲜。

另一方面，从继承党的唯一领导体制的时间点上看，与父亲金正日当年的情况比较，金正恩有着自己的显著特点。金正日通过朝鲜劳动党全会内定为金日成主席的唯一接班人之际，是他在党中央经历过指导员、科长、副部长等职务后年满30岁之时；金正日在党的大会上正式被宣布为金日成主席的唯一接班人之际，则是在担任过党中央部长之后年满38岁之时。与此相比，金正恩接班比当年的金正日要早一些。可以认为，这可能与当时金正日总书记对自己身体状况恶化的估计有关。

概括地说，在金正恩开始正式接班之前，金正日总书记带领朝鲜全党、全军、全国人民坚持推进独具特色的先军领导，显著增强了国家在政治、军事、经济、文化等方面的实力，为金正恩顺利接班做了比较好的铺垫。金正日总书记要交给金正恩的朝鲜，已经不是他在金日成主席去世后接手的百废待兴国家。但是，金正恩能否尽快圆满完成对党的唯一领导体制的继承过程，主要的因素不在于他的年龄，而在于他能否不辜负朝鲜全党、全军、全国人民的热切期待，在金日成主席和金正日总书记开创的主体革命和先军革命道路上，独立而具有创造性地战胜来自国内外的各种困难，加速完成建设社会主义强盛国家的战略任务。

二 永远拥戴金正日总书记

2011年12月17日，朝鲜劳动党总书记、朝鲜民主主义人民共和国防委员会委员长、朝鲜人民军最高司令官，朝鲜党、国家、军队最高领导人金正日，因身心积劳过度，在视察途中去世。

金正恩怀着全国军民永远拥戴金正日总书记，一定要实现金正日总书记建设社会主义强盛国家目标的信念和意志,提出了"伟大的金日成同志和金正日同志永远和我们在一起"的口号,将安放着金日成主席遗体的"锦绣山纪念宫殿"更名为"锦绣山太阳宫殿",做出了按照生前容貌,将金正日总书记遗体安放在这里的指示,以使锦绣山太阳宫殿作为"太阳的圣地"永放光芒。

在金正恩领导下,2012年2月,朝鲜劳动党中央委员会、朝鲜劳动党中央军事委员会、朝鲜人民共和国国防委员会、朝鲜民主主义人民共和国最高人民会议常任委员会共同作出决定,授予金正日同志以"朝鲜民主主义人民共和国大元帅"称号。继而,2012年4月先后举行的朝鲜劳动党第4次代表会议、朝鲜民主主义人民共和国第12届最高人民会议第5次会议,将金正日拥立为革命的永远领袖、朝鲜劳动党永远的总书记、共和国永远的国防委员会委员长。同时,朝鲜劳动党决定,在首都平壤的万寿台丘岗、万寿台创作社等处,郑重地树立金正日总书记的铜像和"太阳像",将金正日总书记诞辰日2月16日确定为"光明节",制定了"金正日勋章""金正日奖""金正日青年荣誉奖""金正日少年荣誉奖"。

这样,在金正日总书记去世后的短短100多天内,金正恩领导朝鲜劳动党完成了领袖永生伟业——以生前容貌拥戴金正日总书记为朝鲜劳动党和人民永远的领袖,使金正日总书记的革命生涯和不朽业绩照耀世世代代。①

三 金正恩被推举为党、国家、军队最高领导人

早在2010年9月金正恩成为朝鲜劳动党党中央领导机关成员、

---

① 《조선을 이끌어 70년》,조선·평양,외국문출판사,주체104(2015)년,第194—195页。

党中央军事委员会副委员长之前的 2009 年 10 月,金正日总书记对党中央委员会负责人说,干部们要适应主体革命事业已进入继承的历史转折时期之现实需要,尽自己的责任,让所有部门和单位竭诚拥护金正恩同志的领导。2010 年 7 月和 10 月,金正日总书记又对人民军指挥员说,要在人民军中切实树立金正恩同志的领军体制,真心实意地拥护金正恩同志,无限忠于他的领导。①

金正日总书记在其生涯的最后时期,再次对党、国家和军队高级干部们讲道,如果金正恩同志负责党、国家、军队的整个工作,所有的事情就会好办。金正日总书记提出,要树立在金正恩同志的唯一领导下,全党、全军、全民一致行动的严明革命纪律,干部们要忠实地听从金正恩同志的唯一领导。②

遵循金正日总书记的遗嘱,2012 年 12 月举行的朝鲜劳动党中央委员会政治局会议决定,任命党中央军事委员会副委员长金正恩同志为朝鲜人民军最高司令官。这样,同父亲金正日接班一样,金正恩继承党的唯一领导体制,也从继承党的唯一领军体制开始。

2012 年 4 月 12 日,在由朝鲜人民军党委和各道党委政治局代表会议选举的代表参加下,朝鲜劳动党举行了第 4 次代表会议。会议通过了关于永远拥戴金正日同志为朝鲜劳动党总书记,让金正日总书记的革命生涯和不朽业绩永放光芒的决定,并修改了朝鲜劳动党党章。新修改的党章规定,朝鲜劳动党是金日成、金正日同志的党,金日成—金正日主义是朝鲜劳动党永远的指导思想。

会议遵照金正日总书记的遗嘱,将朝鲜人民军最高司令官金正恩同志推戴到了党的最高领导职位。会议宣布,根据全体党员、人民军官兵、人民的意愿,将很早就与金正日同志一同走在先军革命

---

① 《金正日同志革命历史》(汉语版),朝鲜·平壤,主体 104(2015)年,第 322 页。
② 《조선을 이끌어 70년》, 조선·평양, 외국문출판사, 주체 104(2015)년, 第 196 页。

道路上，受到军队和人民尊敬和信赖，忠诚于主体革命事业的金正恩同志，推戴为朝鲜劳动党第一书记。

第二天举行的第 12 届最高人民会议第 5 次会议，则将金正恩第一书记推戴为国家最高领导人——朝鲜民主主义人民共和国国防委员会第一委员长。至此，在不到半年时间内，金正恩被推举为朝鲜党、国家和军队的最高领导人。

2012 年 7 月，朝鲜劳动党中央委员会、朝鲜劳动党中央军事委员会、朝鲜民主主义人民共和国国防委员会、朝鲜民主主义人民共和国最高人民会议常任委员会作出共同决定，授予朝鲜劳动党第一书记、朝鲜民主主义人民共和国国防委员会第一委员长、朝鲜人民军最高司令官金正恩以"朝鲜民主主义人民共和国元帅"称号。

四　高举金日成—金正日主义旗帜

（一）正式提出金日成—金正日主义

朝鲜劳动党的唯一领导体制的核心部分，是党的唯一思想体系。继承党的唯一领导体制，意味着首先继承党的唯一思想体系。因此，金正恩第一书记首先在新修改的朝鲜劳动党章程中，将金日成主席和金正日总书记的革命思想有机地贯穿在一起，正式命名为"金日成—金正日主义"。金正恩第一书记规定的金日成—金正日主义，是主体的思想、理论、方法的一体化体系，是代表时代的革命思想。随着金正恩第一书记正式提出金日成—金正日主义，金日成主席和金正日总书记的革命思想作为代表先军时代的指导思想，得以一如既往地继续发挥党的唯一领导体制的核心作用。

同时，金正恩第一书记宣布，将全社会金日成—金正日主义化作为党的最高纲领。全社会金日成—金正日主义化，是关于把朝鲜劳动党永远的指导思想——金日成—金正日主义作为唯一指导指针，夺取先军革命事业最后胜利的党的基本战略目标。作为党的最高纲领，金正恩第一书记宣布的全社会金日成—金正日主义化，是对当年金正日宣布的全社会金日成主义化的继承和向更高阶段的深化发展。

（二）百年大计战略

金正恩第一书记在正式提出金日成—金正日主义的同时，将继续坚定地走自主、先军、社会主义道路，确定为革命的百年大计战略。自主、先军、社会主义是金日成主席开创，金正日总书记推进，引导朝鲜革命不断走向胜利的战略路线，是高举金日成—金正日主义旗帜，将主体革命事业继承和完成到底的根本保证。朝鲜劳动党的历史经验和现实斗争表明，自主之路、先军之路、社会主义之路，是直至主体革命事业取得最后胜利之时，必须牢固坚持的百年大计战略，是主体革命的根本方向。

与此同时，金正日第一书记进一步深化发展了社会主义强盛国家建设理论。金正恩第一书记在许多著作中阐明了社会主义强盛国家的本质，提出了"一心团结和不败军力，再加上新世纪产业革命，这就是社会主义强盛国家"的命题。这个命题，阐明了通过大力推进新世纪产业革命，建设知识经济强国，在建设社会主义强盛国家和提高人民生活中，为实现决定性转变所要完成的具体任务，进一步发展丰富了金日成—金正日主义关于社会主义强盛国家建设的理论。

不仅如此，金正恩第一书记还全面阐明了"金正日爱国主义"。2012年7月，金正恩第一书记发表了题为"体现金正日爱国主义，加快富强祖国建设"的著作。在这里，金正恩第一书记将金正日总书记毕生珍视、以献身实践和垂范的爱国主义，正式命名为"金正日爱国主义",将其规定为社会主义爱国主义的最高精华,并全面阐明了金正日爱国主义的本质和特征,以及将金正日爱国主义彻底体现于全社会所面临的问题。

按照金正恩第一书记的定义,金正日爱国主义是对社会主义祖国和人民最炽烈的热爱,是为社会主义祖国富强繁荣和人民幸福而最积极的牺牲性献身。金正日爱国主义是将祖国的每一根草、每一棵树都拥入自己的怀抱,用自己的热血予以温暖的真正爱国主义。金正日爱国主义以崇高的祖国观、人民观、后代观为基础,并与之融为一体。

通过提出关于金正日爱国主义的独创性思想,金正恩第一书记进一步深化发展了主体的爱国主义理论,使金正日爱国主义植根于人民心中,在实践中发扬光大。

五　将朝鲜劳动党建设成为金日成主席和金正日总书记的党

(一) 党的唯一领导体制

按照尽快完成继承党的唯一领导体制的现实要求,朝鲜劳动党集中力量,狠抓了确立以金正恩第一书记为核心的党的唯一领导体制的工作主线,并不断进行了深化。各级党组织将工作的基本内容放在使全体党员、人民军官兵、人民用信念和良心拥戴金正恩第一书记的思想和领导,从思想意志和道德义理上紧密团结在金正恩第一书记周围,无论何时都永远与之共命运方面,深化了教育工作。各级党组织确立了只要接到党的方针、决定和指示,便及时传达并开展组织工作予以彻底执行,将其结果及时上报的强有力革命纪律和工作作风。同时,彻底确立了站在对党和国家、人民负责的立场上,分析和判断革命和建设中出现的所有问题,并及时向党中央汇报,依照党中央的唯一结论予以处理的革命纪律和秩序。

在这个过程中,金正恩第一书记领导朝鲜劳动党,及时果断地清除了党内出现的现代宗派,在确立党的唯一领导体制的斗争中取得了历史性胜利。正是在全党和全社会加强确立以金正恩第一书记为核心的党的唯一领导体制的时期,发生了以国防委员会副委员长、金正恩第一书记的亲姑父张成泽为首,与党的唯一领导逆行,利用分派活动扩张自己的势力,向党挑战的极具危害的反党反革命宗派事件。朝鲜劳动党高强度地开展了清除这一党内现代宗派的斗争,使之成为更加牢固地确立党的唯一领导体制、千方百计加强党的重要契机。朝鲜劳动党将清除党内现代宗派流毒,加强以金正恩第一书记为唯一核心的一心团结作为首要任务,对此集中了党的工作。

这样,展示军队和人民的意志,表示仅仅拥戴金正恩第一书记的集会接二连三地举行。2013年12月,在金正日总书记就任朝鲜人民军最高司令官22周年纪念日,旨在遵循金正日总书记的遗嘱,拥戴金正恩第一书记为团结和领导的唯一核心,誓死予以捍卫的朝鲜人民军官兵誓师大会,在锦绣山太阳宫殿广场举行。继而,各个劳动团体也举行了拥戴金正恩第一书记为团结和领导的唯一核心,誓死予以捍卫,忠实地听从金正恩第一书记唯一领导的誓师大会。朝鲜劳动党通过在适当时期,采取果断措施,揭发和肃清反党反革命宗派势力,进一步强化了以金正恩第一书记为核心的党的统一团结,以及党和革命队伍的一心团结。

(二)朝鲜劳动党第4次细胞书记大会

在加强党的自身建设,提高党的战斗力方面,金正恩第一书记将加强党细胞(支部)视为基本环节,提议举行朝鲜劳动党第4次细胞书记大会，并且亲自指导了大会筹备和举行的全过程。为了使大会避免流于高呼万岁的形式，而成为全面总结以往取得的成果、经验和缺点，从根本上改善和加强党细胞工作，在整个党的事业中实现一大转变的决定性契机，金正恩第一书记进行了悉心指导。

金正恩第一书记出席大会，很注意地听取了大会发言和讨论，指导了整个大会工作，并进行了纲领性演说。在演说中，他全面而明确地提出了在加强和发展党方面，党细胞所处的重要地位，以及实现党细胞工作重要转变所要完成的任务及其途径。大会结束后，与会者参加了专门为其组织的讲习活动。朝鲜劳动党第4次细胞书记大会，是在千方百计加强党的战斗力，夺取社会主义强盛国家建设最后胜利方面，具有里程碑意义的大会。

（三）朝鲜劳动党第8次思想干部大会

为了按照全社会金日成—金正日主义化已成为党的思想工作总任务的现实要求，加强党的思想战线，在迎接金正日总书记宣布党的全社会金日成主义化纲领40周年的2014年2月，朝鲜劳动党召集了第8次思想干部大会。金正恩第一书记参加大会，并发表了题为"用革命的思想攻势加快最后胜利"的演说。

他在演说中表示，主体的思想论，更高地举起这一强有力武器，加快革命的最后胜利，这就是本次大会的基本精神。为此，他提出了"用革命的思想攻势加快最后胜利！"的口号。同时，他全面回答了关于向牢固确立党的唯一领导体制集中思想工作全部火力的问题、关于为有力推进社会主义保卫战而开展强劲思想战问题、关于进攻性地开展党的思想工作，提高党的思想干部责任心和作用的问题，以及按照全社会金日成—金正日主义化要求，在党的思想工作中实现根本转变所面临的其他理论和实践问题。

朝鲜劳动党第8次思想干部大会，在按照革命发展的要求，再次认识和确认思想工作的重要性，进一步加强思想战线方面，具有里程碑意义。

(四)"忠情的70天战斗"

2015年10月底，朝鲜劳动党中央委员会政治局宣布，反映主体革命事业、社会主义强盛国家建设出现世纪性变革的党和革命发展要求，决定于翌年5月初举行朝鲜劳动党第7次大会。2016年元旦，金正恩第一书记发表新年致辞说，朝鲜劳动党第7次大会将总结党在领袖们领导下在革命和建设中取得的成就，为尽快取得革命的最后胜利展现宏伟蓝图。为了给将成为主体革命历史分水岭的胜利者光荣大会增光添彩，金正恩第一书记提出了"在朝鲜劳动党第7次大会召开的今年，开创强盛国家建设最全盛期！"的战斗口号。在此号召下，全国军民加快了为迎接党的第7次大会而总进军的步伐。

继而，金正恩第一书记领导全国军民，通过成功地进行首次地下氢弹试验，开启了这一年实现强国建设重大转变的序幕，并随后亲自指挥成功发射"光明星-4"号地球观测卫星，极大地增强了全国军民的胜利信心。为了以实际行动迎接党的第7次大会，金正恩第一书记继承和发扬前辈领袖们开创的社会主义大建设战斗传统，亲自发起并领导了2月下旬开始的"忠情的70天战斗"。

但是，这场"70天战斗"遭到了美国和韩国等联合势力的阻挠和威胁。美国不仅迫使联合国安理会通过了针对朝鲜氢弹试验和卫星试射的制裁决议，而且动用核潜艇和隐形战斗轰炸机等各种核战争装备，大大加强了对朝鲜的军事扼杀行动。韩国朴槿惠政府甚至公然谈论"斩首行动"和"定点打击"，试图实现朝鲜的"体制崩溃"。对此，朝鲜人民军最高司令部发表重大声明，针锋相对地采取了断然措施。在此情况下，金正恩第一书记视察了新开发的反坦克导弹试射。继而，朝鲜的新型大口径远程火炮试射、弹道导弹重返大气层环境模拟试验、弹道导弹水中试射等，接二连三地取得了成功。金正恩第一书记的坚定意志和忘我工作，大大增强了投入到"70天战斗"的全国军民的胜利信心。

"70天战斗"期间，"大众英雄主义"和社会主义竞争热潮席卷全国，电力、煤炭、金属、机械、轻工业、农业、建筑业、科学研究、体育等所有部门，涌现出了一大批总突击战样板单位，全国超额44%完成了下达的生产任务，工业生产同比增长了60%。特别是，工人阶级加固了打开经济强国建设突破口的基础，青年们不到半年就建成了"白头山英雄青年3号发电站"，科技工作者们完成了同比3倍以上的研究成果，平壤黎明大街建设工程启动，各地建成了许许多多幼儿园、爱育院、初等学院、中等学院，"元山军民发电站""蒲公英练习本工厂""平壤体育器材工厂"等建成投产。

六 领袖、党和人民的一心团结

2012年5月，金正恩第一书记在视察平壤市万景台游乐场时，针对游乐场内杂草丛生、积水不畅等破败现象，严厉地批评了干部们没有真正树立为人民服务的观点。党的机关报《劳动新闻》、政府机关报《民主朝鲜》和朝鲜中央电视台一改过去的做法，将此场景进行了如实报道和播出，极大地震动了从中央到地方的各级负责干部。以此为契机，朝鲜劳动党要求所有干部，学习实践领袖们的人民观，进一步加强作为革命之大本的一心团结。

朝鲜劳动党要求干部们把人民的利益绝对地放在优先位置，用纯真的母爱之情关心人民。在2013年新年致辞中，金正恩第一书记提出"一切为了人民,一切依靠人民大众"的口号,强调干部们要高举这一口号,献身斗争。在此号召下,各级干部们遵循党的意图,深入人民之中,与之共苦乐,为解决人民生活上的问题尽心尽力,用纯真的母爱之情关心人民。同时,各级党组织彻底消除了对具有复杂家庭背景和社会政治经历的人区别对待的现象,用母爱之情负责任地解决纠结于他们心中的问题,开展了无论是谁,只要对履行革命任务有功,就予以公正评价的工作。

一方面,朝鲜劳动党对培养革命家遗属子女坚决继承革命血统,使之成为先军革命支柱与核心骨干倾注了力量。2012年1月春节前夕,金正恩第一书记视察万景台革命学院,对学员们生活的具体情况给予了详细了解和关心。同年10月,在金正恩第一书记关怀下,专门培养革命家遗属子女的万景台革命学院和康盘石革命学院举行建院65周年庆祝大会。金正恩第一书记向两院教职员和学员们致函,强调"革命家遗属子女要成为坚决继承万景台血统、白头山血统的先军革命可靠的骨干"。

朝鲜劳动党对教育青少年传承一心团结的工作给予了很大的关心。根据朝鲜劳动党的决定,2012年6月和8月,朝鲜少年团成立66周年庆祝活动和第22个青年节庆祝大会先后隆重举行,成为将全国青年和少年团员更加可靠地培养成为先军革命事业的继承者、未来祖国建设栋梁的重要契机。

另一方面,朝鲜劳动党加强了关心战争老兵们的工作。金正恩第一书记强调战争老兵们是金银之财也无法比拟的贵重宝贝,指示邀请战争老兵代表们,举行盛大的战胜节庆祝活动。在来自全国各地的战争老兵代表们的参加下,2012年7月举行的祖国解放战争胜利59周年庆祝活动、2013年7月举行的祖国解放战争胜利60周年活动,成为展示一代接一代为战争胜利的历史增光,向着最后胜利奋勇前进的政治宣示。

与此同时，朝鲜劳动党开展了以炽热的爱与情，将国家凝聚成为和睦大家庭的工作。在党实行的爱民政治之下，人民之中出现了许许多多为社会和集体献身，为他人牺牲自己的美善之举。每当得知人民之中出现的这种美善之举，金正恩第一书记就向他们致以亲笔感谢信和礼品，指示将其通过报纸、广播、电视广为介绍宣传，让全国学习他们的模范行为。许许多多单位、干部和党员、平凡的军人、劳动者、青少年学生、海外同胞写信给金正恩第一书记，又收到他的亲笔回函。这种领袖、党、人民一心团结的画幅，展现在朝鲜全国。

七　开创强化军力的全盛期

作为加强以金正恩第一书记为核心的党的唯一领导体制的主要工作之一，朝鲜劳动党紧紧抓住先军革命路线，开创了强化军力的全盛时期。2012年1月，最高司令官金正恩视察了朝鲜人民军近卫汉城柳京守第105坦克师团。这是表现金正恩第一书记决心与全军官兵手挽手、肩并肩，毫无动摇地继续走金正日总书记毕生走过的先军之路意志的宣言。

朝鲜劳动党强化发展了作为先军革命可靠尖兵队和牢靠支点的人民军队。朝鲜劳动党首先在打造成无限忠于最高司令官的领导，与最高司令官同生死共命运的人民军队方面，倾注了力量。在党的领导下，人民军队进攻性地开展了全军确立最高司令官的革命领军体制和革命军风的党的政治工作。全军高举"用生命保卫以金正恩同志为核心的党中央委员会！"的口号，进攻性地开展了旨在使人民军队绝对信任和遵从金正恩最高司令官，勇于化作千万支枪、千万颗炸弹来誓死保卫金正恩最高司令官的思想教育工作。同时，在全军确立了带头忠实地拥卫金正恩最高司令官的先军革命领导，不折不扣无条件地誓死贯彻金正恩最高司令官命令和指示的革命风纪。随着全军有力地开展彻底确立最高司令官唯一领军体制的斗争，人民军队完全具有了作为最高司令官军队的面貌，进一步强化发展为用枪杆子坚决保障金正恩第一书记先军革命领导的先军革命可靠尖兵队和牢靠支点。

朝鲜劳动党把全军建设成了与最高司令官同生死、共命运的真正的战友部队。金正恩最高司令官把在火线战壕里与士兵共生死作为领军的铁律，只要是有军人的地方，就冲破死亡线，一次次地视察到了那里。他冒着寒风雪雨，即便是深夜、凌晨也不断延续的最大热点地区岛屿防御队风浪汹涌的航路，板门店、喜鹊峰的最前沿哨所路，险峻的铁岭和五圣山的峭壁路等前向道路上，到处都充满了各种动人的强军故事。

朝鲜人民军第1次飞行员大会、第4次中队长和中队政治指导员大会、第3次大队长和大队政治指导员大会、全军宣传干部大会等全军规模聚会，成为使全体人民军官兵有力地继承"吴仲洽7联队"高贵传统的重要契机。在党的领导下，整个人民军队被强化为最高司令官的战友部队，并展现出了其威勇姿态。

朝鲜劳动党使人民军队强势掀起练兵热潮，千方百计加强战斗力，时刻保持高昂的斗志。金正恩最高司令官不断视察人民军部队和区分队，了解贯彻金正日总书记遗嘱情况，告诫战争决不会先作何时开始的广告，要求全军大力掀起练兵热潮。这样，在人民军队完成战斗训练和作战准备方面，出现了革命性转变。军种、兵种、专门兵、火力单位分别综合战术训练、联合协同训练等各种训练在实战氛围下进行，全军有力地开展了名射手、名炮手运动。按照变化发展的现代战争要求和样式、部队战斗任务的执行特点，训练形式、内容、方法得到了改善，主体的军事战法、战斗行动方式、战斗组法得到进一步完善，所有军人被准备成生龙活虎的战斗员。

朝鲜劳动党将军民大团结进一步加强得坚如磐石，在高水平上实现国防工业的主体化、现代化、科学化，使国家的国防力量从物资技术上得到有力的保障。包括开发完成超精密化强有力的尖端战斗技术器材在内，作为强盛国家堡垒的自卫国防工业的主体化、现代化、信息化跃上了新的高度。

朝鲜劳动党依靠军事威力，粉碎了美国和韩国朴槿惠政府每一个新的战争挑衅阴谋。特别是，应对美国狂暴侵害共和国合法的和平利用卫星发射权力、残暴的敌对行为和与日俱增的军事侵略策动，作为断然的自卫措施，金正恩第一书记领导进行了第三次地下核试验的成功进行，对敌人新的战争挑衅策动采取了实质性军事应对措施。2013 年 3 月举行的朝鲜劳动党中央委员会全体会议，提出了关于将经济建设与核武力建设并进的战略路线，明示了在反美大决战和社会主义强盛国家建设中取得最后胜利的前进道路。这样，即使在美国及其追随势力的凶恶挑战和妨碍策动之下，朝鲜劳动党掌握了取得最后胜利的强有力底牌和钥匙。

八　强盛繁荣的新时代

金正日总书记在自己生命的最后 10 年内，领导朝鲜劳动党、人民军和人民，牢固地奠定了可使人民生活更加润泽，短时期内将国家经济扶持起来的基础。让金正日总书记遗留下来的这个基础发挥作用，使义无反顾地信任和跟随党的人民不再勒紧裤腰带，自由地享受幸福生活，这是以金正恩第一书记为核心的朝鲜劳动党坚定的决心和意志。

为此，朝鲜劳动党有力地开展了为提高人民生活、建设经济强国而带来决定性转变的斗争。在提高人民生活方面，朝鲜劳动党集中了全力。党率先对提高农业生产，解决人民吃的问题倾注了力量。为此，将农业战线规定为建设经济强国的主攻方向，促使农业部门在社会主义强盛国家建设中，率先举起新的火炬，决定性地提高农业生产。

同时，党对圆满解决人民消费品问题也给予很大关心，领导人民开展了使轻工业工厂的生产正常化，提高其产品质量的斗争。在发展地方工业的斗争中，也推动带来根本转变。特别是在 2013 年 3 月，党主持召开全国轻工业大会，使大会成为在提高人民生活中带来决定性转变的契机。党在解决人民生活住宅、饮用水、烧材等人民生活面临的迫切问题方面，也给予了首要的关心，并且决定大量建设用于人民和儿童文化精神生活的现代化设施和基地。

朝鲜劳动党有力地推进了建设经济强国的斗争。党采取措施，促使尽快扶持人民经济先行部门、基础工业部门，在人民经济所有部门掀起生产高潮。同时，号召高举新世纪产业革命的火炬，有力地开展将国家建设成为知识经济强国的斗争。此外，在国土管理工作中掀起革命性转变，把国家建设成为适宜居住的人民乐园。

朝鲜劳动党将科学技术作为建设强盛国家的三大支柱之一，有力地推进了高科技突破战。在党的领导下，建设经济强国和提高人民生活的斗争取得了很大成果。2012 年 12 月，完全国产化的人造地球卫星"光明星 – 3" 2 号发射成功，成为党的重视科学技术政策带来的特大事件和全民大喜事。这一成果进一步巩固了朝鲜的人造卫星制造国和发射国的地位。朝鲜科学家和技术人员制造出了作为数控机床工作机械本机加工用母机的复合加工中心盘，实现了金正日同志的遗嘱。像彻底确立了主体、转变为数字化工厂的"千里马瓷砖工厂"和"天池润滑油工厂"那样，实现了国产化、科学技术与生产紧密相结合的单位与日俱增。根据 2014 年 7 月最高人民会议常任委员会政令，"恩情尖端技术开发区"正在平壤市恩情区域构建，其他将推进国家经济发展和人民生活提高的各类经济开发区，也在黄海南道、南浦市、平安南道、平安北道建设之中。在平壤市大同江艾岛，作为科学技术普及基地的"科学技术殿堂"已经建成并投入使用。

建设部门掀起的革新，促使社会主义建设的所有战线燃起了大飞跃的烽火。仅在 2013 年，金正恩同志视察许许多多建设工地和工厂企业，开启了建设的最全盛时期。金正恩同志向全国军民发出了"创造'马息岭速度'，在社会主义建设的所有战线开启新的全盛期！"的号召。军人建设者们积极响应，开展决死贯彻的斗争，在最短期限内，建成了包括 10 个滑雪主道、同自然风景相协调的饭店在内的马息岭滑雪场，创造了 21 世纪新的攻击速度——"马息岭速度"。

在朝鲜劳动党党中央的战斗号召下，洗浦台地开拓者们热血沸腾地献身斗争，完成了 5 万多公顷的台地开垦，建成了数万公顷的草场，稳固地开启了建设世界首屈一指的大规模畜产基地的前景。朝鲜人民军在 18 号水产事业所建设中，创造了新的时代速度——朝鲜速度。人民军队犹如火药被点燃，疾风暴雨般向前推进，短时间内完成了据说需要几年的庞大工程，创造了奇迹。

纹绣戏水场、绫罗人民游园地、美林乘马俱乐部等纪念碑性创造物，作为社会主义文明国家的象征建立起来。金日成综合大学、金策工业综合大学的教育者生活住宅别具特色地拔地而起，银河科学家大街、卫星科学家生活住宅地区、延丰科学家休养所、金正淑平壤纺织工厂工人集体宿舍、平壤幼儿园和爱育院等建立起来，久久传颂着党的重视科学技术思想和爱民爱后代政治。

在作为经济强国建设主攻方向的农业战线，有机农法被积极运用，分组管理制的优越性得到弘扬并取得成果。平壤市寺洞区域将泉蔬菜专门合作农场，被建设成为温室蔬菜生产的样板单位。江原道高山郡崛起了大青春果园，铁岭脚下展现出了苹果的海洋。在黄海南道大力修建的自然流动式水渠，将向数万公顷农耕地和滩涂稻田提供充分的灌溉用水。人民军队的水产部门率先垂范，拉响万船竞发的汽笛，使朝鲜渔业开启了鱼满仓的黄金海历史。

珍视和发扬金正日爱国主义精神，包括将平壤市建设得无愧于先军文化中心之地，更为雄壮、更加风景秀丽的工作在内，将城市和乡村建设成为强盛国家文明之花盛开的社会主义仙境斗争有力地展开。平壤市的合掌江和普通江一带变貌为仙境，以首都新建的诸多公园为样板，全国各地新建了数百个公园和游园地，展现了劳动党时代的异彩风景。现代化的"强盛院""烽火院"等文化精神生活基地到处建成。作为万年之计最大爱国事业的植树造林和保护工作，通过全民性群众运动展开。国土管理工作正出现革命性转变。

九　社会主义文明国家

朝鲜劳动党有力地开展了建设发达社会主义文明国家的斗争。让朝鲜屹立为社会主义文明国家，在所有方面赶超世界文明，这是金正日同志的爱国意志，也是金正恩第一书记的坚定决心。

为了建设社会主义文明国家，朝鲜劳动党在文化建设的所有领域掀起了革命性转变。朝鲜劳动党决定，提高对教育事业的国家投资，实现教育现代化，决定性地提高普通中等教育水平，加强大学教育，更多地培养能够承担社会主义强国建设，具有世界水平才能的科学技术人才。朝鲜劳动党决定，按照强盛国家建设的要求，全面发展医疗保健、文化艺术、体育事业，使人民成为高尚和文明的社会主义文化的创造者和享有者，让整个国家充满喜悦和浪漫。

在党的领导下，文化建设的所有领域都取得了很大成果。根据金正恩同志在其著作《掀起新世纪教育革命，让我国辉煌为教育之国、人才强国》中提出的任务，全民科学技术人才化有力地提速。根据2012年9月最高人民会议通过的法令，从2014年起，体现党的崇高后代观和未来观的全日制12年制普通义务教育得到实施，突出地展现了优越的朝鲜社会主义教育制度的真实面貌。

在金正恩第一书记亲自关怀下组建的牡丹峰乐团，展现主体艺术发展面貌，引领了社会主义文明国家建设的总进军。反映带着年轻跃动的力量和热情，疾风暴雨般前进的先军朝鲜气象的革命、人民的音乐，震撼着包括平壤和白头山地区的全国各地。歌曲《祖国赞歌》《我心中的声音》《海上满丰歌》《铁岭脚下苹果海洋》《近卫部队自豪歌》《胜利代代传》等许多时代名作创作出来，鼓舞着建设社会主义文明国家的大进军。

按照党建设体育强国的构想，发展体育的斗争变为全国性和全民性的事业，整个国家沸腾在体育热潮和国际体育比赛获胜的喜悦中。2012—2014年，朝鲜运动员在200多次国际体育赛事上，获得了400多枚金牌，让共和国国旗高高飘扬。

十 进一步强化党的唯一领导体制新阶段

通过2012年以来新的主体100年代的斗争，朝鲜军队和人民向世界显示了金正恩第一书记的领导是朝鲜革命的生命线，走自主、先军、社会主义道路的朝鲜大进军，是任何人都阻挡不了的。

在此背景下，继1980年举行第6次大会后，时隔36年，2016年5月，朝鲜劳动党举行了第7次大会。在此次大会上，金正恩被推举为朝鲜劳动党委员长。同年6月，朝鲜第13届最高人民会议举行第4次会议，推举金正恩委员长为国务委员会委员长。至此，朝鲜党和国家政治生活完全步入正常轨道，金正恩继承党的唯一领导体制的过程可谓宣告完成。

但是，美国和韩国朴槿惠政府企图颠覆以金正恩委员长为核心的朝鲜社会主义政权的活动，仍在变本加厉地进行。对此，金正恩委员长领导朝鲜军民大力开发核武器和远程导弹，直到拥有了能够反制美国核威胁的有力手段。在此情况下，从2018年开始，朝鲜主动推进同新上任的韩国文在寅政府的和解合作，推动同美国特朗普政府的和平对话，赢得了朝鲜军民和世界爱好和平人民的广泛积极支持。

目前，以金正恩委员长为核心的朝鲜劳动党唯一领导体制，已经走过了初期最具不确定性的阶段，正在向长期全盛时期发展。可以预见，依靠党的唯一领导体制，金正恩委员长将领导朝鲜全国军民，在自主、先军、社会主义道路上一如既往地继续前进，直到在自主、和平统一、民族大团结的原则下，完成祖国统一大业。

老挝：迈步走向社会主义

潘金娥

老挝全称老挝人民民主共和国，是位于中南半岛北部的内陆国家，与我国云南省有 508 公里的共同边界。虽然老挝是一个国土面积只有 23.68 万平方公里、人口刚刚超过 700 万的小国，但老挝作为目前普遍认为的世界上五个社会主义国家之一，其自 1986 年实行革新以来 30 多年的发展成就令人刮目相看。老挝政治局势稳定，经济增长迅速，人民安居乐业，是世界上幸福指数最高的国家之一。2019 年，老挝国内生产总值达到 197.6 亿美元，人均 GDP 达到 2620 美元，减贫工作取得显著成效，已进入了联合国中低收入国家行列。与此同时，老挝还是世界上第一个和我国签署"命运共同体"的国家，中老关系在过去几年突飞猛进，老挝已经成为我国"一带一路"倡议的一个重要伙伴，是连接我国与东南亚的一个重要桥梁。因此，无论是从世界社会主义运动视角还是我国外交战略角度来看，我们对老挝的了解都太少，老挝的社会主义都值得我们去探究。

一 老挝特色社会主义发展道路

1975 年，老挝人民民主共和国成立，一般来说，我们将这个时间点作为老挝走上了社会主义的发展道路的标志。但实际上,老挝是否为真正意义上的社会主义国家,从理论上还有探讨的空间。老挝目前强调本国是"人民民主共和国"性质,是向社会主义过渡时期的初级阶段,即相当于中国的新民主主义革命时期。对于本国社会主义的发展阶段定位,据曾经作为老挝人民革命党两任总书记凯山·丰威汉、坎代·西潘敦顾问的越南理论家杨富协曾对笔者说,凯山·丰威汉对老挝社会主义的定位有一个形象的比喻,他说:如果将建设社会主义看成是建一座大厦,那么初级阶段的中国特色社会主义就是已经建好了大厦地面几层,向社会主义过渡时期的越南则是打好了社会主义大厦的地基,而老挝人民民主共和国还在挖地基。因此,老挝将本国发展阶段确定为向社会主义过渡时期的初级阶段。

老挝之所以将本国发展阶段如此定位,是基于其本国特殊的历史和现实条件。

(一)老挝爱国主义运动在国际共产主义运动帮助下获得独立

公元1352年,澜沧部落统领法昂统一了在湄公河流域老挝境内的其他两国部落,在孟骚(今琅勃拉邦)建立了老挝历史上第一个多民族封建王国——澜沧王国。18世纪中叶,由于内部争权夺利斗争王国发生分裂,18世纪末沦为暹罗(今泰国)附属国。1893年法国与暹罗签署了《法暹曼谷条约》,暹罗将其统治的湄公河东岸地区割让给法国,于是老挝沦为法国"保护国"。1940年日本占领了老挝,直到1945年8月日本投降。之后,老挝人民在万象成立了"老挝人民委员会",组成了以佩差拉亲王为首的临时政府,并于10月2日宣布独立,实行君主立宪制。曾经在法国和越南学习和工作的王室成员苏发努冯回国出任临时政府的国防和外交部长兼武装部队总司令。在组织抗法斗争中,苏发努冯创建了老挝爱国阵线巴特寮并担任中央委员会主席。

在法国严酷的殖民统治下，老挝人民自发组织起来，开展了前仆后继的抗法起义斗争。其中最具代表性的是1901—1903年在老挝中南部沙湾拿吉省爆发的富巴都起义，1901—1936年在老挝南部波罗芬高原爆发的昂克欧—库马丹起义，以及1918—1922年由老挝北部苗族首领巴寨领导的起义。由于这三次起义恰好代表了老挝三大传统族群——老龙、老听、老松族（分别意为低地、高原、山地族群）的斗争，且分属老挝北、中、南地区。尽管在当时的老挝土地上起义运动此起彼伏，但这些起义无一例外都以失败告终。

在国际共产主义运动的影响下，1930年2月，胡志明召集印度支那共产主义小组领导人，在香港成立了越南共产党，同年10月受共产国际指示改名为印度支那共产党，领导越、老、柬三国的无产阶级革命运动。1934年9月，原老挝各共产党小组代表举行集会，决定成立印度支那共产党老挝地区委员会，并派代表参加1935年在澳门举行的印支共产党第一次代表大会。在1951年举行的印支共产党第二次代表大会上，印支共产党正式更名为越南劳动党，而原印支共产党老挝和柬埔寨地区委员会也开启了独立建党的进程，并由越南劳动党负责监督。

早在1949年1月20日，印支共产党老挝地区委员会成员凯山·丰威汉在老挝东北部的桑怒省成立了"拉萨翁"游击队，标志着老挝人民革命武装力量的诞生，后来这个日子也成了老挝的建军节。1950年8月，老挝各地爱国力量举行全国代表大会，宣布成立以苏发努冯为首的寮国抗战政府，并组建了新的"伊沙拉"阵线，整编了之前成立的全国各爱国游击队，组成了"伊沙拉"部队（即自由阵线部队）。后"伊沙拉"阵线经改组形成"巴特寮"（意为"老挝国"），领导老挝人民抗法斗争。"伊沙拉"阵线吸取了中国和越南的斗争经验，采取"农村包围城市"的方式进行斗争，深入农村，发动群众，壮大了革命力量，并在老挝各地建立了大大小小的根据地。1953年年末，解放了老挝中部地区，将法军势力拦腰斩断，破坏了法军对越南的两面夹击，助力越南在奠边府战役中溃败法军，迫使法国来到谈判桌前。1954年日内瓦会议的召开及停战协定的签署，承认了老挝的独立，老挝才具有真正意义上的独立。1955年3月22日，老挝人民党（后改名老挝人民革命党）成立。

（二）老挝人民革命党新政权建立在饱受战争破坏的乡村小农经济基础上

随着法国军队的撤离，美国艾森豪威尔政府在越南扶植建立亲美独裁政权，发动"控共""灭共"战役，屠杀越南爱国者。越共中央委员会决定武装统一越南，秘密派遣军事人员前往越南组织武装颠覆。随着1956年开始的越美战争的深入，1964年5月，美国出动飞机对老挝解放区进行大规模轰炸，并在7月下旬指使亲美的王国政府军向解放区大举进攻，企图切断对越南的后援。1959年5月5日，越南中央军委决定正式开辟一条通向南方的秘密补给线，这就是"胡志明小道"。由于道路隐秘复杂，尽管美军绞尽脑汁地动用强大航空兵狂轰滥炸，投放大量先进传感器进行多年追杀，也根本无法阻止。时任美国总统尼克松最终不得不承认，美军针对"特殊通道"老挝段的绞杀战是失败的。据统计，在1964—1973年间，美军在老挝共投下了重量达四十亿磅的炸弹，对"胡志明小道"和老挝境内其他地方也进行了疯狂的轰炸，美军共在老挝投下了两亿七千万颗集束子炸弹，老挝因此成为"全球人均受炸弹危害最严重的国家"。直到现在，在老挝各地还有一些居民不时被遗留的炸弹炸伤炸死，有数千万颗未爆炸的集束炸弹等待清除。贫困使得一些地方的村民至今依然冒着生命危险以清理炸弹和搜集美军弹壳当作废品出售来谋求生计。① 长期以来，美国与老挝的关系几乎没有任何进展，由于美国总统奥巴马在任时推行了所谓的"亚太再平衡战略"，中南半岛地缘政治地位上升，2016年9月时任美国总统奥巴马访问老挝，承诺援助老挝9000万美元用于帮助清除这些炸弹。然而，美国炸弹在老挝人民心中留下的伤痕，却是多少金钱都难以抹平的。

1975年4月，抗美战争胜利，美国从越南和老挝撤军，老挝国内的右派警察、军队被解散，人员多数外逃。11月29日，国王萨旺·瓦塔纳宣布退位。12月1日至2日，爱国阵线在万象召开了老挝全国人民代表大会，宣布废除君主制度，成立老挝人民民主共和国，并组成了以苏发努冯为主席的最高人民议会和以凯山·丰威汉为总理的共和国政府。坎代·西潘敦任政府副总理兼国防部长负责军队工作。此后，凯山·丰威汉同时担任老挝人民革命党中央主席和政府总理，一直掌握国家实权，直到1991年因健康原因退出，次年11月病逝。坎代·西潘敦1992年11月在老挝人民革命党中央特别会议上当选为党中央主席，后并兼任国家主席，直到2006年因年事已高辞去职务，2006年6月朱马里·赛雅颂接任国家主席和党中央主席的职务，2016年召开的老党十大上，79岁的原国家副主席本扬·沃拉吉接替80岁的朱马里·赛雅颂当选为党中央主席，并兼任国家主席。2006年老党八大上，老党将党的最高领导人称呼由"中央主席"改为"中央总书记"，并恢复中央书记处的设置，取消中央顾问制，形成了以政治局为主，书记处为辅，总书记全面主持工作的集体领导机制。②

---

① 潘金娥：《老挝：掀开神秘面纱，迎接发展新机遇》，《世界知识》2016年第23期。
② 柴尚金：《老挝：在革新中腾飞》，社会科学文献出版社2015年版，第62页。

（三）老挝人民民主共和国正走在社会主义定向发展的道路上

回顾老挝的历史进程可见，由于封建和殖民统治再加上长期内外战争的破坏，老挝人民党的新政权是建立在落后的乡村小农经济且遭受战争极大破坏的基础上的，因此建立社会主义生产关系的物质条件即生产力水平非常低下，远远达不到进入马克思主义关于社会主义的标准。

然而，基于当时历史条件的影响，老挝按照越南模式，在老挝人民革命党1975年10月在抗美斗争胜利后召开的二届三中全会上，宣布"老挝已经完成了民族民主革命，并开始不经过资本主义发展阶段而直接进入社会主义阶段"①。随即，老挝在全国开展了以消灭资本主义生产方式，建立农业合作社为特点的社会主义改造。

1982年4月，老党召开三大，老挝认识到要想实现从落后的农业国到社会主义国家"必须经历一个漫长、复杂、艰苦的过渡阶段"②，但"不经过资本主义发展阶段直接走向社会主义"③这一表述还是体现了老挝急于向社会主义过渡的方针并未改变。由于没有摆脱高度集中的计划经济体制和急于向社会主义过渡的总路线，在一定程度上影响了老挝的工农业生产，使得老挝"一五"计划（1981—1986年）未能按时完成。

1986年11月召开的老党四大被普遍认为是开启革新历程的一次具有历史性意义的大会。在会上，老党总书记凯山·丰威汉对之前老党的主观、冒进的路线和政策进行了检讨，在对老挝的国情进行详尽分析的基础上提出了"革新开放"的路线方针。在分析国情时，凯山指出："老挝是从殖民地、封建社会、自给自足的自然经

---

① 陶红：《老挝人民革命党对社会主义的认识和实践》，《当代世界社会主义问题》1999年第1期。
② 《凯山·丰威汉文集Ⅱ》，老挝国家出版社1987年版，第200页。
③ 同上书，第201页。

济这样一个起点向社会主义过渡的。这个起点给老挝的社会主义建设已经带来、正在带来、将会带来巨大的困难。"[1]

1991年3月召开的老党五大则对老挝所处的社会发展阶段做了明确表述，提出"老挝正处于继续建设和发展人民民主制度、为逐步走向社会主义创造起码因素的阶段"[2]。老党在五大修改的党章中对党的宗旨也做了修改，新的宗旨为"党带领全国人民进行改革，建立人民民主制度，把老挝建设成为一个和平、独立、民主、统一和繁荣昌盛的国家，为逐步进入社会主义创造基本条件"[3]。新宗旨中"繁荣昌盛"一词原为"社会主义"，而新的党章改成"为逐步进入社会主义创造基本条件"。显然，这一调整使老党的任务与当前本国发展阶段定位相符。

2006年3月召开的老党八大再次确定："老挝仍处于向社会主义过渡时期的初级阶段，且这个时期是由多阶段构成的漫长时期"；"老挝目前仍处在建设和完善人民民主制度的初级阶段"。[4]

根据1991年老挝颁布的第一部宪法（2003年进行了修订并沿用至今）第一章第二条规定：老挝人民民主共和国是人民民主国家。国家一切权力属于人民，由人民行使，并且为了由工人、农民和知识分子为主组成的社会各阶层、各民族人民的利益行使。第三条规定：各族人民作为国家主人的权利，通过以老挝人民革命党为领导核心的政治制度的运行来保障和实现。[5] 对于老挝人民革命党的性质和宗旨，2016年在党的十大上通过的党章规定：老挝人民革

---

[1] 陶红：《老挝人民革命党对社会主义的认识和实践》，《当代世界社会主义问题》1999年第1期。

[2] 张锡镇：《当代东南亚政治》，广西人民出版社1994年版，第103页。

[3] 马树洪、方芸：《列国志——老挝》，社会科学文献出版社2004年版，第134页。

[4] 《老挝人民革命党第八次代表大会会议文件汇编》，老挝国家出版社2006年版，第36页。

[5] 《老挝人民共和国宪法》（2003年），载许宝友主编《世界主要政党规章制度文献》（越南、老挝、朝鲜、古巴）篇，中央编译出版社2016年版，第92页。

命党是有组织的先锋队,是老挝工人阶级和人民民主制度的最高政治组织,始终是老挝工人阶级、劳动人民和全民族的权力和利益的忠实代表。党的宗旨是:带领全体老挝人民执行有原则的全面革新路线,捍卫国家稳定,沿着社会主义目标建设人民民主制度,把老挝建设成为和平、独立、民主、繁荣的国家。老挝人民革命党坚持以马列主义、凯山·丰威汉思想作为党的思想和理论基础、组织与行动指南……老挝人民革命党是执政党,是老挝人民民主制度政治体系的领导核心,带领各族人民按照社会主义目标进行保卫祖国和建设人民民主制度两大战略任务。①

由此可见,革新以来,老挝对本国发展阶段进行了调整,将社会主义作为发展目标和发展方向,这样做的目的,是为了破除生产关系桎梏,更加实事求是地发展生产力,为向社会主义目标过渡创造物质条件,为老党采取更加灵活的政策措施,包括某些难以定性是否为社会主义性质的政策措施,如发展私人经济、采取商品经济和市场机制等,打开了理论和政策空间。

(四)佛教是老挝人民革命党和人民群众之间的一条纽带

从14世纪建立统一国家开始,一直到老挝人民民主共和国成立之前,佛教一直居于国教地位。老挝85%人口信仰小乘佛教,每位男子一生中都要有一段出家念佛经历。因此,佛教也就成为老挝文化的重要组成部分,且具有民族性和历史性。信佛是老挝文化的符号象征,也是老挝传统习俗的基础,老挝的艺术、文学、音乐、戏剧等都起源于宗教和传统习俗。老挝人性格温顺,钟爱民主传统和生活习惯。虽然法国统治老挝近60年,但受到西方文化影响很

---

① 《老挝人民革命党章程》(2016年),载许宝友主编《世界主要政党规章制度文献》(越南、老挝、朝鲜、古巴)篇,中央编译出版社2016年版,第247—248页。

少。得益于佛教的教义，大多数人安于现状，有很强的幸福感。①近代以来，法国和美国等帝国主义国家妄图以宗教为突破口来瓦解老挝人的民族意识和自身文化传统，通过传播基督教等手段以达到奴役思想，压制反抗等目的，但由于佛教在老挝人民心中的牢固地位，它们的阴谋未能得逞。虽然在老挝人民民主共和国于1975年成立后，没有规定佛教为国教，但考虑到老挝的社会、文化特点，老挝人民革命党和老挝政府仍对佛教进行了有效的继承和发展，佛教的节日和风俗习惯仍在老挝有着完整的保存。

基于这一历史文化传统，老挝人民革命党允许党员信教，党员中不乏佛教徒。老党认为，宗教作为联结老党和人民群众的一条独特纽带，要发挥宗教在老挝社会主义发展建设中的特殊作用。老党认为，宗教是一定历史阶段的产物，在老挝当前生产力发展水平还处于较低的条件下，社会主义尚不具备主宰宗教的能力，宗教特别是佛教仍将在很长的一段时期继续存在并发挥作用。老挝党和政府给予佛教较高的地位，1991年8月，老挝修改宪法并将国徽图案中象征社会主义的五角星、镰刀、斧头改为老挝民族的象征——塔峦佛塔。老挝投入大量资金保护佛教寺庙和文物，并通过老挝建国阵线这一统战组织实现宗教人士的参政、议政权，积极引导他们参与社会主义事业的建设。当然，这并不意味着老党放弃对宗教的监管。事实上，在老挝党和宗教的关系中，仍然是党占据主导地位，党用马克思主义的思想教育佛教徒，同时利用佛教为保卫和建设国家作贡献。②老挝明确禁止各种企图分裂宗教和挑拨人民矛盾的行径，虽然有时也有境外敌对势力利用宗教和民族问题进行破坏，但

---

① 参阅柴尚金《老挝：在革新中腾飞》，社会科学文献出版社2015年版，第8—9页。
② 参阅潘金娥等《马克思主义本土化的国际经验与启示》第六章《老挝马克思主义本土化的实践与启示》，社会科学文献出版社2017年版。

老党和政府在近40年的执政过程中对宗教问题有较为妥善的处理，没有因为宗教问题影响到社会稳定和民族团结。

（五）越南作为传统"特殊关系"伙伴，老挝政治生活中有深刻的越南印迹

老挝和越南作为中南半岛上与我国两个相邻的国家，它们不仅地理上山水相连，文化相近，民族交融，而且都属于法国印度支那联邦被法国殖民统治长达60年。老挝人民革命党最高领导人凯山·丰威汉的父亲是越南人，早年在越南河内大学学习。大多数老挝干部都在越南接受高等教育，目前半数以上的老挝国家干部都是越南培养的，其中军队干部更是高达70%以上，越南语在老挝政界可谓通用语言。1946年，凯山·丰威汉加入印度支那共产党，并成为旅越老挝侨民的反法运动领导人之一。1955年老挝人民革命党从印度支那共产党分离出来，但长期接受越南共产党的指导和帮助，曾与越南一样以胡志明思想作为党的指导思想。

抗美战争期间，著名的"胡志明小道"穿越老挝，成为越南南方游击队的"生命线"，为越南共产党最终战胜美国、实现国家统一作出了重要贡献。"胡志明小道"自我国边境开始穿越中老、中越边境的崇山峻岭，经过柬埔寨进入越南南方，躲过了美军的封锁线，将中国和其他国家支援越南南方民族解放阵线的军火、物资、粮食等，以人背、肩扛的方式，或者用由中国援助的经过专门改造的"凤凰"和"永久"牌加重自行车、大象、骡马、小推车等运输工具，送到战火纷飞的越南南方，并且为了掩护，全部人员穿着老挝巴特寮部队的军装。

老挝建国后，与越南签订了为期25年的友好合作条约，确定了两国间的特殊关系。由于国际共运内部矛盾的历史因素，老党在外交上采取"一边倒"，倒向苏联和越南阵营。在相当一段时间，

越南在老挝有大量的驻军，在各方面施加对老挝的影响。老挝领导人也特别重视越老联盟，认为"越老之间全面、牢固、光辉的特殊战斗联盟，作为无产阶级国际团结的一种光辉榜样，在两国人民的革命斗争事业中具有重要的作用，并富有规律性"。"客观存在不仅是在特使关系基础上建立起来的一种联盟，而且是一种为了两国民族的生存，为了两国的独立、稳固、发展和繁荣的联盟。"① 特殊的越老联盟，使老挝很难做到独立自主，在政治、经济和军事等各方面对越南产生了严重的依附性。

由于本国理论研究水平不足，老党十大前的各次党的代表大会的政治报告都是在越南理论家的帮助下完成的，因此，老挝在2016年十大之前的政治报告几乎照抄越南的版本。直到老党的十大，起草报告时同时参照了中国和越南专家的建议。

直到目前，越南和老挝的特殊关系依旧紧密。例如，越老两国新任领导人出访，都是将对方作为第一个出访国家，每年越南和老挝领导人都有高层和各级别的互访。各部门之间也建立了多渠道的关系，越南每年帮助老挝培养大量的留学生，而越共中央党校和越南社科院与老党中央党校和老挝国家社会科学院从2016年起签署协议，每年召开理论研讨会，2019年的研讨会就以帮助老挝构建"凯山·丰威汉思想"为主题。老挝国会大厦和老挝国家社会科学院的新办公大楼，都是由越南相关部门援助建造。

目前，随着中国国力的不断增强，中国有关社会主义的建设经验也日益受到老挝的关注。目前，中老两国关系越来越密切，中国已经成为老挝的第一大外资来源国和第一大贸易伙伴，老挝每年也派出大批干部到中国党校学习，很多留学生也得到中国资助来华学

---

① 老挝《人民之声报》1980年12月12日。

习，进一步推动了中老两国关系纵深发展。中老关系的快速提升，无疑对越老特殊关系产生了一定的影响，中越两国的投资和贸易在老挝存在一定的竞争关系，这有利于老挝摆脱对越南的过度依赖。

（六）老挝是世界上第一个与中国签署人类命运共同体行动计划的国家

中老两国关系源远流长，在革命战争时期曾并肩作战，缔结深厚友谊。新时期，中老两国正致力于构建具有战略意义的人类命运共同体。

1961年4月25日，中国与老挝正式建立外交关系。在20世纪六七十年代，中国无偿援助老挝人民在南宁建立了一所老挝"中央干部子弟学校"即"六七学校"，为老挝培养了1000多名人才，这些人中有不少后来成为老挝党和国家的栋梁之材。

老挝领导人凯山·丰威汉曾在促成中越关系恢复正常化方面发挥了穿针引线的作用。众所周知，中越关系自1979年初经历了短暂的交火后，进入了长达10多年的对峙时期。由于政策路线错误导致了内外交困，越南80年代中期陷入了全面经济社会危机。1986年7月越南反华强硬派越共总书记黎笋病逝，长征临时接任总书记职务并开始扭转越南的内政外交政策。同年12月召开的越共六大上，长征把阮文灵推上了越共总书记位置。新一届越南领导班子急切想改善对华关系，缓解越南国内经济社会危机。当时中越两国尽管没有断交，但实际上已停止了所有的正常交往。1989年10月，老挝人民革命党总书记兼部长会议主席凯山·丰威汉访问中国。在他的再三要求下，中国商定请邓小平礼节性简短会见。没想到，两位领导人进行了长达40分钟的谈话，而且谈的都是十分重要的实质性问题。凯山诚恳承认，过去10多年来老挝同中国的关系处于不正常状态，是受了"外部的影响"，此次访问中国将标志着两党、两国关系的完全正常化。同时，凯山还转达了越共总书记阮文灵对邓小平的问候，说越南对中国的状况已有了新认识，对中国的态度也有了改变，还说阮文灵希望中国方面能邀请他访问中国。邓小平也请凯山转达他对阮文灵的问候，并说希望在他退休之前或退休后不久，柬埔寨问题能得到解决，中越关系恢复正常。凯山回国途中在越南短暂停留，向阮文灵转达了邓小平的传话，最终促成了中越成都会晤。

新世纪以来，中老两国已确立了"好邻居、好朋友、好同志、好伙伴"的"四好关系"和全面战略合作伙伴关系。2016年9月，老挝人民革命党中央总书记兼老挝国家主席本扬·沃拉吉作为习近平主席的特邀嘉宾出席了在杭州举行的G20领导人峰会，并正式访问了中国，两国签署了多项合作协议，发表了联合公报。2017年11月，中共中央总书记、国家主席习近平对老挝进行了国事访问，将两国的"好邻居、好朋友、好同志、好伙伴"的"四好关系"推上新台阶，双方一致同意打造中老具有战略意义的命运共同体，中老关系进入新的时代。此次访问中，双方同意加快中国"一带一路"倡议同老挝"变陆锁国为陆联国"战略对接，共建中老经济走廊，推进中老铁路等标志性项目，提升经贸合作规模和水平，促进两国经济优势互补，深化产能、金融、农业、能源、资源、水利、通信、基础设施建设、医疗、卫生等领域合作，推动双方务实合作更多惠及两国基层民众。2018年5月，老挝党中央总书记、国家主席本扬·沃拉吉对中国进行正式访问，双方在巩固命运共同体共识基础上，聚焦命运共同体建设，推动其由理念转化为行动、由愿景转变为现实。中老两党两国一致同意，把两党交流、党建经验互鉴、反腐败合作、建设社会主义法治国家等列为中老命运共同体建设的重要内容，充实了中老打造牢不可破的命运共同体的现实内涵，使中老社会主义命运联系得更加紧密。2019年4月30日，中共中央总书记、国家主席习近平与老挝人民革命党中央总书记、国家主席本扬·沃拉吉在北京共同签署《构建中老命运共同体行动计划》。这是我国签署的第一个人类命运共同体行动年计划，无论是对中老两国还是我国新时期的外交都具有重大的象征意义。《行动计划》不仅为新时代中老关系长远发展规划了时间表和路线图，而且强调通过开展一系列的务实合作，包括中老铁路、磨万高速公路、中老经济走廊、磨憨—磨丁经济合作区、赛色塔综合开发区等大项目建设，切实造福两国和地区各国人民。该文件的签署，表明了两党两国和两国人民对于开创中老关系新时代的决心，为中国与周边国家"一带一路"合作和构建人类命运共同体提供了典范。

二 老挝社会主义定向的革新实践与理论创新

（一）革新的背景

老挝人民革命党在1975年12月建立了老挝人民民主共和国。虽然取得了革命的胜利，但摆在新生政权面前的是一个饱受战火创伤，民生凋敝的老挝。可以说，在经历长年战乱之后，老挝的生产力处于一个极为低下的水平。而大量有一定知识的技术和管理人员又因为政权的更迭或外逃，或进入"再教育"营进行改造，这使得老挝的经济起步异常艰难。1977年2月，凯山宣布"老挝革命已经进入了社会主义改造和社会主义建设新阶段"[1]。提出现阶段老挝的任务：坚持无产阶级专政，发扬劳动人民当家作主权利，同时进行生产关系革命、科学技术革命和文化思想革命。其中，生产关系

---

[1] 《老挝问题资料选编1975—1986》（上），云南省社会科学院东南亚研究所1987年版，第53页。

革命有两点：一是私营工业和手工业企业实行国有化或公私合营，对私营商业则推行"限制、利用、改造"的政策，严格限制私人商业活动，禁止收购谷物和牲畜，禁止私人进出口贸易活动；二是在农村推广农业合作化运动，将抗美救国战争期间在解放前建立的"团结组""换工组"统一改成农业合作社。要求到1980年年底，全国80%的农业必须入社，基本实现农业合作化；实行粮食征购，规定农民的余粮不得在市场上出售，必须如数卖给国营收购站，否则没收。在思想文化革命方面，强调用阶级斗争观点对人民群众进行思想教育，对旧政权的军政人员送往北部山区进行改造。[①] 老挝的社会主义改造运动完全照搬越南模式，采用了过激的办法和强迫命令执行，最终导致工商业凋零、合作社徒有虚名，农民收入大大减少。

面对社会经济方面的不利局面，在1979年11月召开的老挝人民革命党二届七中全会上，老挝对社会主义改造和建设中的经验教训进行了总结，凯山在会上承认党中央的错误，急于消除私有经济造成生产力下降，因此将陆续采取措施放宽政策。1979年年底，老挝政府决定让货币基普贬值75%，并以1元新货币兑换100旧货币。同时，制定新的价格政策，改变国家统筹制定价格的做法。在农业方面，老挝政府强调了参与农业合作社的自愿性质，减少税额，并为防止走私出境，以高于原价300%—500%的价格收购各类农产品，使其价格几乎与泰国的同类产品相等。老挝政府还放宽了对商品流通的控制，允许个人自由从事进出口贸易。1980年，允许私人从事商业活动，承认多种经济并存的合法地位；对农业合作化运动进行整顿；1984年陆续解散一些农业合作社，让农民以家庭为

---

① 柴尚金：《老挝：在革新中腾飞》，社会科学文献出版社2015年版，第15—16页。

单位进行审查。这些政策,可以视作1986年"革新开放"的先导,对恢复老挝经济起到了重要作用。在1980年,老挝的稻谷产量即恢复到100万吨以上,此后稳步回升,基本能实现自给。① 根据官方数据,到1986年老挝人民革命党四大时,老挝十年(1975—1985年)的社会总产值增加2倍,人均国民收入增长60%,其中"一五"期间(1981—1985年)社会总产值增长54%,国民收入增长48%,人均国民收入增长12.8%,社会劳动生产率增长28%。②

虽然经济略有起色,但思想上由于没有摆脱高度集中的计划经济体制,管理模式上照抄越南政策,采取党政不分以党代政,老挝"一五"计划(1981—1986年)未能按时完成。在外交方面,老挝和越南的特殊关系,老挝对外关系严重依赖越南,外交上采取"一边倒",支持越南入侵柬埔寨并与中国交恶。这使得老挝不仅在政治上受越南牵制,颇为孤立,同时在经济上也得不到外部的经济援助,泰国对老挝进行经济封锁,而越南在80年代中期陷入了全面的经济社会危机,国际援助减少,国内一度出现物价飞涨商品短缺的局面,迫切需要寻找出路。

(二)以经济革新为先导,以建设"社会主义定向的市场经济体制"为目标

从1986年开始效仿越南开始了革新进程。与中国和越南类似,老挝的革新也是从农村实行家庭联产责任制开始,之后逐渐扩大到经济的各个领域,再发展到政治、文化和外交等所有领域。

老挝在"革新开放"之前实行高度集中的计划经济体制。在1986年召开的老党四大上,老党学习借鉴了列宁的新经济政策,并

---

① [泰]素拉猜·西里盖:《1975年以后的老挝》,《东南亚研究资料》1986年第2期。
② 殷石:《老挝经济建设十年成果统计资料》,《印度支那》1987年第1期。

结合本国实际,也提出了实行"新经济机制",包括实行自由贸易,扩大商品流通,鼓励多种经济成分的发展,改革工农业管理体制,促进对外开放等。老党认为,"经济领域革新的主要任务就是要大力推进老挝经济从自然经济到半自然经济状况向商品经济的转变",为了实现这一目标,"老挝必须建立不同水平的不同要素的多种所有制的商品经济结构"。

1988年,老党四届五中全会提出了一系列改革,将中央集中计划体制转变为国家指令性计划和宏观调控,企业按市场机制自主经营,价格和汇率转变为单一的价格和汇率。改革财政制度和财政管理办法,企业实行利改税,加强经济立法,依法管理经济。正式提出发展"家庭经济"的政策,这一政策调动了农民及城市的党政和企业干部职工的积极性,不少城市干部职工投入农村的生产经营活动中,建设以户为单位的家庭经济。老挝干部职工的工资普遍偏低,这一政策有利于国家的经济繁荣发展。1988年,老挝政府颁发了《外国投资法》,以法律形式保护外资经营合法权益,批准多家外国银行在老挝开设分行,积极开展对外经济活动。

1991年召开的五大继续贯彻了四大以来的经济政策,继续推动生产力的发展。在政策上,最显著的突破是首次承认非社会主义经济成分与其他经济成分拥有同等的法律地位。同时,老党还宣布确立新的经济管理机制,政府只负责进行宏观调控,而不再干预企业的具体经营;继续推进商品经济和自由贸易,并在农村推进家庭经济和承包制。1991年8月15日颁发的老挝宪法第二章第14条规定,"国家保护和促进国内外所有投资者的在老挝的投资方式,包括国家所有、集体所有、个体所有和私人所有,加鼓励所有经济单位进行竞争和相互合作的经营活动,所有经营单位在法律上一律平等",在经济管理体制方面,老挝提出实行国家调节的市场经济,由指令性计划转变为国家指导性计划和实行宏观调控。

2001年老党七大将解决人民的温饱问题作为首要任务，使国家早日摆脱不发达的状况。老党继续坚持以经济发展为中心，推进市场经济的发展，坚持各种经济成分共同发展，继续推进商品经济、进出口贸易和对外经济关系的发展。

在对外经济方面，老挝积极扩大开放实施"以资源变资金"的战略争取外国援助和外国投资，推出了建设经济特区的政策措施。到2006年老挝共吸引外国直接投资27亿美元，与50多个国家和地区签署了19个贸易协定。目前中、泰、越、韩、欧盟是老挝的5大外资来源地，目前共有外资企业100多家。2000年以来老挝已批准建立10个经济特区，计划建设41个经济特区。老挝已开放24个国际口岸，建成了四座跨湄公河大桥，与泰国的经济关系更加密切。

2006年召开的老党八大上，老党继续强调了脱贫任务的重要性，要求大力发展农村经济，鼓励农村家庭经济的发展。同时，针对社会主义经济成分比重逐渐减少的趋势，老党也表达了一定的担忧，强调要发展国有经济和集体经济。

经过近25年的革新，老挝逐步实现由自给自足的自然经济向商品经济的转化，形成了多种所有制共同发展的格局。在2011年召开的老党九大上，老党首次提出"建设社会主义定向的市场经济"，鼓励各种经济成分发展，并再次强调了经济发展的社会主义方向。老党认为，市场经济与社会主义并不对立，与此同时也强调，老挝市场经济是社会主义定向的市场经济，不是资本主义的市场经济。

（三）提出革新必须坚持"六项基本原则"是"有原则的全面革新"

20世纪80年代末，受到苏联东欧社会主义解体的影响，在老挝国内政治局势出现不稳定的局面。老挝党内一部分干部也受到

"和平演变"的冲击，在思想上出现了松懈甚至对社会主义制度产生了怀疑。在此背景下，1989年10月，老党召开了四届八中全会，会上提出了"六项基本原则"，即坚持社会主义目标，坚持马列主义是党的思想基础，坚持党的领导是一切胜利的决定因素，坚持在集中原则基础上发扬民主，增强人民民主专政的力量和效力，坚持真正的爱国主义与纯洁的国际主义相结合。

老党制定的"六项基本原则"具有一定的针对性。苏联解体、东欧剧变说明这些国家的共产党及其领导人背离了马列主义，背离了社会主义的基本要求，面对西方的"和平演变"采取了放任自流的态度，放松了对党员的要求，瓦解了党员的斗志，实际上就是放弃了党的领导。因此，在老挝的"六项基本原则"中明确坚持社会主义目标，坚持马列主义是党的思想基础，坚持党的领导这三项直接表明老挝决不会重蹈苏联和东欧国家的覆辙。

在1991年3月召开的老党五大上，老党提出了"有原则的全面革新路线"的新表述，被视作老挝"革新开放"的完整表述。这里的"有原则"与"六项基本原则"一脉相承，它是在当时苏联解体、东欧剧变的局面下，对于资产阶级自由化和西方多党制的有力回应。"全面革新路线"一方面强调坚持四大以来的"革新路线"，继续坚定不移地实行全方位的改革，强调"有原则"是表明老挝的全面革新朝着社会主义方向发展。

（四）以加强党的建设作为革新的根本保障

作为老挝国内唯一的合法执政党，老党过去几年党员人数有较快发展。截至2016年，老挝人民革命党党员人数25.2万人。党中央机关报为《人民之声报》，党中央刊物为《新曙光》。2016年十大老挝人民革命党修订的党章规定老挝坚持党是国家领导核心。

老党党章明确规定，以"五项原则"和"三条方针"来加强党的自身建设，"五项原则"即：坚持以马列主义、凯山·丰威汉思想为党的思想理论基础；以民主集中制为党的组织原则，坚持集体领导、个人负责；坚持在党的路线、政策和章程上的团结一致，确保党在政治、思想、组织和行动上的统一；坚持以民为本，忠诚服务人民，坚持党的群众路线，依靠群众并通过群众革命运动来建设和发展党；以批评和自我批评作为党存在和发展的规律。"三条方针"即：建设政治、思想、组织和领导作风廉洁、稳固、坚强的党，加强党的保护工作，坚决抵制党内政治蜕化变质；以质量为本来建设和发展党，吸收符合标准且具备条件的优秀分子入党，坚决将蜕化变质分子清除出党；将加强党的领导与提高国家管理威信紧密结合，发挥建国阵线、群众组织和社会组织的积极主动性。

按照党章规定，老挝人民革命党重点抓党的思想理论教育、提高干部素质、加强党的作风建设等方面来加强党的建设。

一是加强政治思想建设。老挝人民革命党产生于殖民地和半封建社会，有着落后的小农经济，以及由上述经济社会条件带来的风俗习惯和思维方式，大多数党员干部都是由爱国主义的觉悟转向马列主义的信仰的，不可避免地存在非无产阶级思想，表现为小资产阶级的犹豫动摇性和不稳定性，农民的落后思想，封建制度、种族划分和家族首领思想等。在老党四大的政治报告中，凯山·丰威汉就指出："由于我们党是在一个落后的农业国家诞生的，所以我们的党员干部还普遍存在小生产者的意识并受到小生产者思想作风的影响。"因此，老挝人民革命党一开始就认为，必须不断加强对工人阶级和广大党员的教育、历练，提高他们的思想理论水平，增强同非无产阶级思想观念作斗争的本领。老党组织党员干部深入学习马克思主义，既反对教条式地理解马克思主义，又反对对马克思主义的曲解和否定。在提升党员干部的思想理论水平之外，老党还要求他们抓好群众的政治思想工作，团结、稳定群众，帮助他们认清敌对势力的真面目。在老党对党员干部的思想政治教育中，除了对马列主义、老党方针路线和老挝国情的培训之外，还注重与其他友好国家进行思想交流。

二是重视干部队伍建设。1986年老挝人民革命党四大指出："必须重新建设、培养、培训干部，使之适应新的机制，用新经济思维、知识武装他们的头脑，使他们能够担负起领导和管理工作，必须重视将培养干部同及时任用干部密切结合，避免有关领域和层级在培养干部中的随意性，导致干部能力素质不符合实际需要。"①

2011年老挝人民革命党九大以来，由于党和国家政治任务的迫切需要，特别是老挝不断融入地区和国际，老挝人民革命党明确提出："要尽快核查和制定干部工作战略，建设一支素质全面、结构合理，适应当前和长远需要的干部队伍。"② 在加强干部队伍建设中，老挝人民革命党不断提高思想认识，重视培养年轻干部、女干部、少数民族干部和在实践中脱颖而出的素质全面的干部，适应国内社会主义发展和融入地区与国际的需要。

随着革命和建设实践的不断发展，老挝人民革命党认识到必须加强干部队伍建设，要建设一支思想观念、能力素质和行动上都能树立模范带头作用的干部队伍，以带领广大群众胜利实现社会主义革命事业。老党要求党员干部提升各方面的知识水平，并着力提拔一些掌握专业知识技能和外语技能的干部。目前，老党中高层干部绝大多数都有赴国外留学或培训的经历，主要目的地以原苏联国家、中国和越南为主，不少干部都掌握汉语、越南语或俄语等外语，中青年干部的英语水平也在提升之中。2016年老挝人民革命党

---

① 《老挝人民革命党第四届全国代表大会的文件》，老挝国家出版社1986年版，第211页。
② 《老挝人民革命党第九届全国代表大会的文件》，老挝国家出版社2011年版，第54页。

十大上，提出了坚持革新开放的七大方针任务，其中第七条就是"加强党的领导能力、战斗力和先进性"。

老党十一大将于2021年召开，为了选拔新一届德才兼备的干部队伍，过去两年来老党加强干部队伍的建设，尤其强调培养战略级领导干部队伍。2018年1月3日，老党中央政治局出台的关于领导干部标准的第30号决议。2019年老挝人民革命党十届九中全会审议通过了《新时期加强干部队伍建设的决议》，强调要按照精神，把建设知识能力全面、革命道德高尚、政治立场坚定，忠于党和国家、人民事业作为重点，以适应各时期政治任务需要，符合经济社会发展结构需要，同时确保数量和质量的各类别干部。《决议》指出，干部建设必须确保阶级观点立场，与党的路线高度一致，敢于担当，富于创新，专业过硬。要确保三代干部和三类干部的继承性和平衡性，即老中青三代，专业类、管理类和领导类干部的培养建设的可持续性。

三是加强党风建设与惩治腐败相结合。老挝强化了中纪委和反贪局的职能，完善和修订了一系列党内规章制度。2005年，老挝国会通过《反腐败法》，使得老挝的反腐败工作从此有法可依。在规章制度日趋完善的基础上，老党也加强了对党内腐败现象和违法乱纪行为的处理力度，并通过社会舆论等方式披露了一些官员的贪腐现象，肃清了一部分违规违纪的党员干部。值得一提的是，在2012年12月，时任老挝总理波松·布帕万突然宣布辞职，后经查明是由于其犯下严重的个人作风问题而被劝下台的，这体现了老党在反贪腐斗争中的决心和力度。2014年，老挝政府审计部门制定了全体公职人员的财产公示制度。该制度规定，各类财产价值2000万基普（约合1.5万元人民币）以上的都必须上报，包括土地、房产、车辆、机械以及各类贵重物品等。而该制度所涉及的干部范围也比较广泛，包括高层领导干部，管理层干部，党组织、国有企业、合资企业的干部，尉级以上的军官和警察，以及从事经济工作的干部在内等，都必须上报自身、配偶以及其他家庭成员的财产、债务和收入。① 这是老挝在新的发展时期在反贪腐上做出的一项重要举措，有望控制贪腐现象在党政干部中蔓延。2019 年，老挝共查处涉嫌贪污腐败案件 105 例，挽回经济损失 3702.9 亿基普，对 1285 名涉嫌贪污腐败人员进行检查，其中国家干部 970 人，企业经营者 315 人，查处贪腐分子 1002 人，予以行政处分 849 人，司法审讯 153 人，向检察院移交 113 人，检察院向法院提起公诉 61 人，法院审结 55 人。查处的典型贪腐行为是以权谋私，行贿受贿，侵吞公款，伪造建筑技术标准等。②

四是重视基层组织建设。老党组织建设的基本原则是民主集中制，要求老党党员做到个人服从组织，少数服从多数，下级服从上级，地方服从中央，并采取集体领导与个人分工相结合的组织方式。

老党在组织建设方面比较具有特色的是其连续多年开展"坚强、善于全面领导的党支部"活动，这是老党加强基层组织建设的一项重要举措。该活动起初在 1993 年老党全国党支部代表大会上决议开展，并在 1996 年老党六大上再次提出并加以强调，最后在同年 8 月由中央政治局的第 11 号决议加以明确规定下来，其中要求按照"五个标准"建设达标党支部，即："善于领导党员和群众的思想政治工作，善于领导经济发展，善于领导政府和群众组织，善于领导国防和治安工作，善于完善党建、发展党组织和培养干

---

① 韩旭阳：《老挝：官员必须公开财产》，《新京报》2014 年 5 月 22 日第 A23 版。
② 老挝人民革命党中央检查委员会：《2018 年监察执行报告和 2019 年计划指标》，2019 年，第 3 页。

部。"① 老党还将领导干部以及新干部短期下派到基层任职,对于中高层领导而言,这是他们与基层群众密切交流,拉近关系的好机会,而对于新入职的干部而言,基层工作有助于培养他们的工作能力。通过"坚强、善于全面领导的党支部"活动的深入开展,老党基层党支部的领导能力和党员的政治素养得到提高,同时也加快了农村、城镇基层地区的经济社会发展。

(五) 总结实践经验,构建本土化的马克思主义理论成果——凯山·丰威汉思想

革新以来,老挝人民革命党将马克思列宁主义运用于本国实践,对社会主义的认识不断深化和发展。从革新之初反思本国社会主义的发展阶段,到革新过程中提出"全面有原则的革新",再到十大提出以凯山·丰威汉思想为指导,逐步形成老挝特色的马克思主义思想体系。

2016年1月首次提出以老挝开国领袖命名的"凯山·丰威汉思想",并将其写入修订后的新党章,与马克思主义一起作为老挝党的指导思想和理论基础。这是老党经过30年革新实践总结,致力于在马克思主义本土化方面取得突破。2017年3月,老挝党中央就指示中央宣传部、老挝社会科学院、老挝国立大学等有关部门组织专家和科研人员开展凯山·丰威汉思想研究。2018年上半年,老挝党中央宣传部以科研项目立项的方式,推动理论界和学术界对凯山·丰威汉思想进行深入的研究和阐释,并加大对内和对外宣传普及力度。② 2018年12月13日与2019年3月27日颁布了《关于凯山·丰威汉思想研究的决议》《关于成立凯山·丰威汉思想研究委

---

① 柴尚金:《老挝:在革新中腾飞》,社会科学文献出版社2015年版,第65页。
② 姜辉、潘金娥主编:《国际共运黄皮书:国际共产主义运动发展报告(2018—2019)》,社会科学文献出版社2019年版,第149页。

员会的决议》等重要文件，成立了由老挝社会科学院、国家行政学院、国家社会科学研究所、凯山·丰威汉学院、凯山·丰威汉国防学院、人民安全学院、凯山·丰威汉博物馆等部门代表组成的凯山·丰威汉思想研究委员会。2019年5月5日，老挝人民革命党中央政治局还颁布了《关于成立党中央理论研究院的决议》，加强党的理论研究与宣传工作。

目前，凯山思想的理论框架和具体内容尚未构建完成，但过去两年来老党为加强本国的理论研究做出了巨大努力。可以预见，2021年召开的老党十一大将对凯山·丰威汉思想进行充实，从而形成老挝本国特色的马克思主义理论，作为老挝向社会主义过渡时期党和国家建设的指导思想。

三　老挝社会主义建设的成就与展望

回顾30年来的发展历程，老挝社会主义定向的革新取得了举世瞩目的成就。

一是经济保持高速增长态势，人民生活显著改善。革新以来，老挝经济增长迅速，其中2006—2015年，每年的增长速度都超过7.5%；2011—2015年，年均增长率达到7.9%，最近三年经济增长也在7%左右。老挝成为世界上经济增长速度最快的国家之一。在1986年革新之初，老挝人均国内生产总值（GDP）只有114美元，到2019年，人均GDP达到了2600多美元。二是老挝的产业结构不断优化，已从一个世界最不发达的落后的农业国逐渐走上了工业化发展道路。2015年，三次产业的比重分别为23.7%、29.1%和47.2%，农业人口比重下降到63%左右。三是文化教育和卫生事业取得显著成就，全国实现了普及小学教育，医疗水平得到提高，人均寿命不断提高。四是在经济增长的同时有效推动绿色发展，实现水资源和其他能源节约与开发利用并举；有效落实了联合国千年发展目标，扶贫专项工作取得积极成效。2015年，老挝的贫困率已经降至6.59%，居民能用上国家电网的比例达到了89%。五是社会主义法治国家建设不断得到加强。老党不断革新党的领导方式，颁布并修订完善了《领导干部责任制度》《党员禁令》《反腐败法》等一系列党内规章制度；深化行政机构改革，完善公务员制度，推动建立公务员财产登记制度；完成了以《宪法》为主的一批法律的修订，推动老挝法律体系的建设；维护国家政治稳定，保护宗教信仰自由和民族语言权利等。六是外交工作取得新进展。老挝1997年加入东盟，并担任2016年东盟轮值主席国，2013年加入世界贸易组织（WTO）。迄今，老挝已同155个国家建立外交关系，主办了多个国际会议，国际地位日益提高。此外，近年来老挝基础设施建设加快，并已启动了中老铁路建设项目，水电建设成倍增长成为出口创汇重要行业。

另外，在理论方面老党不断加深对社会主义的认识，治国理政水平不断提高。在十大报告中，老党继续强调要坚持有原则的全面革新路线，总结了30年的"革新开放"实践中的七条经验：一是必须坚持有原则的全面革新路线，在坚持社会主义目标和国家独立的基础上，创造性地运用和发展马列主义理论和凯山·丰威汉思想；二是必须坚持以经济发展为中心，与社会发展、保护民族优秀文化和保护环境可持续发展相结合；三是持续大力推动基层政权建设和农村全面发展；四是坚持在党的领导下团结全国各族人民；五是提高各级党委领导贯彻落实党的路线方针政策的能力；六是提升党的领导作用和领导能力，发挥党员干部先锋模范作用和加强战斗力，坚决抵制党政机关和党员干部队伍中出现的消极现象，确保党始终廉洁、坚强、稳固；七是始终奉行和平、独立、友好、合作的外交路线，积极主动融入地区和国际一体化进程。

此外，革新过程中老党根据实践经验，提出了一些思想观点和独到的做法。如在九大政治报告中提出"革新路线新突破"，包括以下四点：第一，在思想方面的突破，要解放思想，打破各种教条、守旧、懒惰、极左、极右的思想；第二，在发展人力资源方面的突破，尤其是根据发展的需要，对干部进行知识和能力的培训；第三，在解决各种妨碍生产、经营和服务发展的行政管理制度方面有所突破；第四，在扶贫问题上做出突破，通过挖掘资金渠道和推行相关政策，集中建设经济社会基础设施，推动各地区稳步发展。①2012年3月由老党中央政治局提出"三建设"决议，具体内容为：将省建设为战略单位，将县建设为全面坚强单位，将村建设为发展单位。"三建设"自2012年10月1日开始在老挝全国的51个县和109个村进行试点，是老挝人民革命党在新形势下加快农村全面发展和脱贫步伐的一次重大理论与实践活动。在"三建设"决议指引下，在老挝"七五"计划（2011—2015年）期间，老挝在扶贫方面进展明显。

在2016年1月召开的老党十大上，老党对未来五年、十年的发展做出了全面部署，并提出未来15年的远景规划，主要内容可以用"三步走"的目标来概括，即到2020年人均GDP达到3190美元，把贫困人口降至10%以下，摆脱最不发达国家的状况；到2025年，使老挝成为中等收入的发展中国家，GDP较2015年增长2倍以上，产业结构向工业化、现代化转变，国家财政基本自主；到2030年，使老挝成为中高收入的发展中国家，GDP较2015年增

---

① 《老挝人民革命党第九次代表大会会议文件汇编》，老挝国家出版社2011年版，第28页。

长 4 倍以上，贫困人口降至 5% 以下，经济实现平稳可持续增长，财政实现独立自主，社会主义定向的市场经济体制逐步形成。①

展望未来，尽管 30 年的革新发展，老挝已从世界最不发达国家之一变成了一个充满希望和生机的经济体。然而，由于老挝开始革新时的基础条件差、起点低，无论在物质基础、科学技术、人力资源方面，还是在关于社会主义建设和执政党建设的理论等方面，老挝都还处于相对较低的发展水平。同时其国内也出现了诸如贫富差距加大、社会不稳定因素增加、党员干部的道德品质蜕化变质等消极现象。在当前老挝积极融入世界的开放政策背景下，面对世界局势剧烈变动所带来的冲击，老党一方面要积极发展经济，不断提高人民生活水平；另一方面还要防止各种外部因素的冲击、警惕政权被"和平演变"的风险。如何解决好上述问题将决定老挝未来经济发展的走势。

---

① 王璐瑶：《老挝人民革命党十大规划党和国家未来发展》，《当代世界》2016 年第 3 期。